我行故我在

一位旅行者的見聞思考錄

自助旅遊達人 翁維民 ／著

自序　世路如今已慣，此心到處悠然

　　許多人覺得，旅行就是要在有限的時間裡，走最多的地方、看最多的風景。甚至還有西方年輕人將旅行變成一種綜合體力和智力的運動，比賽誰能夠用最短的時間、最少的金錢，走完最廣大的地區。

　　在我剛開始旅行的時候，面對著廣袤卻又未知的世界，自然而然地產生「一萬年太久，只爭朝夕」的衝動，而將效率放到了第一位。記得2002年第一次去歐洲旅行，短短三個星期的時間，就走了九個國家。以這種方式旅行，更像是特種部隊閃電戰式的遠征，通過一段又一段目無旁騖的長途奔襲，一個接一個的世界級景點就是收獲的戰果。這種方式的旅行，以最少的時間和金錢，來換取最大的空間和廣度，使人興奮、給人刺激、令人陶醉。

　　然而隨著旅行時間的延長、走過地方的增加，加上見識和年齡的與日俱增。終於意識到，旅行真正的樂趣，並不僅僅在於那一個個所謂的頂級景點。給人留下深刻回憶的場景，更多地發生在連接著不同景點的一條條線上，以及和形形色色陌生人的一場場互動之中。擠進當地人乘坐的交通工具，細心觀察他們的生活；住在當地人家裡，和他們共進餐飲、暢談交流，全身心地融入當地人的生活。只有在這種時候，你才能看到一個和電視、報紙、雜誌裡完全不同的真實世界，認識到這個世界的複雜多元和五彩繽紛，體會到各個地區獨特的風土人情。也正是通過一次又一次這樣的旅行，發現自己浮躁的內心不再像以前那樣亢奮，而對人文風情的好奇和體驗，慢慢地超過了對地理廣度的征服欲。

　　在印度旅行，坐火車是最方便的交通方式。每列火車裡都有個一手拿著保麗龍杯，另一手拿著保溫瓶的小夥子，幾乎每個小時都要來回走上一遍，口中不停地吆喝著：「茶！茶！」茶的栽培和製作技術，是當年英國人從中

國偷去，再移植到印度去的，匆忙之中，甚至沒來得及給茶取個當地語言的名字，這麼多年來仍和中國人一樣，茶啊茶地叫著，真是令人難以相信。

「印度人是世界上最聰明的民族，50年以後我們將統治世界。」一個三十多歲，長著大圓臉的醫藥公司銷售員認真地告訴我。當時我們正坐在從孟買（Mumbai）開往齋浦爾（Jaipur）的二等空調臥鋪車廂裡。

「那麼依你看，到那時候，中國又會處在怎樣的一個位置呢？」我問道。

「中國會和我們一起領導這個世界。不同的是，我們大部分會在辦公室裡用腦力勞動，而中國人則是更多地在工廠的車間裡幹活。你沒聽說過嗎？印度是世界的辦公室，中國是世界的工廠，50年後一定還是那樣的。」一個40歲左右的鐵路僱員信心滿滿地插嘴說。

帝王將相寧有種乎？這種不甘人後的精神，可不是中國人的專利。貧窮積弱的印度人不僅想要超過中國，還想爬到美國人頭上，如果不是在印度親身經歷這樣的場景，又有誰能夠想像得到呢？

幾年前我們去挪威旅行，挪威常年在「世界最宜居國家」、「人類發展指數」和「幸福指數」三大榜單居於首位。為了更好地瞭解世界上最幸福的這群人，我們沒有住過一天旅館，全程借宿在當地人家裡，房東有中學教師、護士、退休醫生，甚至還有一位地方議員。我們很快發現，和在北美和澳洲不同，挪威人在人行道上和你面對面走過時，他們的眼角都不會朝你瞄一瞄，更不要指望他們會打招呼。但是如果你開口問路，貌似冷漠的挪威人卻常常會不厭其煩地給你帶路，因為挪威人認為最大的禮貌是不要打擾別人。

更令人吃驚的是，一對挪威男女在第一時間看對了眼，他們不會和世界上大部分人一樣先去看電影、逛公園，而是直奔主題先上床；他們認為，先明確了身體硬體的匹配，再慢慢發展思想軟體的默契，才不會浪費雙方的時間。這種觀念沒有錯，但是有一個先覺條件——人人都得有一顆赤子之心。孟子說：「大人者，不失其赤子之心者也。」所謂赤子之心，就是孩子本來的心，這心是從世外帶來的，赤誠坦蕩，不是經過這世間薰陶後精於算計的

心。文明發展到最高的階段，就應該有這種返璞歸真的境界。如今，地球上絕大部分地區，人們難以想像世上真有這樣的君子國和伊甸園。

通過一次比一次慢的旅行，常常能夠一次比一次更深入地走進當地人的內心和他們的日常生活，真正體驗到形形色色的思想觀念和完全不同的生活方式，這樣的體驗和由此帶來的感悟，是在各類媒體和書本上難以獲得的，更是居家困守的日子完全無法想像的。

世界上大部分人終身生活在自己熟悉的環境裡，和周圍的一切融為一體，他們對自己的生活方式有著不容置疑的自信，對生活有著輕鬆支配、隨意駕馭的感覺。但是這種固步自封的自信和掌控一切的感覺，常常會在一個陌生的環境裡分崩離析，語言完全不通的異國他鄉會讓你覺得自己渺小無力而不知所措。同時，種種聞所未聞的生活方式和思想觀念，又能給你的大腦皮層帶來嶄新且出乎意料的刺激，拓寬你的思路、增進你的智慧。旅行途中，這樣的挑戰和刺激可以發生在任何一個意料不到的拐角處，這就是為什麼真正嚐到此中妙處的人，一定會不可遏止地再次上路。

日出日落，四季循環；生命不止，腳步不停；體會感受，融匯貫通。浮躁的心慢了下來，狹隘的思路逐漸拓寬。眼前世界看起來不再只有黑白兩色，論人間是非再也不會光想著漢賊不兩立，逐漸地將旅行融入生活，變成一種習慣的日常，這也許就是旅行最大的妙處之所在。

CONTENTS

自序　世路如今已慣，此心到處悠然　　　　003

Chapter 01

走遍中亞　　　　012

第一站　亞塞拜然　　　　013
第二站　土庫曼　　　　019
第三站　烏茲別克　　　　027
第四站　塔吉克　　　　037
第五站　吉爾吉斯　　　　046
第六站　哈薩克　　　　055

Chapter 02

印尼之行　　　　066

第一站　雅加達至日惹　　　　067
第二站　婆羅浮屠　　　　072
第三站　火山景觀　　　　076
第四站　峇里島　　　　080

Chapter 03

斯里蘭卡掠影　　　　084

後　記　康提佛緣奇遇記　　　　090

Chapter 04 西班牙看鬥牛 094

Chapter 05 英國湖區隨想 100

Chapter 06 自駕愛爾蘭全島 106

第一站 健力士黑啤酒 108

第二站 聖三一學院圖書館 110

第三站 莫赫懸崖和愛爾蘭人拓荒史 112

第四站 住進貴族豪宅 115

第五站 貝爾法斯特市見聞 117

第六站 北愛爾蘭自然奇觀 121

後　記 124

CONTENTS

Chapter 07 **馬爾他一瞥** 126

Chapter 08 **里加老城的啟示** 134

Chapter 09 **再闖非洲** 138

第一站　烏干達一瞥 139

第二站　非洲的新加坡——盧安達 146

第三站　勇闖民主剛果：觀賞大猩猩，攀登活火山 151

第四站　安哥拉見聞 160

Chapter 10 **走過的五大馬雅遺址** 168

第一站　帕倫克 170

第二站　烏斯馬爾 171

第三站　奇琴伊察　172

第四站　提卡爾　174

第五站　科潘　175

Chapter
11

拉丁美洲最耀眼的瑰寶：安地瓜　178

Chapter
12

古巴印象　182

Chapter
13

世界的中心點：巴拿馬　188

Chapter
14

世界自然遺產第一號：加拉巴哥群島　192

CONTENTS

Chapter 15

安地斯山中的明珠：基多老城　　198

Chapter 16

2021昆士蘭內陸自駕趣　　202

第一站　澳洲發祥地　　203

第二站　一天爬兩座山　　205

第三站　從史坦索普到羅馬　　209

第四站　加拿芬峽谷國家公園　　215

第五站　從加拿芬峽谷到溫頓郡　　221

第六站　從布萊克爾到查理維爾　　229

第七站　坎納馬拉觀鳥勝地　　233

第八站　棉花大豐收　　237

後　記　　238

Chapter 17

罕世奇觀：邦格爾邦格爾　　240

Chapter 18

澳洲中部旅行紀實 252

Chapter 19

難忘過境經歷 260

（一）舊金山入境 261

（二）從埃及去蘇丹 263

（三）從蘇丹去衣索比亞 267

（四）莫三比克遭遇敲詐 269

（五）世界頂級扒手親歷記 273

（六）印巴邊境降旗 275

（七）阿巴邊境索賄 278

（八）東方列車遭疑 281

（九）從內陸去高加索 284

Chapter
01
走遍中亞

撒馬爾罕雷吉斯坦廣場

第一站 亞塞拜然

　　總面積超過400萬平方公里的中亞五國——哈薩克（Qazaqstan）、土庫曼（Türkmenistan）、烏茲別克（O'zbekiston Respublikasi）、吉爾吉斯（Kyrgyzstan）、塔吉克（Çumhurii Toçikiston）位於歐亞大陸的要衝，歷史上多少英雄豪傑為此盡折腰。亞歷山大（Alexander III of Macedon, 356 BC-323 BC）的馬其頓方陣、穆斯林一手持劍一手持經的強人武力、蒙古鐵騎高舉如林的馬刀、帖木兒（Timur, 1336-1405）的無敵軍團，以及威武剽悍的蘇聯紅軍都曾經在這片土地上稱雄一時。玄奘（602-664）西下取經、馬可・波羅（Marco Polo, 1254-1324）東來、張騫（175 BC-114 BC）出使西域和絲綢之路的商隊都在中亞留下足跡。波斯（Persia）、印度（India）、中國（China）、阿拉伯（Arab）與俄羅斯（Russia）文化在這裡衝撞激盪交流融合。所有這一切給中亞留下了獨特的千年古蹟、宗教信仰、人文藝術、文學音樂、風土民情。

　　至今中亞五國獨立已近30年，當年這些蘇維埃加盟共和國的黨委書記們做夢也沒有想到，一夜之間他們都成了獨霸一方的真皇帝。為了在錯綜複雜的國際環境中求生存，他們幾乎沒有例外地和遠在天邊的美國（United States）調情，往東方的中國撈取經濟利益，向西邊的俄羅斯尋求安全保護，而保守和威權更是他們共同的習慣和做法，以至於許多年來中亞始終是旅行者難以踏足的地方。我2015年之前就曾試圖從伊朗闖關中亞，最後卻在土庫曼鎩羽而歸。最近聽說中亞國家日趨開發，簡化簽證入境手續，不免躍躍欲試捲土重來。一般來說，亞塞拜然（Azerbaijan，又譯「阿塞拜疆」）被稱為高加索（Caucasus）國家，但其和土庫曼隔裡海（Caspian sea）相望。我九年前首次踏足高加索，造訪了喬治亞（Georgia，又譯「格魯吉亞」）和亞美尼亞（Armenia，又譯「阿美尼亞」），當時亞塞拜然還處在相當閉塞的狀態，簽證繁瑣難辦。而且

為了領土問題，和亞美尼亞兵戎相見，兩國邊境口岸關閉，我們過其門而不得入。現在時過境遷，亞塞拜然也有了進步，可以直接在網上辦理E簽，事情就變得極其容易了，於是亞塞拜然成為了我們中亞旅行的第一站。

亞塞拜然源自伊朗語「Atropates」，意為「火域」。整個國家也如同她的名字一樣，充斥著太陽的炙烤。首都巴庫的夏季平均氣溫在攝氏34度以上，遍布全國的天然火井和由此催生的拜火教，讓這裡成為了名副其實的火焰之城。同時亞塞拜然又瀕臨裡海，裡海雖說是海，但卻是世界第一大湖泊。裡海為鹹水湖，擁有和海洋相似的生態系統，海運業發達。整個裡海海域面積約為38.64萬平方公里，相當於世界湖泊總面積的14%，是世界著名的石油和天然氣產地。所以亞塞拜然又被稱為一半火焰、一半海水的國家。

亞塞拜然是穆斯林國家，可是漫步首都巴庫（Baku），一天看不見幾個穿戴宗教服飾的人，從早到晚聽不到清真寺中有任何喇叭在播放高亢的誦經聲。實際上巴庫可謂亞洲最具歐洲氣息的城市之一，如果光看建築風格、居民衣著、街頭雕塑，一定會以為自己要去中亞，卻誤入了一座歐洲城市。但是，街頭巷尾人手一杯的土耳其紅茶、大小餐館裡捧著阿拉伯水煙槍吞雲吐霧的男女，卻明白無誤地告訴我，沒有走錯地方，這裡就是亞洲的核心地帶。

我們選住的民宿毗鄰裡海，開窗就能看見水景，出門走過一個街區就是巴庫老城。巴庫古城小巧別緻，位於一個小山頭之上。其古城牆建於12至15世紀間，全部用石頭砌成，至今城牆保存完好。城內迷宮般的街巷用石板鋪就，貫穿整個古城。城內還有眾多名勝古蹟，如11世紀建造的瑟納克・卡爾清真寺塔，12世紀的克孜・卡拉瑟塔樓等。古城內的建築整體呈淺黃色，是阿拉伯建築和歐洲建築的融合體，後期的建築大都是巴洛克（Baroque，又譯「巴羅克」）風格。

希爾萬沙宮殿（Şirvanşahlar sarayı）在最高處，是12世紀希爾萬沙王朝（Shirvanshah, 861-1538）定都巴庫後修建的宮殿建築群。不過，歷史上幾廢幾建，上世紀末的最近一次大修之後，兩千年宮殿隨老城一同列入世界文化

遺產名錄。

　　老城東南角，矗立著一座處女塔（Maiden Tower）。無數關於處女塔的傳說中，最為著名的就是一個美麗的少女的未婚夫去打仗，長久未歸，於是女孩一直站在塔上眺望遠方。後來未婚夫的死訊傳來，少女便從塔上跳了下去，葬身於裡海的波濤之中。

　　離巴庫老城不遠，坐落著亞塞拜然國家美術館。其建築、館藏品和布置均屬一流，充滿了濃郁的中亞民族風情。想不到這個人口不多的彈丸小國也有這樣精緻的博物館。如果說國家美術館已經讓我們感到意外，那現代美術館更是讓人大吃一驚。現代美術館位於一座絲毫不起眼的建築，但在上下二層的展廳裡，密密麻麻地陳列著來自世界各地的藝術精品。油畫、水彩畫、素描、雕塑……林林總總令人目不暇接。我們在裡面流連了一個下午，仍意猶未盡。同行的畫家老張更是興奮異常，就好像阿里巴巴踏進了四十大盜的藏寶洞，他上上下下忙個不停，幾乎把每件展品都拍攝了下來。

　　漫步在巴庫市中心，在任何地方抬頭都能看見火焰塔（Flame Towers）的身影。火焰塔是巴庫市最高的摩天大樓，塔身190公尺，是由三座獨立但又相似的建築組成。塔身的玻璃材質使其在白天陽光照射下的時候熠熠生輝，體現了亞塞拜然人民對火的崇拜，它是巴庫的地標建築之一，也是這個城市的一張活名片。而每天晚上，當天空漆黑一片的時候，無疑那才是觀賞火焰塔的最佳時機。這時塔身由LED控制演化出各種顏色，其外型看起來與火焰相似，能照亮整個城市。這時站在深入裡海的棧橋頂端，上看火焰塔身上的鮮豔色彩變化多端、層出不窮，下看裡海水面上的倒影波光激灩、五彩斑斕，真是美不勝收。

　　亞塞拜然能講英語的人極少，雖然手機翻譯軟體幫助極大，交流常常還得借助看圖說話和指手畫腳等肢體語言；好在當地民風淳樸，沒有欺矇詐騙。第三天，我們一早上街討價還價雇了一輛計程車，出城跑了一天，看了六個景點：古清真寺、史前岩畫群（世界文化遺產）、泥火山、火焰山、拜

火教聖地和阿利耶夫文化中心。

　　古清真寺古樸典雅；史前岩畫歷盡數千年風雨滄桑，仍清晰可辨；泥火山火熱的泥漿噴湧，讓人驚嘆；石縫中洩露的天然氣引起的漫山大火，終於讓人相信《西遊記》中火焰山的記載，絕對不是無中生有。

　　當地赫赫有名的拜火教神廟——阿塔什加（Atashgah，意為「火坑」）神廟，比著名的伊朗雅茲德火神廟更顯得古老而質樸。拜火教是人類史上最早的宗教之一，亞塞拜然、伊朗（Iran）和土庫曼的大地之下蘊藏著巨量的石油和天然氣，而石油和天然氣常常在各地洩漏，引起漫天大火，這種自然現象在遠古時期就引起人類的敬畏，而拜火教就在這塊土地上應運而生。根據考古界取得的物證，早在3,000年前拜火教就已經活躍於兩河流域（Mesopotamia，又譯「美索不達米亞」）和今伊朗地區了。到了西元前550年的阿契美尼德王朝（Achaemenid Empire），拜火教更是被波斯帝國奉為「國教」，當時的拜火教徒遍布波斯帝國，十分繁榮。不過，三千多年的斗轉星移，拜火教幾起幾落，隨著蒙古人的殺戮、伊斯蘭教的入侵，拜火教在它的發源地已經漸漸式微。令人唏噓的是，今天的伊朗，早已成為阿拉伯世界忠誠的衛道士，鮮有人記得曾在3,000年前一度興盛的拜火教。現在最大的信奉人群卻是遠在印度，這座神廟也是印度人出資修建的。

　　這一天看的每個景點都讓人讚嘆，最後一個景點更是使人耳目一新。2013年落成的阿利耶夫文化中心（Heydar Aliyev Centre）充滿強烈的未來感和視覺衝擊，這是現代主義建築師代表──英國已故女建築師札哈‧哈蒂（Dame Zaha Mohammad Hadid, 1950-2016）的作品，「永恆的流動性」是這棟建築的主題，這座偉大的建築在全世界享有崇高的聲望。

　　這棟磅礡大氣的流線型建築極具超現實感，大量使用了層層跌宕起伏和彎曲變化的柔美線條，雪白無瑕的外殼、流暢的線條讓建築本身充滿張力和動感。建築內部的結構空間設計也和屋頂一樣有著錯落的層次感，流動的曲線牆體設計取代了現代建築稜角分明的柱體和直角設計，柔和之中讓室內空

巴庫地標——火焰塔

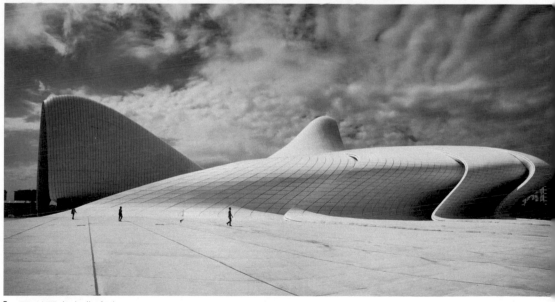

阿利耶夫文化中心

間顯得更加開闊；站立在它的面前，你會感覺整個建築如同柔軟的湖水，泛起了層層漣漪向著你迎面湧來。

阿利耶夫文化中心標新立異地矗立在城市一角，用那些流動柔軟的線條對抗著亞塞拜然那些構成城市主體的紀念碑式建築；它所承載的意義早已超越建築本身，而是體現了一個舊時代的落幕，一個新時代的開啟；代表著溫柔浪漫的人性終於取代了僵硬冰冷的制度。

高加索是世界聞名的長壽之鄉，據前蘇聯的科研部門統計，這裡每一千萬人之中，就有六千多個百歲人瑞。值得一提的是，此地居民罹患癌症的人非常少，這不禁讓各國科學家嘖嘖稱奇，普遍認為高加索飲食起了很大的作用。法國一個長壽研究機構在高加索進行了六年跟蹤調查後發現，高加索人的飲食有六大特點：一是食不過量，他們有不吃最後一口的習慣；二是食用大量蔬菜和水果；三是主食為小麥和玉米，不吃香腸、燻肉和火腿等加工食品；四是喜歡食用優酪乳等乳製品；五是多喝紅茶和蜂蜜；六是喜歡喝當地天然泉水。據我們現場觀察，法國人總結得十分到位。

高加索諸國中，巴庫的飲食文化素有盛名。「Passage 145」是巴庫排名第一的餐館，以中亞特色的地毯為主題裝飾，地上、牆面，甚至部分天花板都用地毯覆蓋，十分別緻。該餐館不但將波斯、印度和蒙古風味融為一體，更推陳出新，菜餚色彩鮮豔、入口清爽、價格親民，服務品質更是一流。我們點了他們的招牌料理「烤鱘魚」，其做法與土耳其烤肉一樣，將魚在烤肉叉上烹製，佐以酸梅醬和冰塊，風味獨特。

Dolma又是一家別具特色的餐廳，值得專程前往。這家餐廳位於市中心一條不起眼的小巷裡，街旁人行道上有一條窄窄的石階深入地下，推開那扇厚厚的木門，彷彿走進時光隧道，回到了阿里巴巴和四十大盜的年代。走過石塊砌就的甬道，踏足暗紅的地毯，在實木桌椅旁坐定，從沉沉的銅壺裡倒出一杯鮮亮的紅茶，搭配剛剛出爐的麵餅，吃著燉煮得恰到好處的羊肉，那時間已經渾然忘記自己身處何時何地。

　　5月29日傍晚我們離開巴庫，前往土庫曼。當夜2019年歐霸杯決賽在巴庫舉行，前一天巴庫已經充滿了節日氣氛，民眾聚集在海邊公園裡徹夜狂歡，高亢的搖滾樂震耳欲聾，人人手拿啤酒瓶翩翩起舞，酒精、荷爾蒙和激情瀰漫在夜空之中；置身其中，不敢相信這是一個穆斯林國家。

　　短短的四天時間，亞塞拜然給我們太多的驚喜，這個國家遠比我們所想像得更加開放、摩登、繁榮和精彩。現在的手機翻譯軟體，簡單易用，極大地打破了語言的隔閡，從此，兩個語言不通的人面面相覷的尷尬局面再也不會出現；Uber在全球的擴張，使得在語言不通的陌生國家叫車變得和在家鄉一樣方便，將目的地輸入手機，路線和車價一目了然，我這麼多年來練就和計程車司機鬥智鬥勇的一身本事就此變得完全無用。

　　再見，亞塞拜然！再見，巴庫！一個充滿了活力的國家，一個處處散發著優雅的所在，一個淳樸、友善、熱情的民族。

第二站　土庫曼

　　土庫曼國土面積為49萬平方公里，和中國四川省面積差不多。但是，這個內陸小國卻擁有世界排名第四的天然氣儲量。其天然氣管道來自土庫曼的阿姆河（Amu Darya）右岸，橫跨烏茲別克和哈薩克，從新疆霍爾果斯口岸進入中國境內。這些天然氣供應到中國華東的上海、浙江、江蘇、江西，華南的廣東、廣西，並經過深圳到香港的海底管道輸送到香港。土庫曼的天然氣還經過西氣東輸管道到達陝北靖邊，再經陝京管道輸到北京。

　　5月29日傍晚，我們乘坐德國漢莎航空的空客A321離開巴庫，飛往土庫曼首都阿什哈巴德（Ashgabat），可以坐240人的機艙內空空蕩蕩。飛機騰空後

看著眼前空曠的機艙，我不敢相信自己的眼睛，但認真數了兩遍還是只有13個乘客。我問滿臉絡腮鬍子的乘務大叔為什麼只有這麼少乘客，大叔回答去阿什哈巴德的飛機從來都是這樣，因為土庫曼向來不歡迎別人去，這可是世界上最難去的國家之一，而且想去的人也不多。再問：「既然沒有乘客，你們德國人為什麼還做這賠本買賣？」大叔回答從阿什哈巴德飛出來的飛機每班都是滿座，所以還勉強能夠經營。

土庫曼是中亞最保守和封閉的國家，素有「中亞的北韓」之稱。2015年我們在伊朗申請過境土庫曼，按照規定在土庫曼大使館遞進所有申請資料，約定七天之後去取簽證。但取簽證的時候，使館工作人員耍賴說找不到我們的資料了，必須重新申請，而且這次必須等待兩週時間。伊朗簽證也有時間限制，哪能沒完沒了地耗下去？以致那次嘗試無功而返。此次行前在網上搜索，發現土庫曼簽證依然繁瑣難辦，對符合條件的申請者也常常會莫名其妙地加以拒簽。所以在真正走出海關之前，心中還是有些忐忑不安的。

飛機在午夜時分準時降落阿什哈巴德機場，嶄新碩大的機場冷冷清清。我們一行13個乘客走在悄然無聲的過道裡，彷彿到達了一座在世界末日剛剛被人遺棄的機場。從下飛機看見的第一個年輕警察，到發放簽證的大塊頭漢子、銀行換錢的老婦、海關的中年男子，所有的工作人員都是一副沒有任何表情的撲克臉，沒有微笑，沒有任何問候語。相信今天新一代的機器人都已經笑容可掬、會寒暄問候了，但土庫曼的這些真人卻人人如出一轍，面部肌肉僵硬，沒有絲毫表情。雖然簽證費很貴，要100美元，還好過關一切順利，沒有任何人刁難我。而我的兩個同伴就沒有找這樣的好運，他們遇到的機器人突然有了表情，但露出來的都是奸詐索賄的嘴臉。最後，其中一個人以柔克剛，破財擋災；另一個人一把奪回自己的護照，順利過關。

當夜總算在旅館前臺遇到一位滿面笑容熱情洋溢的大媽，看來就是在最黑暗的國家，人這種動物只要不在那種病態的體制內，總能保留一些人性。面對可愛的微笑、溫暖的語言，一時心情大好。但是，在自己房間坐定，一

上網發現在土庫曼微信、臉書、YouTube、推特等等所有的東西方社交媒體一律被禁，看來土庫曼政府相信，為了人民的尊嚴和福祉，必須將中國和美國的影響力堅決地擋在牆外。沒有了任何社交媒體，只能死心塌地上床睡覺，這是出門睡得最香甜的一夜，謝謝土庫曼防火牆。

第二天一早，我們就出發去探訪期待已久的阿什哈巴德，阿什哈巴德字尾的「巴德」（bat）是阿拉伯化波斯語「城市」的意思，「阿什哈巴德」在波斯語中有「佳境之城」或「可愛的城市」之意。僅僅二十多年的時間，借助法國（France）和土耳其（Turkey）的一流建築設計院，和來自中國的資金，土庫曼人用大理石堆砌了一座嶄新的城市。今天阿什哈巴德號稱是擁有世界上最多大理石建築的城市。任何一個人首次踏足此地，都不會相信自己的眼睛——這是遊牧民族在沙漠中建立的國家首都嗎？

總統府、議會大廈、地震紀念碑、地毯博物館、貿易中心、十匹馬公園……，所有建築均是大理石堆砌而成，甚至居民樓的外牆也都貼上了白色大理石。在大樓建築之間有著成片的綠地和各式高高聳立的紀念碑和塔。整座城市的建築風格揉合了史達林（Joseph Stalin, 1878-1953）極權風格、伊斯蘭幾何圖形和杜拜式金權奢華主義，處處樓臺富麗堂皇，條條街道寬闊整齊，彷彿一個童話世界般的存在。如果不是身歷其境，沒有人可以想像地球上有著這樣一個地方。

走在阿什哈巴德寬闊的大街上，自然會想起這個童話城市的宣導者，國家的前總統——尼亞佐夫（Saparmyrat Ataýewiç Nyýazow, 1940-2006）。這個孤兒院長大的孩子，憑藉自己的堅忍和毅力在前蘇聯的官僚機構中一步步往上爬，機緣巧合使他在蘇聯崩潰後成為土庫曼的獨裁者，統治這個前蘇聯共和國長達21年。也不知道出於怎樣的思想動機，尼亞佐夫置民眾疾苦於不顧，舉債透支國力，建設了這個超豪華的首都。

執掌大權者的出身越是卑微，就越會匪夷所思地折騰，尼亞佐夫自然也不例外。在他執政期間，他通過修改憲法，將自己定為土庫曼的終身總統，

▌土庫曼議會大樓

▌前總統尼亞佐夫紀念塔

自封全國人民之父，在全國範圍到處豎立自己的雕像，要求國人每次飯前必須祈禱他身體健康。他將自己四處抄集而來的著作《魯赫納瑪》（*Ruhnama*, 2001）放到《聖經》（*Bible*）的地位，要求全國人民天天朗讀背誦，並時時考核，將考核成績和學校升學、單位升職掛鉤。同時他根據自己的喜好，給國民定了許多莫名其妙的清規戒律，比如：不准抽菸、只准開白色的汽車、關閉圖書館、禁止網際網路、不承認海外學歷，還規定男性不得蓄鬍子、留長髮，鑲金牙更是一件違法的事情。但是，人算不如天算，2006年尼亞佐夫因病逝世，享壽只有66歲。

比童話世界更令人難以置信的是，土庫曼人不惜成本建設了這樣一個超豪華的所在，卻盡一切可能拒絕想要到訪的遊客。就算是少數像我們這樣漏網入境的訪客，也不被允許拍攝任何照片。每當你舉起手機或者照相機時，一定會有不許照相的吆喝聲響起，一個不知從哪裡冒出來的警察會毫不留情地刪除你已經拍下的照片。可以毫不誇張地說，來阿什哈巴德旅行，還能帶

回許多城市照片的人，一定都有著007那樣敏捷的身手和隨機應變的特性，可以免試加入英國軍情六處或者美國CIA。

和世界上任何其他都市不同，阿什哈巴德沒有洶湧的人流和車流，冷冷清清的街上要不是警察，就是清潔工人，在他們不懈的努力下，這座城市乾乾淨淨，有著不食人間煙火般的超凡脫俗。加上那一幢連著一幢的巨無霸式政府大樓，我們邊走邊開玩笑說：土庫曼這個國家靠賣天然氣過日子，不需要從事生產。所以大概三分之一的人口是政府官員，三分之一是警察，剩下的是清潔工人。

透過童話世界般的大理石森林，任何有一定觀察能力的人都不難發現，現實社會中土庫曼人的生活並不是那樣富有詩意。菜市場中家庭主婦們斤斤計較地比較著物價，小心翼翼地湊齊零錢付款，畢竟土庫曼人的月平均工資只有300美元。雖然名列世界第四的天然氣儲備每時每刻都為國家掙回外匯，但不計成本地建設阿什哈巴德新城透支了土庫曼的國力，現在土庫曼天然氣的最大買主中國只付半價現金，還有一半用於抵債。到底欠了多少債、要還多少年，土、中雙方都守口如瓶。

在阿什哈巴德大理石新城「暴走」一天之後，在旅館附近的一家小酒館坐定，卻意外地發現這家酒店的裝潢布置極有品味，和新城的僵硬、呆板、固執、高大而空洞形成鮮明的對照。土庫曼的私有經濟的萌芽起於微末，但其合乎自然和人性，有著無與倫比的生命力，只要氣候合適，必將迅速發展。

第二天下午，我們雇車直奔阿什哈巴德以北260公里的達瓦札（Derweze），那裡就是大名鼎鼎的地獄之門的所在。已經不記得是哪一年第一次聽說地獄之門，只記得從第一眼見到照片的那一刻，我就被深深吸引，暗暗發誓這輩子一定得去看看此等奇景。幾經周折，這次終於如願以償。

事情起源於1971年，前蘇聯地質學家在卡拉庫姆沙漠（Karakum Desert）中進行考察時，意外發現了一個充滿天然氣的洞穴。在鑽探過程中出現坍塌，留下一個直徑約50至100公尺的大坑。為了防止有毒氣體不斷洩漏，他

們最終點燃了外洩的天然氣。從此，近50年來，這個洞裡的火焰始終熊熊燃燒，不管狂風暴雨，還是天降飛雪，大火都不會熄滅，猶如地獄之火一般，被當地人稱之為「地獄之門」。

　　傍晚時分，太陽漸漸西落，天空慢慢地暗了下來，我們在暮色蒼茫中爬上火坑旁的小山丘。前面是永恆不息的自然之火，和繚繞天際的雲霞遙相呼應；背後是無邊無際的沙漠戈壁，令人不寒而慄。那一刻的視覺衝擊和現場感受只能用「不可思議」來表達。

　　很快天空就暗得伸手不見五指了，在黑暗夜空的陪襯下，地獄之門的火焰紅得格外鮮豔，陣陣熱浪撲面而來，帶著大自然神祕莫測的力量，令人肅然起敬。遠處在火坑邊緣走動的遊客，就像幾隻螞蟻在蠕動，看上去是那樣地脆弱和無助。這時候你會更清楚地認識到，火焰象徵著自我的毀滅與重生，在黑暗中燃燒的熊熊烈火更是另一種形式的希望與涅槃，給人啟發、感

地獄之門

動和力量。人是唯一會使用火的動物，也正是火的力量，使人漸漸地變得強壯有力，使得人類文明一步步向前邁進。也許這就是為什麼地獄之門這個大火坑會打動人心、很快成為世界一流景點的真正原因。

　　第三天我們繼續向北，在土庫曼遊覽的最後一個景點是烏爾根奇（Urgench），這是阿姆河下游花剌子模（Khwarazm）綠洲上一座被蒙古人毀滅過的古都，赫赫有名的世界文化遺產，古稱「玉龍杰赤」。「在我見過的諸城市中，既大且富，無逾於玉龍杰赤者。」800年前，一位來自巴格達的小亞細亞人這樣描述他客居的城市。這裡曾是11至13世紀西方人眼中最美麗的東方城市。

　　玉龍杰赤在前伊斯蘭的時代就已經出現，但最輝煌的身分，還是作為花剌子模帝國一百多年的首都。西元1077年花剌子模定都玉龍杰赤，12世紀下半葉，汗王阿拉丁‧塔乞失（Ala al-Din Tekish, ?-1200）開始南下征戰，逐漸蠶食塞爾柱帝國（Seljuk Empire）在呼羅珊（Khorasan）地區的領土，其陵墓目前還轟立在在玉龍杰赤城中。1200年，偉大的阿拉烏丁‧摩訶末（Muhammad II of Khwarazm, 1169-1220）即位，在不到20年的時間裡，一舉統一全部中亞區域，並占領了伊朗大部，甚至將觸角伸到旁遮普（Punjab）邊緣。

　　然而強中更有強中手，這個龐大的帝國在蒙古成吉思汗第三次西征時，僅短短的兩年時間就被風捲殘雲般地蕩平了。玉龍杰赤軍民曾殊死堅守六個月，城破又巷戰七日。無奈攻城的是蒙古名將察合臺和窩闊臺，最後時刻數百具大型拋石機一起向城中發射點燃的裝滿石油的陶罐，玉龍杰赤變成一片火海，堅守者無力回天，終遭慘烈屠城。史稱每有蒙古兵一名陣亡，即有居民24人被殺。在被成吉思汗屠城之後，此城還沿用了一段時間，並做過希瓦汗國的都城，最終因為阿姆河改道，遷都希瓦（Khiva），從此荒廢。

　　到達烏爾根奇，恍如置身中國西北部的窮鄉僻壤。除了遺址中的一些斷壁殘垣，最顯眼的就是巨大的古特魯格‧帖木兒（Gutlug Timur）宣禮塔，這座塔有五公尺高，僅次於阿富汗的賈穆（Jam）宣禮塔，是中亞第二高塔。

它經歷了帝國興衰、乾旱、洪水、地震、戰爭，還有嚴酷自然帶來的滄海桑田，經年摧殘之後，它依然佇立在這片土地之上，讓人不得不感慨萬千。

離烏爾根奇不遠，就是土庫曼和烏茲別克的過境口岸。短短三天的時間，我們橫穿過這個中亞小國。童話世界般的阿什哈巴德、神祕詭譎的地獄之門無不令人眼界大開、印象深刻。但是，土庫曼最美的一道風景，還是屬於這個國家身著民族長裙的美女們。她們身材高眺、彩裙飄飄、身姿婀娜；回眸一笑，千嬌百媚。土庫曼美女裝束最大的特點是，女人出嫁後，用頭巾包頭，身穿拖地連衣長裙，連衣裙布料不能透明。出嫁前頭戴小帽，梳一對長辮。中小學生為綠色長裙，大學生為紅色長裙。長裙的貴賤要看胸前的繡花，手工繡花最為昂貴。

走出戒備森嚴的土庫曼邊防哨所，回望身後這個封閉保守的國家，有種時光穿越重返人間的感覺。獨立近30年，普遍保守和封閉的中亞國家慢慢地接受現代化的理念，一個接一個開放國門，邁開了和世界接軌的腳步。相信形勢比人強，土庫曼最終也會跟上鄰國的步伐。

第三站 烏茲別克

烏茲別克是世界上僅有的兩個雙重內陸國之一，另一個是列支敦士登（Liechtenstein，雙重內陸國指被內陸國家包圍的內陸國家）。國土面積44.89萬平方公里，比中國甘肅省略小，是中亞地區人口最多的國家。

到烏茲別克，就不得不提到帖木兒帝國的奠基人帖木兒。在馬克思（Karl Marx, 1818-1883）和列寧（Vladimir Lenin, 1870-1924）都被推倒之後，帖木兒總算從唯物歷史的迷霧中脫穎而出，取代了德國人和俄國人，成為今

天烏茲別克人的精神領袖。政府將這位中世紀的征服者神聖化，以無數的紀念碑、博物館和街道名稱來頂禮膜拜這位跛足戰神。

烏茲別克是世界頭號產金國，木倫套金礦是全球最大金礦。排在第二名的是美國卡林（Karlin）金礦，俄羅斯的奧林匹克金礦位列第三。黃金是烏茲別克的主要出口商品，約占烏國出口總額的三分之一。還出產大量的棉花、石油和天然氣。歷史上是古絲綢之路直穿而過的國度，曾是漢唐人絡繹不絕的地方。在整個中亞地區，烏茲別克是古絲路文化和古建築群落遺存最為豐富的國家。

1991年獨立之後，烏茲別克奉行對外封閉、對內鎮壓的國策。導致國內經濟蕭條、民生困難，外國人申請簽證也非常繁瑣困難。記得四年前去烏茲別克，得先花費75美元申請一封莫名其妙的邀請信，然後拿著這封信去大使館再交75美元辦簽證。入境之後還得提心吊膽找黑市換錢，當時拿200美元和旅館老闆換取當地貨幣索姆（som），結果是換來十幾摞沉甸甸的橡皮筋捆紮的索姆。這些紙幣幾乎擠滿了我的隨身雙肩包。

2016年威權總統卡里莫夫總統（Islam Karimov, 1938-2016）去世後，內閣總理沙夫卡特・米爾濟約耶夫（Shavkat Mirziyoyev, 1957-）順利接替了總統職位。他上任之後的最大手筆就是清除黑市。手段不是通過暴力清剿，而是讓國有銀行也使用黑市的匯率。這一招可謂立竿見影，烏茲別克最大的民間金融市場，在一夜之間消失得無影無蹤。2018年烏茲別克對所有西方國家護照持有者開放國界，不再需要簽證。大頜的紙幣也印出來了，人們再也不需要背著大包的錢。在新政府一系列改革措施下，經濟逐步提升，貨幣匯率穩定。

6月1日下午，我們在達沙古茲－沙瓦特（Dashoguz-Shavat）邊界口岸過境，雇了一輛計程車直奔60公里外的希瓦（車費15美元，在中亞大部分地方，通用美元現金）。希瓦古城坐落在烏茲別克西部，亞歷山大大帝、阿拉伯人、帖木兒以及波斯人都在這塊土地留下了自己的足跡和傳奇。希瓦城始建於西元10世紀，當時是花剌子模的強盛時期；到了17世紀，希瓦成為希瓦

汗國的首都；1920年以花剌子模共和國的首都加入蘇聯（Soviet Union），並於1924年併入烏茲別克蘇維埃共和國（Uzbek Soviet Socialist Republic）。

　　上世70年代開始，蘇聯將希瓦列為文物保護專案。古城內的大部分居民被整體遷出，古城裡的清真寺、宣禮塔和十多家經學院被修復保存下來。許多中亞古城被淹沒在了歷史的黃沙之中，而希瓦則僥倖被存留了下來。

　　走入古城希瓦，就好像離開了現實世界，穿越時空，來到中世紀的汗國街市。巍峨恢宏的清真寺和莊嚴大器的經學院，如棋子般錯落有致地散布各處。古色古香的城牆內，每一幢樓房的磚和瓦、門和窗，都鑲嵌著至少百年以上的滄桑，然而，它們並沒有歲月的皺紋，更沒有蒼老的苦相，它們展現出來的，是一種磅礡的底氣，是一種浩瀚的氣派，敦厚、細緻、瑰麗、優雅，氣象萬千；難怪中亞古諺有此一說：「我願出一袋黃金，但求看一眼希瓦。」

　　在希瓦住了兩夜，6月3日我們雇了一輛轎車連司機，他帶我們先去希瓦西北450公里一個叫做木伊那克（Muynak）的小鎮。第二天將我們直接送到約700公里外的布哈拉。同樣的行程，當地旅行社的開價我們三個人共510美元，而開口多問幾個人，貨比三家之後的成交價格為三個人共190美元。無疑在一個平均月工資250美元的國家，這是一個比較合理的價位。司機是一個三十來歲的年輕人，敏捷機智，會說幾句基本的英語。按照合約，司機自理兩天的食住開銷，我們還是按照華人的習慣，請他和我們一起用餐。同時每次讓他點餐，藉此解決看不懂菜單的尷尬和體會當地人的飲食習慣。這樣我們得到了方便，司機得到了尊重，最後的結果是皆大歡喜。

　　木伊那克曾經是鹹海最大的港口，在50年以前，鹹海總面積為6.7萬平方公里，這幾乎相當於一個斯里蘭卡（Sri Lanka）的國土面積。豐富的水資源給當地帶來了巨大的農業和漁業發展機會，據統計，當地漁業年捕撈量曾經達到四萬噸，其支流的三角洲有幾十個小湖、生態豐富的沼澤和溼地遍及55萬公頃，典型的魚米之鄉。1921年，蘇聯發生饑荒，列寧曾向木伊那克請求幫助。短短數日之內，兩萬一千噸的鹹海魚罐頭便抵達了伏爾加河（Volga

River）流域，拯救了數以萬計的生命。

9世紀，沙皇俄國開始把中亞地區變成棉花基地。棉花取代了當地農民栽種的傳統食用作物，成為主要經濟作物。1860年，中亞供應的棉花僅占俄羅斯棉花用量的7%。到了1915年，這個數字變成了70%。蘇聯時期不僅僅延續了這樣的做法，而且為了灌溉更多的棉花田，將中亞的兩條大河——阿姆河和錫爾河（Syr Darya）人為改道；它們被沿途揮霍，灌溉越來越多的棉田；導致兩條大河還未注入鹹海，就在荒漠中蒸發殆盡。失去補給的鹹海面積開始逐年縮減，按照現在的速度，很快就會從地球表面上消失。

說到當地盛產的棉花，希瓦旅館老闆告訴我，年紀大一些的人還懷念著蘇聯時代烏茲別克總書記拉希多夫（Sharof Rashidovich Rashidov, 1917-1983），現在依然保留著以拉希多夫命名的廣場、學校和街道。拉希多夫統治烏茲別克24年，他公開場合口口聲聲「為了勃列日涅夫（Leonid Brezhnev, 1906-1982）同志的威望和囑託」，但於暗中在棉花產量上大做手腳、欺上瞞下，以此中飽私囊、鞏固權力。戈巴契夫（Mikhail Gorbachev, 1931-2022）上臺後，烏茲別克的棉花腐敗案終於落入蘇聯最高層眼中。調查從1982年一直持續到蘇聯解體前夕，涉案金額高達65億美元，一萬八千名黨員被開除。隨著調查的不斷深入，戈巴契夫發現案件早已牽涉到蘇聯的權力核心。為了穩定政局，他不得不親自下令停止調查。隨著蘇聯大廈的崩塌，這樁棉花腐敗案最後自然不了了之。然而對於老實的烏茲別克百姓來說，拉希多夫依然是他們心目中理想的父母官，儘管他貪婪腐敗，但他畢竟欺騙的是莫斯科。那些通過棉花騙來的錢，雖然大部分被拉希多夫的黨羽瓜分，但還是有九牛一毛被用於改善民生。就是這樣微弱的政績，三十多年後還被人們記得，可以就此想像今天的烏茲別克統治者有多麼差勁。

五個小時的車程，駛過無數的棉花田。當我們的車駛入木伊那克時，看到的是一個貧瘠而荒涼的小鎮。到處是黃土和荒地，灰塵撲撲的石頭房子，過往的行人表情木納。昔日的漁港已經成為一個內陸小鎮，鹹海已經退縮到

了280公里之外，木伊那克漁民的後代們現在只能遠赴哈薩克做建築工人。

來到曾經的碼頭，發現這裡早已沒有一滴水，只有一望無際的荒漠。一排看板清楚地顯示了鹹海從1960年到今天的驚人萎縮。碼頭前面的海床上面擱淺著一排生鏽的漁船。我們順著臺階下到海床，走到漁船跟前。鏽跡斑斑的船身上，依然能夠分辨出當年的噴塗。船艙裡散落著酒瓶子和鏽蝕不堪的零部件，還有破碎的漁網。當年大部分漁船都已被失業的漁民當作廢鐵變賣了。剩下的這十幾條，成為滄海桑田的唯一證據。

走近鏽蝕得千瘡百孔的漁船殘骸，伸手摸上被太陽曬得發燙的船身。在紅色鐵鏽之下，那些鋼鐵的肌理似乎仍在委屈地哭泣。僅僅只有一代人的時間，豐饒的魚米之鄉變成了死亡的戈壁荒漠。造成如此悲劇只是因為人類貪婪無度地索求，和蘇維埃制度的短視和僵化。我們面對著眼前無邊的荒漠和成排的漁船殘骸，久久無言。英國著名科學家霍金（Stephen Hawking, 1942-2018）預言再過一百年，地球環境就不再適合人類居住了，任何對此還有懷疑的人，都應該來木伊那克的碼頭舊址看看。

位於烏茲別克中南部的布哈拉（Bukhara）也是一座千年古城。布哈拉是烏國第三大城市，更是具有2,500年歷史和遺跡的世界文化遺產。「布哈拉」來自梵語，是佛教寺廟的意思，但今天的布哈拉已經看不到佛教寺廟的蹤跡。西元708年，阿拉伯軍隊攻占布哈拉，許多教堂、寺廟被迫變成清真寺，佛教就此漸漸消聲匿跡。

布哈拉堪稱是中亞地區最神聖的城市。早在9、10世紀的時候，布哈拉就成為中亞地區宗教及文化中心，但在歷史上也充滿了外敵入侵和暴君統治。花剌子模的蘇丹（Sultan）——摩訶末，劫殺蒙古帝國的使節與商旅，盛怒的成吉思汗在西元1220年親帥20萬大軍攻破布哈拉，屠城並燒殺擄掠以後，成吉思汗向公眾宣布：「我這是代表神對你們所犯的罪進行的懲罰。」中亞文明也由此受到沉重打擊。1370年，隨著帖木兒興起，布哈拉才得以逐漸恢復。16世紀，布哈拉成為布哈拉可汗的都城以後，布哈拉得以復興。在鼎盛

時期，布哈拉曾有上百座經學院及三百多座清真寺。不過，隨著絲綢之路的式微，布哈拉也再次逐漸盛極而衰。

太陽底下沒有新鮮事，歷史總是一遍又一遍重演。1918年，蘇聯紅軍派遣使團前來布哈拉勸降，當時的布哈拉可汗設法謀殺了整個使團。憤怒的紅軍兵臨城下，轟塌了布哈拉的方舟（Ark）城堡（至今沒有完全修復），占領了布哈拉並將其併入了烏茲別克共和國。和近700年前的成吉思汗不同，紅軍沒有屠城，而是對布哈拉的城市供水系統進行了改造，消除由於糟糕的供水系統帶來的瘟疫橫行。

漫步在布哈拉古城，放眼四顧是一個連一個歷史遺址和說不完的傳奇故事，古陵墓、古清真寺比肩，古宣禮塔、古神學院相倚，獨特穹頂的古市場

▌晨曦下的布哈拉

離古皇宮不遠。在這古城裡散步，猶如在一個濃郁伊斯蘭氛圍的中世紀城市裡徜徉。這裡也是我們唐代所稱的安國、畢國。這裡有建於10世紀的莊嚴大氣薩曼王陵（Samanid Mausoleum），有建於11世紀的卡梁宣禮塔，有建於1514年的卡揚清真寺，有威武雄壯的古皇宮，有宛如歐洲風情的園林夏宮。布哈拉的古建築之多，令人目不暇接。

布哈拉老城中心有一個長方形的水池，當年的駱駝商隊來到這裡，就會將駱駝拴在池邊，讓牠們喝水休息。這裡是布哈拉最安靜和有趣的地方，遮天蔽日的大樹和水池一樣古老，老人們在大樹下品茶下棋，年輕人在水池邊談情說愛，遊客們在這裡發思古之幽情。

傳說中阿里巴巴和四十大盜的故事就發生在布哈拉，在水池東邊的廣場上還有著戴著氈帽、腳著拖鞋、騎毛驢的阿凡提銅像。中國人相信阿凡提是新疆吐魯番人，而烏茲別克人民堅信他是布哈拉人。我在土耳其和摩洛哥（Morocco）都見過自詡為阿凡提的故鄉的地方，據說在亞塞拜然、阿富汗（Afghanistan）和伊朗，人們也認為阿凡提是他們的同胞。無疑阿凡提以自己樂觀幽默和機智聰明，贏得了世人的共鳴和敬重。

站在阿凡提的銅像之前，想想今天處處劍拔弩張、時時警報頻傳的世界局勢，重溫一下好幾百年前阿凡提告訴自己的學生，他為什麼要倒騎毛驢的理由：「假如我面朝前騎在毛驢上，你們就會落在我的背後；假如你們走在我的前面，那我又只能看見你們的背脊，因此我選擇了一種最好的騎毛驢的辦法，就是背朝前、臉朝後，這樣就解決了一切難題，而且能更方便地看著交談的人，這樣也就顯得更有禮貌。」細細品味一下這段話中人性的溫暖、處世的謙和、智慧的光芒，實在不知道，今天的我們是進步了，還是退化了。

布哈拉名氣第一的餐館「Ayban」位於老城一條不起眼的小巷深處，門口連一塊招牌也沒有，而走進餐館就像走進一座歷史博物館。實際上這是一幢有著140年歷史的老房子，曾經屬於一個猶太富商。蘇維埃時期成為幼稚園和居民大院，直到1991年烏茲別克獨立之後，才被重新裝修成為餐館；菜餚善用各

種藥草和香料，上桌香氣撲鼻、入口清爽、酸甜可口；服務員笑容可掬，不但介紹菜餚特點，還不厭其煩地介紹餐館歷史淵源，是一次難忘的經歷。

　　我們從布哈拉坐高鐵去撒馬爾罕（Samarqand）。今天烏茲別克的鐵路線最早來自俄國1879年開始修建的跨裡海鐵路，1888年這條鐵路經過布哈拉汗國到達撒馬爾罕，10年後又連接了塔什干，直到最東面的安集延。世界上有22個國家有高鐵，烏茲別克是其中之一。烏國的高鐵是西班牙設計和承建的，時速在230公里左右，行駛非常平穩流暢；搭乘率約60%，許多乘務員來回穿梭提供服務，還可預訂各類咖啡飲料，會有專人送來，這是任何其他國家高鐵少見的。

　　撒馬爾罕是烏茲別克第二大城市，有2,500年的歷史，是中亞最古老的城市之一。關於它的記載最早可以追溯到西元前5世紀，善於經商的粟特（Sogdia）人把撒馬爾罕建造成一座美輪美奐的都城。西元前4世紀，當馬其頓帝國的亞歷山大大帝攻占該城時不禁讚嘆：「我所聽說到的一切都是真實的，只是撒馬爾罕要比我想像中更為壯觀。」

　　從西元後6世紀到13世紀的數百年來，撒馬爾罕雖然不斷易主，但始終是絲綢之路上重要的樞紐城市，連接波斯、印度和中國這三大帝國。中國的絲綢、印度的棉布、西亞的毛織品、西方的玻璃器皿等商品的流通促使它繁榮發展，積澱了豐富的文化底蘊，保持了繁榮和密集的人口。

　　1220年，頑強抵抗了八天以後，撒馬爾罕被成吉思汗攻破並屠城，幾乎被從地圖上抹去。1370年帖木兒為撒馬爾罕帶來了轉機。帖木兒對外狂暴討伐的同時，不斷將財富、藝術珍品和工匠帶回到首都撒馬爾罕。由此，撒馬爾罕迅速崛起，成為中亞地區的政治、經濟和文化藝術中心。

　　然而，隨著帖木兒王朝在16世紀的沒落，以及絲綢之路的蕭條，撒馬爾罕也衰敗下來。18世紀的一場大地震，更是雪上加霜地使撒馬爾罕一度成為荒城。但是，就靠這些碩果僅存的建築，撒馬爾罕還是輕而易舉地成為整個中亞地區最有氣勢和內涵的文化都市。直到20世紀初，英國詩人詹姆斯・艾

爾羅伊‧弗萊克（James Elroy Flecker, 1884-1915）還在詩劇《哈桑》（*Hassan*, 1922）中寫道：「出於對未知領域的渴望，我們踏上了通往撒馬爾罕的金色之路。」他筆下的商人似乎不是去做生意，而是去神祕的古都朝聖。

我們住的家庭旅館正好位於帖木兒大帝陵墓（Gur-e-Amir）旁邊的老城區，出門走幾步就能看到這座造型壯觀、色彩鮮豔、有球錐形穹頂、具有濃厚的東方建築特色的陵墓。陵寢中央放有9個長方體象徵性的石棺槨，真正盛放遺體的棺槨深深埋在地下。當地有一個廣為流傳的故事，1941年6月21日的夜晚，蘇聯人類學家米哈伊爾‧格拉西莫夫（Mikhail Gerasimov, 1907-1970）打開了塵封六百多年的帖木兒石棺。帖木兒陵墓碑文中刻著詛咒：「任何打開石棺的人會被戰爭邪魔所擊敗。」說來真巧，果然就在打開帖木兒石棺的第二天凌晨，1941年6月22日希特勒（Adolf Hitler, 1889-1945）就開始向蘇聯發動了進攻。蘇聯連連挫敗，損失慘重。發掘者意識到事情的嚴重性，重新風光大葬帖木兒，最後使得德軍慘敗投降。

此種傳言的時間是否準確，和戰爭的勝負是否因果都已經無從考證。但是，在博物館陳列的一張當年的黑白照片裡，格拉西莫夫身穿白襯衫，將袖子高高捲起，露出結實的小臂。他手捧帖木兒的頭蓋骨，臉上掛著唯物主義者的微笑，他的身邊是六位同樣微笑的助手。明亮的考古燈打在他們的臉上，好像他們在集體欣賞一件剛出土的稀世珍寶。事實上，格拉西莫夫確實解剖了帖木兒的屍骨，他的頭蓋骨上還沾著紅色的毛髮，身高大約在170公分左右，高於當時突厥人的平均身高。他的右腿受過刀傷，這證實了「跛子帖木兒」的外號，此外解剖也證實他的確死於肺炎。通過頭蓋骨，格拉西莫夫還原出了帖木兒的形象，並塑造了一座青銅頭像。帖木兒有兩道倒豎的眉毛，顴骨突出，鼻翼兩側長著兩條凶悍的法令紋，他看上去有點像當年中國歷史教科書上殺伐果斷的農民領袖，人常常是可以貌相的，畢竟相由心生。

雷吉斯坦廣場（Registan Square）是撒馬爾罕老城的中心，被稱為「世界上最高貴的公共廣場」。雷吉斯坦廣場上聳立著三座宏偉壯麗的經學院，內

有金碧輝煌的清真寺，分別由兩位統治者在不同時期建立。西邊的烏魯伯格
經學院（Ulug'bek madrasasi）是最早建成的，東邊和北邊的希爾多爾（Sher
Dor）經學院和季里雅－卡利（Tilla-Kari）經學院是百多年後修建的，這三座
建築形成了一個「品」字形的廣場建築群，代表了14世紀晚期整個帖木兒帝
國最傑出的建築典範：巨型拱門、高聳的宣禮塔、深藍色的大穹頂、繁複細
密的牆體花紋，極富想像力的造型與色彩……，任何人來到廣場中央，都會
被眼前這種大氣磅礴的伊斯蘭文化深深震撼。帖木兒曾經說過：「如果你不
相信我們的力量，就請看看我們的建築。」來到雷吉斯坦廣場，你可以確信
他所言不虛。

撒馬爾罕清真寺內部精美
的裝飾

　　歷盡幾百年的王朝興替和地震等天災人禍，到1875年，雷吉斯坦廣場已經變成一片廢墟。十月革命（October Revolution）後，蘇聯政府關閉了這些伊斯蘭學院，這片廣場被用於公共集會和公審反革命分子。同時作為歷史古蹟保護的重要專案，開始著手修復。人們對修復工作中的部分方案有些爭議，但修復後的整體效果不錯，讓這三座建築恢復了往日的輝煌。在經學院內部有著修復之前的廢墟照片，現場一片殘牆斷壁，可謂慘不忍睹，不得不說蘇聯對歷史遺址和文物的保護是中國望塵莫及的。

　　四年之後重遊烏茲別克，景點還是那樣雄偉壯觀，人民還是那樣笑容可掬，物價還是那樣便宜。烏茲別克人淳樸老實、熱情友好。和土庫曼人相比，他們更開放坦蕩，還慷慨好施。我們在布哈拉市中心水池邊看見一個老先生長長的白鬍子風度翩翩，就舉起相機對著他拍照，那天很熱，氣溫攝氏37度，他大概看見我們拍得滿頭大汗，覺得我們太辛苦，掏出5,000元現金（約合五角美元）遞給同行的老張，頓時讓我們忍俊不禁。

　　6月8日一早，我們雇車直奔20公里外的邊界關卡，前往塔吉克。大國有大國之間的對抗，小國有小國之間的糾葛，中亞小國之間也有許多邊界領土紛爭。撒馬爾罕附近的這個關卡曾關閉許多年，去年才重新開放。帶著說不完的故事，寫不盡的感觸，我們邁步跨過了國境線。「再見！美麗的烏茲別克！」我在心中默默地叨念著。

第四站　塔吉克

　　塔吉克是中亞諸國中面積最小的國家，國土面積為14.31萬平方公里，和遼寧省差不多。塔國境內多山，山地面積約占國土面積的93%，一半以上的

國土在海拔3,000公尺以上，有「高山國」之稱。塔吉克水力資源豐富，儲藏量居世界第八位，人均擁有量居世界第一位。

　　塔吉克是中亞五國中唯一主體民族非突厥族系的國家，主體民族塔吉克族人種與波斯同源。西元13世紀塔吉克民族被蒙古征服，1868年遭俄羅斯帝國吞併，1929年成為蘇聯加盟共和國之一。1991年9月9日獨立，整個國家因為蘇聯解體後劃界被切割得犬牙交錯，南部帕米爾高原（Pamir Mountains）與中國和阿富汗接壤，曾是中國古籍中記載的蔥嶺。塔吉克境內的文明古蹟寥寥無幾，但塔吉克人人相信自己才是中亞地區最古老的民族，並且堅信他們的歷史比現在中亞地區主流的突厥人長久。烏茲別克把創立帖木兒帝國的帖木兒奉為蓋世英雄，塔吉克則把遜尼派的伊朗帝國薩曼王朝（Samanian Empire）的開國君主定為塔吉克開國之父，試圖在有限的國力下盡可能地提高民心士氣。

　　塔吉克與時俱進，現在可以在網上申請E簽，在簽證官網填上自己的簡單資訊，用信用卡付上50美元，在三個工作日內可以收到入境簽證。但是，鑑於中亞國家普遍的腐敗和防範中國的心理，網上反應塔吉克對中國護照的拒簽率達到90%的驚人比例。同樣的情況在中亞各國普遍存在，這就是為什麼遠在天邊的歐美諸國都可以看見成群結隊的中國遊客，近在咫尺的中亞諸國反而看不見幾個來自中國的訪客，這其中有著地緣政治說不出口的微妙和敏感。

　　6月8日上午，我們拿著事先列印下來的簽證，在塔吉克邊防哨所過關順利快捷，海關工作人員笑臉相迎，用英語「How are you?」打招呼。邊防警察雖然見面笑嘻嘻，但看見拍照，立刻上前毫不留情地將照片刪得乾乾淨淨。照片被刪總有些不甘心，走到兩國關卡的中間位置，對著兩邊拍照。當時擔心會不會兩邊警察一起撲上來，到時不知會被捉去哪一國。出乎意料的是兩邊都熟視無睹，沒有人管，順利踏入第四個國家。

　　到了高山國，第一件事就是去山區徒步。入境後先去距離邊界20公里的

小鎮彭吉肯特（Penjikent），找到在背包客中口碑一流的「Salom Hostel」。
果然這個旅館老闆講一口流利的英語，非常友善和熱情。他不問我們是否準
備住他的旅館，就熱情地幫我們聯繫好當天的山中民宿和交通工具。旅館中
正好有兩個法國年輕人下午進山徒步，我們就搭他們預訂的車一起進山。

　　下午一輛車載我們深入范恩山脈（Fan Mountains），這片山區在冰川作
用下陡峭崎嶇、怪石密布。遠處的山頭冰雪覆蓋，近處是一個接一個綠翡
翠般晶瑩剔透的高山湖泊。我們走的這條步道叫「七湖之路」（Road of the
Seven Lakes）。從下往上走，會經過七個高山湖泊。車子行駛在最低處的湖
邊將我們放下，我們向上徒步10公里，夜宿位於中間的第四湖旁的民宅。

　　那兩個法國小夥子大步流星走在前面，我們在約500公尺處跟隨。大部
分的步道一邊是湖一邊是山，湖水平靜如鏡，山體粗獷高聳，藍天上白雲

▌美麗的七湖景色

朵朵，午後的陽光灑入山谷，因為海拔高的緣故，並不覺得炎熱。粗糙的沙石路面緩慢地向上延伸，四周一片寂靜，偶爾會有一隻老鷹從頭頂掠過。我們穩步前進，人與人之間拉開了距離，每個人靜靜地陶醉在這原始的山野之中。早就聽說這裡是中亞最美的山景和最佳的徒步之所在，身臨其境發現果然名不虛傳。10公里的步道我們走了三個小時不到，這一路移步換景，完全陶醉在美景之中，一點也不覺得累，最後和法國小夥子同時到達民宅所在的村落。

山中民宿位於一道山谷之中，房子有水有電，就是上廁所得走出屋子，有一段距離不大方便。房東在燒柴火的灶頭上準備了美味晚餐，有蔬菜湯和羊肉馬鈴薯，比想像中的期待更豐富美味。

山間洋溢著針葉樹的芳香，一夜睡得無比香甜，第二天從第四湖開始繼續向位於最高處的第七湖進發。山間的氣候涼爽，空氣清新，令人振奮。往上的步道旁，伴隨著水流湍急的小溪，水面時寬時窄，奔流而下的雪水和大大小小的岩石撞擊，發出陣陣轟鳴。山坡上各色野花鮮豔，引來彩蝶、蜜蜂飛舞。在這樣的環境徒步，伴著每一步的邁進，內心的感受範圍似乎變得更加寬廣；隨著每一口清純氣息的吸入，頭腦的思緒想像彷彿進入一個全新的殿堂。這時候沒有人會想講話，人人沉浸在陽光、空氣和大地融合一體的喜悅之中，這大概就是古人所說的「天人合一」的境界吧。這時候你感覺可以從遠處的雪山近處的湖泊獲得力量，可以讓陽光和心神交流，和大地互通有無，還可以從綠草、野花、樹木吸取生命的氣息。

沒有人煙的原始景觀令人陶醉，大自然對人類一無所求，而我們卻身在福中不知福，常常做出自毀根基的蠢事，以至於這個世界上越來越多的人，生活在人類自己造就的骯髒環境裡灰心無奈。

隨著太陽漸漸升高，路上出現了其他步行者，有法國人、奧地利人、德國人等，都是二十來歲的年輕人。我們三個花甲華人走起來不比他們慢多少，一天走20公里山路不在話下，最後不免都有些沾沾自喜。

在山區給山民拍照，有人笑臉相迎，有人扭頭捂臉，有人破口大罵。初來乍到，又遇不到一個講英語的人，我們這樣年紀的人不免本能地用階級和階級鬥爭的觀點來分析。山村中第一批富起來的人，無疑是開民宿招待遊客的人，幾年的時間都已經造了寬敞的新房子，而其他人都還蝸居在石頭或者土坯蓋的家徒四壁的老房子裡。大概是富了的人喜歡遊客拍照，沒有掙到錢的藉機發洩對遊客的不滿。但是，兩天下來，發現情況不是這樣，所有的男人都不反對拍照，小男孩和小女孩也不反對，只是已婚婦女不願意被拍照，這顯然就不是階級的問題，而是宗教和文化的傳統，傳統穆斯林對婦女的壓抑令人堪憂。

原來從邊境小城彭吉肯特到首都杜桑貝（Dushanbe）需走530公里山路，耗時近10個小時。近年來穿山隧道貫通，距離縮短到250公里。今晨八點出發，離城不久道路就一頭栽進層層疊疊的大山裡，一路雄偉壯觀的山景。四個小時的車程，彷彿行駛在無邊無際的山水畫廊之中，溪流、瀑布、巍巍雪山、山勢變幻……種種美景令人目不暇接，陶醉不已。

塔吉克是中亞最小也是最窮的國家，還是中亞唯一不屬於突厥民族的國家，塔吉克人與伊朗人、阿富汗人同為波斯人種。今天，伊朗人和阿富汗人依然沿用阿拉伯－波斯字母，只有塔吉克人改用西里爾字母（Cyrillic）。這就造成一種尷尬的局面：在口語方面，塔吉克人可以與波斯兄弟們交流無礙，但書面語不行。

塔吉克人原本還有可能在俄國的文化傳統中另闢一條新路，但隨著蘇聯解體、塔吉克獨立，這種可能性也最終消失了。於是，塔吉克人悲哀地發現，他們在用俄國人的字母拼寫波斯人的文字。其結果是除了他們自己，再沒有別人能夠理解他們。在這個封閉落後的內陸山國，宗教情緒和部族仇恨不斷發酵，最後失控爆發內戰，成為蘇聯解體後唯一爆發內戰的國家，杜桑貝更是上演了令人瞠目的殺戮。

雖然歷史不堪回首，當我們漫步在杜桑貝街頭，看到的只有和平和寧

杜桑貝的巨大蘇聯式建築

靜，已經絲毫感受不到任何血腥內戰的遺跡。但是，放眼四周，看不到任何令人印象深刻的標誌性新建築物，還是蘇聯威權式僵硬的建築占據了主導的地位。而且只要走出市中心一個街區，就可以看到破舊的居民社區，和改革開放之前的中國大城市很像。

在塔吉克首都杜桑貝市中心的民族宮附近，矗立著號稱全世界最高的國旗。這個旗桿高達165公尺，為紀念國家獨立20週年由一間美國公司負責建造。旗桿建成後，打破了之前由亞塞拜然保持的162公尺的世界紀錄，也許只有這根高高的旗杆能夠給塔吉克人帶來一絲民族的驕傲。

杜桑貝市是一個有著很多綠地的城市，但更多的是蘇聯式高大威嚴的建築、紀念碑和偉大領袖的畫像（也不知為什麼，所有的偉大領袖都喜歡高舉右手揮舞），它們方正規整、雄偉壯觀，以尺寸和規模取勝。這種權力美學唯一的目的，就是永遠給人以居高臨下的傲慢和不可抗拒的權威，讓每個人自感渺小，心生畏懼，自然而然地產生無條件服從的習慣。

我們在6月11日到達杜桑貝，發現首都的主要交通幹道上有許多工人在忙碌著，他們在道路兩旁擺滿了鮮花。最初我們以為正好趕上了什麼節慶假日，問了當地人才知道，三天後中國國家主席習近平將抵達杜桑貝，出席亞洲相互協作與信任措施會議第五次峰會，並對塔吉克共和國進行國事訪問。

上網查了一下，當年中國對塔吉克的經濟投資高達2.1億美元，頭號大金主來訪，自然得傾全力隆重接待。

我們兩天後要去吉爾吉斯，必須申請帕米爾高原通行證。一早先到移民局排隊，接著就被打發到半里地外的銀行排隊付錢，再回移民局排隊，護照、簽證交進去後，去另外一個窗口等候，等候許久，最後關照下午三點來取通行證。下午三點我們準時來到取證的窗口，還是早上接待我們的那個女士，她不問三七二十一，大手一揮先要打發我們去銀行。等搞清楚我們是來取證的，她如夢初醒般找出我們的相關文件。原來她早就忘得乾乾淨淨，什麼也沒有做，於是我們只能靜靜地坐等她從頭做起；謝天謝地，一個多小時後總算拿到了通行證，沒有影響接下來的行程。

無論是移民局還是銀行，牆上都貼滿了領袖像，先進工作者照片和密密麻麻的規章制度，做足了虛浮的表面文章，這是我們中國人非常熟悉的場景。但是，整個工作流程設計極端愚昧，工作人員缺乏責任心、效率低下，浪費政府資源，增加經濟負擔，還給人民製造麻煩，這種僵硬不符人性的制度就是造成蘇聯崩潰的根本原因。但是，舊習難改，不難發現許多蘇維埃傳統仍在中亞諸國大行其道，尤其是相對閉塞的土庫曼和塔吉克。

從杜桑貝到苦盞（Khujand），沿途要翻越塔吉克中部的三座大山：吉薩爾山（Hisar Range）、澤拉夫尚山（Zarafshon）和突厥斯坦山（Turkestan），共約340多公里距離。突厥斯坦山脈平均海拔三千多公尺，最高峰五千多公尺。隨著海拔的急劇上升，氣溫驟降。翻過大山之後，高度迅速下降，氣溫很快上升到攝氏30度之上。5個小時的車程，彷彿經歷了一年四季。

苦盞位於錫爾河畔（Syr Darya），是中亞最古老的城市之一。傳說，苦盞城的建立者是亞歷山大大帝，該城在希臘史籍中稱「Alexandria Eschate」，意為「最遙遠的亞歷山大里亞」，但沒有任何考古學的證據可以證明這一點。波斯帝國崛起後，該城成為了其北部邊境的一部分，也是絲綢之路的重

鎮。8世紀時，苦盞被阿拉伯帝國占領，12世紀時又遭受了蒙古帝國的征服。1866年，俄羅斯占領了苦盞。1924年至1929年間，苦盞被蘇聯劃入烏茲別克。1991年蘇聯解體後隨同塔吉克獨立。

　　穿過苦盞的錫爾河，寬闊清澈、水流湍急，是中亞最長的著名內流河。苦盞地區水源充足，道路兩旁有著許多水稻田。錫爾河有兩個源頭都在吉爾吉斯。兩河在納曼干（Namangan）附近匯合後向西流入費爾干納（Fergana）谷地，在塔吉克苦盞出谷，流至貝科博德（Bekobod）後轉而向西北，流經烏茲別克和哈薩克後，最後注入鹹海（Aral Sea）。

　　錫爾河邊，聳立著六座當地名人的雕像。日落時分，金黃色的夕陽將雕像拉出長長的倒影，兩個當地女孩美麗的剪影與之相映成趣。在那一刻，讓人覺得時光靜止不動了，千年古城苦盞說不盡的歷史和現實，完美地融合在了一起。

　　我們在中亞地區旅行已經超過兩週時間，這兒是典型的大陸性氣候，在烏茲別克的希瓦和布哈拉這些低海拔地區，5月底6月初的中午氣溫已達35至37度，十分炎熱，當地人說七月分每天氣溫都在40度以上。不過，早晚氣溫在20度左右，涼爽怡人。

　　因為白天、黑夜溫差大，中亞盛產各類瓜果，夏天最受歡迎的水果──西瓜，就是源自中亞；西瓜，西瓜──西邊傳來的瓜。現在只是初夏，中亞地區西瓜和哈密瓜已經大量上市，香甜可口、清涼解暑，是我們幾乎每天都要吃的水果。

　　初夏的中亞，除了西瓜、哈密瓜，最常見的水果還有杏子，一美元可以買上一袋。初夏還是吃桑椹的時節，小時候爬樹採桑椹，貪吃酸甜可口的桑椹，最後把兩隻手都染成深紫色。這次在中亞發現這裡紫色的桑椹酸澀難以入口，但此地盛產大量雪白色的桑椹，味道美極了。從桑樹到桑椹的模樣大小都和中國的一模一樣，就是桑椹的顏色變成了雪白色。這種桑樹在烏茲別克最多，掉下來的桑椹把許多人行道搞得泥濘不堪。我們開玩笑說中亞人不

識貨，應該來開個桑椹果醬廠，產品出口中國，以最佳補腎珍品為號召，大概可以發一筆橫財。

中亞是食肉者的天堂，從路邊攤到高級餐館，都是肉食當主角。塔吉克人早飯也喜歡吃炸油條，一大杯優酪乳搭油條是他們最常見的早點。雖然這根油條的外形和味道和中國的相差無幾，但你咬上一口，就會吃驚地發現每根油條中間都裹著一根香腸。

大大小小的餐館普遍以燒烤油炸各種肉類攬客，肉配麵餅是他們最喜歡的大餐，和肉塊、胡蘿蔔一起烹煮的油膩手抓飯也十分受歡迎。常見素菜只有黃瓜、番茄和捲心菜，沒有看到任何其他綠葉菜。由於中亞地區的自來水普遍不符合直接飲用標準，我們就不敢吃他們的素菜沙拉，只能多吃水果藉以補充維生素。

中亞地區基本為突厥人種，但他們和土耳其人不同，不喝咖啡。這裡只有高級旅館和餐廳供應咖啡，大部分還是即溶咖啡。偶爾遇上現磨咖啡，價錢貴得和西方國家一樣不說，味道實在不敢恭維。他們喜歡喝茶，語言發音和中國人一樣，也叫「茶」（音chá）。但是，他們和只喝紅茶的土耳其人不同，中亞地區至少有一半人喜歡喝綠茶。吃飯的時候叫上一壺茶，是這兒許多人的習慣。除了紅茶和綠茶，有些高級餐館還供應各類特色水果茶，這在世界其他地方都沒有見過。

中亞都是穆斯林國家，但它們和嚴格禁酒的埃及、伊朗等國不同，這兒到處都有各類酒精飲料供應，就連最保守封閉的土庫曼也不例外，這大概歸功於蘇聯七十多年無神論的統治。而可口可樂和百事可樂更是隨處可見，美國佬在清水裡放些廉價顏料和調味品，就可以掙錢掙到全世界。現在許多人眼睛盯著美國佬的晶片，殊不知這些可樂才是美國佬商業最深厚的實力之所在。

中亞諸國無論大小城鎮，幾乎每個街頭巷尾都有販售冰淇淋的小販，一毛美元就可以買上一支霜淇淋。這種剛從機器中擠出來的新鮮霜淇淋，在空心蛋捲上堆起誘人的三角形，充滿著奶油的香味，入口即化，是老幼皆宜、

人見人愛的消暑佳品。中亞國家忠實保持了蘇聯時期留下來的傳統——美味的俄式霜淇淋，相對於義大利冰淇淋的種類繁多、土耳其冰淇淋的彈力十足，俄式霜淇淋追求的是「老味道」。世界各國基本上霜淇淋的奶油含量在5%至7%，而俄式霜淇淋的奶油含量卻高達15%，而且百分之百使用鮮奶製作，絕不允許偷工減料，其口味早就名揚天下。2016年G20峰會上，普丁（Vladimir Putin, 1952-）將一箱俄羅斯霜淇淋作為國禮送給了各國領導人，誕生了一段「霜淇淋外交」的佳話。

　　6月14日早上七點出發，動身離開塔吉克，前往吉爾吉斯。計程車把我們載到100公里外的伊斯法拉（Isfara），一個四處冒煙、到處黑乎乎的工業小城。從那裡換一輛出租車到10公里外的國界線。塔吉克93%的國土是高山，前面的吉爾吉斯略少一些，80%的面積是山地，據說同樣是美不勝收，我們充滿著期待地邁步向前。

第五站　吉爾吉斯

　　吉爾吉斯是和新疆接壤的中亞國家，國土面積19.8萬平方公里，和中國河北省差不多。這塊土地西元前3世紀已有文字記載，在《史記》和《漢書》裡被稱為「鬲昆」。從西漢武帝時，經李廣利多次征伐，吉爾吉斯大部分首次納入中國版圖，直到西晉時期突厥人占領該地區；唐朝時吉爾吉斯再次納入中國版圖，元朝時為蒙古所征服。15世紀後半葉吉爾吉斯民族基本形成，他們生活在回鶻北面，南西伯利亞（Siberia）的葉尼塞河流域遊牧，屬於突厥種人的一支，是他們打敗了回鶻，逼其西遷成為現代新疆維族。16世紀吉爾吉斯人受沙俄壓迫，自中亞的葉尼塞河（Yenisey）上游遷居至此。清朝時

再次被納入中國版圖。1864年10月7日，俄國強迫清政府簽訂「中俄勘分西北邊記」，強行割讓新疆西部44萬平方公里領土，其中就包括現今吉爾吉斯的大部分土地，1876年被沙俄強占；1876年清朝藩屬國浩罕汗國（Khanate of Kokand）被沙俄吞併，至此吉爾吉斯全部土地被沙皇俄國吞併。

和其他中亞國家一樣，吉爾吉斯獨立之後也是威權政治，之後試圖政治體制改革，但政局跌宕起伏，經歷過兩次「革命」、一次騷亂。該國經濟基礎薄弱，社會矛盾突出，可持續發展的經濟模式尚待建立。

吉爾吉斯對所有發達國家免簽證，澳洲護照也不例外，所以入境手續十分簡單明瞭。塔吉克出境之後，走過約100公尺的無人地帶，再到達吉爾吉斯哨卡。海關人員不問任何問題，護照上蓋一個入境章完事，我們順利進入此行的第五個國家。

這次中亞旅行，有兩個不確定的路段。第一個是土庫曼，這個中亞的北韓，封閉保守、行為完全不可預測。第二個就是從塔吉克的苦盞到吉爾吉斯的奧什，這段近400公里的路段，蜿蜒迂迴在塔吉克、烏茲別克和吉爾吉斯三國的領土上。在網上搜索，中英文都沒有詳細的旅行介紹，所以直到入境吉爾吉斯，內心始終有著一絲擔憂，不知道這條路是否走得通。

雖然兩國的邊境口岸位於前不著村後不著店的荒原之中，但學過經濟學的定律就知道，只要有需求，就會有供應，加上有過類似的過境經歷，心中就不會害怕。果然我們剛抵達塔吉克邊境，還沒有出境之前，就有吉爾吉斯方面的計程車來拉生意了。一個老實厚道的小夥子跟定了我們，最後四個小時直接把我們送到奧什州（Osh Region）的旅館，還送我們一袋剛採下來的杏子在路上吃，味道比我們自己買的更好吃。這些杏子不但看起來有些像桃子，還有著一絲桃子的味道，汁水充沛，是此生所吃過最好吃的杏子。

吉爾吉斯80%國土是山地，出乎意料的是從國境線到奧什州這一路基本平坦，道況則時好時壞。大概地處吉爾吉斯少有的平坦地區的原因，一路上經過一個接一個大小城鎮，人口稠密、車輛擁擠。

　　有趣的是，這一路向前，曾一次駛入塔吉克境內，三次駛入烏茲別克境內，每次出入均無任何標誌牌和崗哨警察，如果不看手機GPS，不會發現任何異常。估計大部分遊客在地圖上看到如此頻繁出入境的公路，就知難而退不來了，這也是我們事先有些擔心的事情。其實道路全程暢通，沒有國境線標誌牌，沒有邊防哨所、沒有路障、沒有警察、沒有任何問題。地圖上、媒體上和網上的世界，永遠和真實的世界相距甚遠。

　　當天下午抵達奧什市（Osh），這是吉爾吉斯第二大城市，位於吉爾吉斯費爾干納盆地中，阿克布拉河（Akbura River）出山口附近。奧什市是中亞地區最古老的居民點之一，早在西元8世紀就以絲綢生產和加工的中心而聞名於世，這條著名的貿易線路穿越阿賴山脈（Alay Range）向東抵達喀什（Kashgar）。對於「奧什」這個名字的來源，當地民間有個傳說：西元前4世紀，遠征至此的馬其頓王國的亞歷山大感覺非常滿意，便隨口說了一句「夠了」，當地人便以這句話的發音命名這座城市為「奧什」。

　　我們在中亞旅行一路走來，奧什市的建設最為差勁。整座城市雜亂無章，看不見任何標誌性建築。但是，我們還是不得不來，因為這裡有著吉爾吉斯的世界文化遺產——蘇萊曼聖山（Sulayman Mountain）。

　　蘇萊曼山位於奧什市的中心地帶，處在中亞絲綢之路重要路線的十字路口上，有「小麥加」的美稱。其山高191.3公尺，長1,663公尺，由五座山峰綿延交會組成。其五座山峰和山坡散布著無數古代朝聖之地和岩石壁畫的岩洞，以及兩座16世紀建造的清真寺。在超過一個半世紀的時間裡。這裡一直是旅行者的指示燈，被尊為聖山。

　　站在奧什城區的任何地方，都可以輕易看到奇峰突起的蘇萊曼山。蘇萊曼山不算太高卻異常險峻，沿著石階拾級而上，巨大岩石懸在半山腰上，彷彿風一吹就會滾落。在石階旁的石壁和山體上，可以看到許多大大小小的山洞。據說山洞中已發現的岩石壁畫已達100處，雕刻著人物、動物及難以讀懂的幾何圖形，均為3,000年前的古人所留下，記錄著當時人們的生產生活情

況，是珍貴的歷史文物。這些山洞在當地人眼中有著非凡的意義，遠遠近近的人們來這裡朝聖祈禱。

在蘇萊曼山頂建有一間小小清真寺，在觀景臺上可以俯瞰奧什全城，遠處白雪覆蓋的群山歷歷在目，風景如畫。奧什人在半山腰把各山洞鑿通，建成了一個上下兩層的「山洞」歷史博物館。我們遊覽了這座久負盛名的博物館，館中展出了各個時期的石器、陶器、銅器等珍貴文物，以及當時捕獵的工具和天山熊、野豬、駝羊等獵物標本，但沒有看見任何實際的岩畫。後來當地人告訴我們在山上的許多其他山洞裡，都可以看到這些古代的壁畫，但當局出於保護的目的，並不建設方便的道路，也不鼓勵遊客前往。

6月16日早晨五點鐘，天剛濛濛亮，民宿隔壁就傳來一陣陣高亢的吹打樂聲。跑出去一看，原來鄰居的婚禮開始了。房東告訴我們，歷時兩天的婚禮流水席已經開張了，整整兩天的時間，新郎新娘所有的親戚、朋友、同事、鄰居都會來。當地人的習俗，來的人越多，主人就越有面子。我們6點要出發上路，沒能等到新郎新娘出場，匆匆忙忙拍了幾張照片便離開了。

迎著初升的朝陽上路，從奧什去比斯凱克（Bishkek）。這是六百多公里高潮迭起的山水畫卷，也是12小時變化無窮的高山美景，同時又是一天內歷經春夏秋冬不同溫差的時空穿越。穿過白雪皚皚的高山，跨越激流飛濺的河流，遙望波光激灩的湖泊，歇腳野花滿地的草原，可以毫不誇張地說這是世界最美景觀道路之一。

走過這一路，終於確信只有吉爾吉斯這樣美麗的土地，才能孕育中國最偉大的詩人李白。李白那白衣飄飄的瀟灑身影，在每一個中國人的內心深處留下那一份浪漫，那一種豁達，那一股豪邁。從此無論生活多麼艱辛難熬、強權多麼殘暴卑鄙、時局多麼黑暗無望，中國人從來沒有放棄過內心的希望、生活的激情和自由的渴望。吉爾吉斯美麗的山水，是每一個中國人都應該來看看的自然聖地。

小國吉爾吉斯的首都比斯凱克也是絲綢之路上的一個重鎮，卻沒有多少

吉爾吉斯高山景觀

歷史的遺址可供憑弔。城市格局基本是前蘇聯留下來的底子，方正呆板的政府大樓、廉價殘破的居民公寓隨處可見。但是，漫步比斯凱克街頭，可以感覺到相比其他中亞城市，這裡有著更多自由的氣息。民眾普遍熱情友好，許多人會主動說「你好」和我們打招呼。在街上問路時，總會有多人上前提供幫助，他們不厭其煩地詳加解釋，令人感動。同時西方文化和中國因素的影響時時映入眼簾，也有一些時髦的新建築和雕塑，開放大氣的格局已經形成。

　　與其他中亞諸國相比，吉爾吉斯雖小，因其居於亞洲中央樞紐的位置，地緣政治意義重大。所以自從獨立以來，一直是世界列強角逐的重點：俄國的影響根深柢固自不待言；美國早以反恐的名義，在這裡租用軍事基地，中國一帶一路強勢介入，土耳其以突厥國際文化組織的名義深深扎根，歐盟（European Union）、日本（Japan）、韓國（Korea）等無不在此下注。吉爾吉斯是中亞諸國中最先向發達國家開放自由簽證的國家，政府的態度來者不拒，長袖善舞在列強之間。政府雖然有錢，但國內政治不穩定，腐敗盛行、管理低效、百姓貧窮，前途不容樂觀。我們在奧什曾有幸和兩位當地大學教授同桌吃飯，據說俄國大學生考試時必須在考卷中附上現金，不然就很難指望有好的成績。而在吉爾吉斯這種現象已經蔓延到了中學，這樣的社會現象實在令人噁心。傳業授道的教育系統已經墮落到如此地步，其他各行各業的情況自然可想而知。腐敗是世界上絕大多數窮國的致命傷，在吉爾吉斯這個問題似乎尤為嚴重。

　　伊塞克湖（Issyk-Ku），位於天山山脈北部。一百七十多公里長、七十多公里寬的伊塞克湖，是僅次於的的喀喀湖（Lake Titicaca）的世界第二大高山湖。位於天山山脈西北部，平均深度279公尺，最大深度達702公尺，據說水下還有一個古城遺址。在唐朝，它還有個更貼切的名字：大清池。伊塞克湖為不凍湖，湖水清澈澄碧，素有「上帝遺落的明珠」之稱。在吉爾吉斯有句膾炙人口的諺語：「沒到過伊塞克湖，就不算到過吉爾吉斯。」

　　我們花兩天時間繞湖一圈，出城不遠首先經過詩人李白的故鄉——碎葉

城。碎葉城是唐代「安西四鎮」之一，也是唐代中國駐軍直接管轄最西端的城市。不過，現在沒有任何相關的紀念建築，關鍵還是中國人來得太少，不然李白故居、塑像和紀念館等一定都會整理出來。

　　再往前就是世界文化遺產——布拉納遺址。高高聳立在草原之上的布拉納塔（Burana Tower）是伊斯蘭教聖塔遺址，西北角還有大量的石人矗立。草原石雕人像分為兩種類型：一種只鑿出人的臉龐，另一種則鑿出了人的頭部、頸部、服飾乃至兵器，後期的石雕人像還鑿出了石人手持的喝酒器皿。類似的石像在新疆喀納斯草原也有發現，這些石像充滿了神祕的宗教氣息。

　　下午我們趕到了位於卵石荒灘中的岩畫遺址。冰川運動把大大小小的石塊驅趕到了高山腳下，數千年前的古人用簡單而生動的筆畫，在石塊上留下

▌佛教寺廟樣式的清真寺

了各種動物的印記。古人究竟用了什麼方法，能夠使得這些圖像歷經千年而不衰？前蘇聯的考古學家曾嘗試了各種方法，卻都沒有成功揭密，這至今仍是一個謎。

接著驅車深入天山山脈。新疆的天山美不勝收，在吉爾吉斯的天山同樣美，成了令人難以置信的世外桃源。早就聽說橫跨四國的天山，最美的部分在吉爾吉斯。終於身臨其境，發現此言不虛。

夜宿卡拉科爾（Karakol），這裡是伊塞克湖州（Issyk-Kul Region）最大的城市。卡拉科爾最早是1869年俄羅斯殖民者修建的據點，總的來說，卡拉科爾是一個乏味的城市，到處都是蘇聯時期留下來的陳舊居民樓，和中國上世紀70年代造的差不多，看上去簡陋單薄。

但是，我們參觀的第一個清真寺，卻立刻令人耳目一新。這個清真寺，無論從遠處還是從近處看，無論從裡面還是從外面看，都是一個如假包換的中國佛教寺廟，而且還是一座精工細作造就的寺廟。清真寺的阿訇（Akhund，或直譯為「宣教師」，意為「老師」或「學者」。）介紹這是一個中國人在1904年至1907年間建的，在蘇聯時期曾有47年的時間被作為倉庫使用。

在歐洲和近東，可以看見許多被改成清真寺的基督教堂。在中亞總算看見一座原汁原味的中國寺廟，刷上不同的顏色和符號，鋪上中東色彩的地毯，也就成了清真寺，什麼也逃不過阿拉（Allah）之手。

我通過手機谷歌翻譯問阿訇：「為什麼這個中國人建了一座寺廟作為清真寺？」阿訇兩眼翻翻，聳聳肩說他也不知道。我說：「當初中國人一定是建來供奉佛陀的寺廟，後來被你們搬走了菩薩，改成了清真寺。」這下子阿訇不高興了，他把我們領到大堂之中，打開所有電燈，用手指著最高處的橫樑讓我們看。原來橫樑上用正楷漢字寫得清清楚楚：馬玉堂等建的清真寺。「馬玉堂」看起來像是個回民的名字，但在中國西北回民地區的清真寺也不會造得和佛教的廟一模一樣啊。

離開清真寺後，我整天都想著馬玉堂這班人，是什麼樣的人生經歷，讓他們背井離鄉，來到這樣遙遠的窮鄉僻壤。無情的事實是——這塊土地不可能帶給他們幸福的生活，如果他們掙不到錢，自然貧困潦倒；如果他們掙到了錢，那必然給不久後到來的共產主義洪流給專政了。

又是怎樣的思路歷程和原因，讓馬玉堂他們致穆斯林教規戒律於不顧，硬要離經叛道造一座原汁原味的中國寺廟來做清真寺？愛國情操？還是佛教情懷？可以想像當地的穆斯林社區看到這樣一座清真寺，絕對不會有絲毫的認同和任何友善的表示，沒有將它一把火燒掉就已經是奇蹟了。真實的生活永遠比任何藝術作品更豐富多彩，馬玉堂們的個人命運和這座清真廟，充滿了太多未知的祕密和故事。

旅行回來之後，有個朋友看了我的遊記，他告訴我，其實中國的回族清真寺有許多是純粹的中式廟宇建築造型，尤其是在清代所建的。這種廟宇式清真寺在寧夏、內蒙古、甘肅非常普遍，天津、北京也可以見到。他還說清末陝甘回亂時期，有許多回民逃離中國前往中亞七河流域，其中許多人留在了吉爾吉斯。你們看到的那個清真寺的建造者，應該就是那批人中的一個。朋友的話解釋了我們多日的困惑，也許這就是中華傳統文化的底蘊和力量，讓我們有這種全世界獨一無二的自信和勇氣，可以理直氣壯地用佛教廟宇來取代清真寺。

離這座廟宇般的清真寺不遠，坐落著一座有著二百多年歷史的俄國東正教的三一教堂，號稱全木結構，沒有使用一根鐵釘，古樸典雅，令人肅然起敬。兩個信女跪在神像前面，低聲吟唱著讚美詩歌，曲調緩慢憂傷、深邃悠遠，那情那景，觸動人的心靈，這也許是只有身臨其境才能體會的情感。

兩天環繞伊塞克湖一周，總里程910公里。這一路有許多意外的驚喜，五彩峽谷也是其中的一個。走進這個從外面看一點也不起眼的峽谷，任何人都會大吃一驚。豐富鮮豔的色彩從四面八方湧入視線，加上形態多樣、變化無窮的地形地貌，彷彿置身於一個童話世界。這個旅行之前從來沒有聽說過的

五彩峽谷，比起中國和美國的同類地貌毫不遜色。

6月20日我們離開比斯凱克，前往哈薩克。只有通過腳踏實地的旅行，一個個原來只是符號一般的國家名稱，才能變成一幅幅鮮活生動的印象和故事。也只有通過自己的耳聞目睹，才能真正明白這個世界上只有相對的好與壞，而沒有絕對的美和醜。吉爾吉斯，聖潔出俗的山水美景、貧窮落後的鄉鎮習俗、熱情友好的當地民眾、腐敗成風的政府機構……也許這輩子再也不會踏足這片土地，但過去六天的所見所聞已經印入腦海、融入血脈，將伴隨我們終生。

第六站 哈薩克

「哈薩克」一詞在突厥語中是「遊牧戰神」之意，西元6世紀中葉至8世紀，這塊土地上建立了突厥汗國；9至12世紀曾建奧古茲族國、哈拉汗國；11至13世紀契丹人和蒙古韃靼人侵入；15世紀末成立哈薩克汗國，分為大帳、中帳和小帳；16世紀初基本形成哈薩克部族；18世紀上半葉，為對付準噶爾部蒙古這個共同的敵人，清朝政府與哈薩克汗國各部建立了聯繫，大玉茲（Jüz）、中玉茲接受了清朝的冊封，其中以中玉茲的阿布賚汗（Ablai Khan, 1711-1781）家族與清朝聯繫最為緊密，曾先後前往清廷朝覲達19次之多；19世紀中葉以後，哈薩克全境逐步被沙皇俄國吞併；十月革命後又成為蘇聯的一部分，直到1991年才獲得獨立，建立起今天的哈薩克共和國。

哈薩克是世界上面積最大的內陸國家，面積約227萬平方公里，接近中國新疆和西藏的面積總和。哈薩克從前蘇聯繼承了成套的工業基礎和科技設施，它是15個加盟共和國中擁有核武器的國家之一，雖然在獨立時放棄了核

武器，但相關科技能力依然令世人側目，前蘇聯最大的航太發射場拜科努爾也建在哈薩克。除了豐富的石油和天然氣資源，該國鈾產量達到19,477噸，位居世界首位，比第二至第五名國家的產量總和還高。此外，煤、鐵、銅、鉛等礦產儲量也相當可觀。哈薩克獨立之後，雖然也是威權政府，但社會政治、經濟穩定，是中亞五個「斯坦國」中經濟發展最好、人民收入最高的國家。特殊的地理位置和豐富的資源儲量決定了哈薩克在中亞地緣政治中較高的地位，它的綜合國力使整個世界都無法忽視。

6月20日上午九點，我們順利步入這次旅行的第六個國家──哈薩克。吉爾吉斯的海關牆上貼著反對腐敗和敲詐索賄的宣傳畫，過關極其簡便快捷。兩國海關之間有著人性化的遮蔭步行長廊。走過界河，哈薩克對所有發達國家豁免簽證，入境通行無阻。

走出海關，計程車司機們立刻圍攏上來搶生意。在許多國家的入境處，計程車司機之間的競爭常常是無情的，今天他們表現得有些過火，幾乎要扭打起來。坦率地說這是我們這些勢單力薄的旅行者喜聞樂見的場景，意味著市場經濟的無形巨手在護佑著我們，免受地頭蛇的霸凌。他們劇烈的競爭讓我們很快選定一輛車，談妥價錢，向兩百多公里外的阿拉木圖（Almaty）飛馳而去。

阿拉木圖是哈薩克的一座直轄市，也是該國的第一大城市，還是中亞最古老的城市之一，其建立的歷史可追溯到青銅時代西元前1,000至900年，當時第一批農民和養牛者在這片土地上建立了定居點。阿拉木圖三面環山，易守難攻，15世紀成為絲綢之路通往歐洲的必經之地，17世紀受蒙古準噶爾汗國（Dzungar Khanate）統治，於1646年隨蒙古各部歸順清朝。19世紀中期，俄國薩克沙皇率西伯利亞大軍直抵天山腳下，在谷中圈地吸納哈薩克遊牧民族定居，此時的阿拉木圖才真正具備城市的規模。

20世紀尤其是十月革命後，俄羅斯族向中亞（主要是哈薩克）大規模的移民經歷了四波浪潮。1920年代，蘇俄內戰和歐俄遭遇大饑荒，許多人逃

難到中亞。1930年代，蘇聯工業化進程開始，大批俄羅斯族支援中亞，發展當地製造業。1941年衛國戰爭爆發後，為避免工業設施被德軍轟炸，蘇聯將歐洲戰區的大量工廠遷往哈薩克，其中有超過30家的軍工廠、八座醫院、五個研究所、四所大學以及20個以上文化機構被設在阿拉木圖，使得阿拉木圖城市規模得到巨大的提升。1954年赫魯雪夫（Nikita Khrushchev, 1864-1971）主持在哈薩克和西伯利亞大規模開墾生荒地──這就是著名的「墾荒運動」（Virgin Lands campaign），政府為開荒投資67億盧布，動員數十萬俄羅斯裔志願者到此地安家落戶。阿拉木圖在1929年至1991年之間是哈薩克在蘇維埃社會主義共和國的首府；蘇聯解體之後，成為哈薩克的首都。出於地緣政治的考慮，1997年哈薩克首都被搬遷到了位於國家中心的阿斯塔納（Astana），但阿拉木圖仍是該國主要商業和文化中心，也是我們這次中亞旅途中最大的一座城市。

　　漫步在阿拉木圖，第一個印象就是樹多，綠地多。據說沙皇時代就下令，所有屋主必須同時在屋外種樹。今天的阿拉木圖到處林木蔥龍、滿目蒼翠，是世界上少有的幾個綠色覆蓋率超過70%的城市之一。無論夏天太陽多厲害，行人從樹下走過，獨留一片清涼。同時，這個城市得天獨厚，兩面被天山環繞，天山上的融雪提供了充足的水源，22條大小溪流穿城而過，形形色色的噴泉遍布全城。綠化得好、氣候也佳，這兒沒有其他中亞城市那樣熱，現在的氣溫攝氏18至30度，十分舒適。好地方自然人人喜歡，阿拉木圖可以看見許多皮膚白皙的俄國人定居此地。

　　第二個印象，阿拉木圖是中亞這一路走來西化程度最高的城市。雖然蘇聯時期留下的建築隨處可見，但這裡成片綠地的自然氣息極大地沖淡了蘇式建築的僵硬和粗暴，留下的只有濃厚的歷史感，和一絲不那樣令人討厭的蘇聯味。而且男女老少一律西式服裝，不是親眼目睹，很難想像一個穆斯林國家年輕女性衣著的清涼程度可以不下於任何西方都市。這兒民族服裝和穆斯林宗教服飾已成鳳毛麟角，完全感受不到任何宗教和保守的氣氛，警察也不

會來干擾百姓和阻止遊客拍照。

在阿拉木圖市區遊覽，乘坐地鐵既方便又便宜。阿拉木圖的地鐵車站固然沒有莫斯科地鐵那樣的奢華高貴，但大部分車站用大理石鑲嵌裝飾得美輪美奐，顯得別致優雅，依然可以傲視世界上絕大部分的地鐵車站。由《美國國家地理雜誌》（*National Geographic*）評選世界上最美的10條地鐵線路中，阿拉木圖的地鐵一號線名列第六。這條2011年底才開通的年輕地鐵，雖然只有八個車站，但每個車站都是一件藝術精品——充滿濃郁的民族特色，古典與現代完美結合，民族紋理的大理石、彩繪的玻璃窗、華麗的吊燈……，早就風聞阿拉木圖地鐵大名，此番親身遊歷，發現果然名不虛傳。

也許是中亞國家百姓普遍生活水準不高，街上專業計程車比較少見，上網約車也不普遍，常常等上半個小時也看不見一輛，中亞國家在這方面的表現還不如許多非洲國家。但是，任何一輛過往的車輛都有可能充當計程車的角色，當地人習慣在路邊舉手攔車，大部分路過的小車如果順路，就會收取少量費用載你前往，這是一個明顯的地方特點。中亞國家的汽車司機普遍遵紀守法，我們大部分行程都是通過包車來完成，發現每一個司機駕車都很穩當，從來沒有看見他們超速行駛，或者有任何闖紅燈、亂按喇叭等違規操作，這和大部分不發達國家的司機通常任性違規駕駛完全不同，使得我們全程都覺得很有安全感。

我們所住的旅館位於市中心，有著一個猶如蒙古包一般別致的餐廳。旅館的斜對面就是阿拉木圖著名的東正教升天大教堂（Ascension Cathedral, Almaty），這是一座奠基於1903年的百年老教堂。和位於吉爾吉斯伊塞克湖旁的三一教堂一樣，這也是一座沒有使用一根鐵釘、全木結構的教堂，但規模要大許多，據說這是全世界第二高的全木教堂。阿拉木圖位於地震帶，1911年曾遭受芮氏8.2級大地震的襲擊，在這麼強烈的破壞性地震下，這座升天大教堂成為城市中唯一完整保存下來的建築，從此在信徒們的眼中，這座精美的教堂更蒙上了一層神聖的色彩。

阿拉木圖升天大教堂

　　和俄羅斯境內所有的東正教堂一樣，這座教堂也有著洋蔥頭般的頂部。
但是，其最大的特點還是用色之大膽，比拉丁民族有過之而無不及，極其鮮
豔的紅黃綠藍金等色刷滿了教堂的裡裡外外。令人不可思議的是這樣的用
色，不但沒有給人豔麗而俗氣的感覺，反而覺得美得超凡脫俗，令人彷彿進
入一個虛幻的童話世界。尤其是在教堂內部，陽光從高大的彩色玻璃斜斜射
入，交織著絕美的光影彩繪，和精緻的壁畫、五彩的內牆，以及主祭壇前閃
動的蠟燭光交相輝映，形成一種難以形容的華美、莊嚴和崇高。加上薰香的
氣味瀰漫著整座教堂，管風琴的低音流淌在每個角落，使人傷痕累累的靈魂
能夠從骯髒汙穢的塵世中超脫出來，得到喘息、撫慰與昇華。

　　升天大教堂的旁邊就是「潘菲洛夫28勇士紀念公園」（Park of 28 Panfilov
Guardsmen），建於20世紀70年代。占地18公頃。公園林木茂盛、景色秀麗，
內有長明火、光榮紀念碑、軍官之家等建築。當年蘇聯衛國戰爭時期，共有
約120萬哈薩克將士奔赴該國各地戰場，戰爭結束時僅有約60萬士兵生還。其
中莫斯科保衛戰中擊退德國法西斯坦克進攻的前蘇軍316潘菲洛夫近衛步兵師
1075團的28位勇士（其中有10名為阿拉木圖人）為表現突出的佼佼者。那場
戰鬥結束後，這28位勇士全部被授予蘇聯英雄稱號。紀念公園中的幾處雕塑
非常令人震撼，堅硬的花崗岩和粗獷的線條將俄國人桀驁不遜、勇猛凶悍的
民族特性刻畫得淋漓盡致。

　　我們離開前一天是週六，下午市政當局在潘菲洛夫28勇士紀念公園的廣
場上舉行二戰紅歌演唱會，有二戰老英雄和年輕部隊戰士出場助陣。老歌手
們自彈自唱非常賣力，現代化音響系統讓威武雄壯的紅歌響遍了整個廣場。
站在白髮蒼蒼的二戰英雄們身邊，聽著當年引領紅軍席捲歐洲的嘹亮戰歌，
不免心潮起伏，感慨萬千。遺憾的是，環顧四周，出現捧場的市民寥寥無
幾，加上提著相機的外國遊客也未滿50個人，則令人不禁心生凄涼之感。

　　白髮蒼蒼的老英雄，揚喉高歌的老戰士，慷慨激昂的老紅歌，無不使人
想起那轟轟烈烈、英雄輩出的年代，百萬紅軍摧枯拉枯般直搗柏林又是多麼

浩浩蕩蕩、勢不可擋。但是，在今天阿拉木圖門可羅雀、冷冷清清的大廣場上，歷史和現實反而形成了催人淚下的強烈對比。天下沒有不散的筵席，沒有不滅的神話，更沒有不敗的強權。臺上臺下的英雄越可敬、歌手越賣力、紅歌越高亢，也越讓人感到英雄遲暮大勢已去，時也，勢也！《三國演義》的開篇語不禁浮上心頭：「滾滾長江東逝水，浪花淘盡英雄。是非成敗轉頭空。青山依舊在，幾度夕陽紅。」世事差千年，國度有不同，唯人性的本質和世道的根基一脈相承、恆久不變。

　　阿拉木圖距離阿斯塔納約有1,200公里，原計劃坐火車。在隆隆奔騰向前的火車上坐定，透過車窗觀賞哈薩克遼闊的草原戈壁，和車內的當地乘客談天說地，是期待已久的旅行場景。但是，想不到前後三天中所有的火車班次

潘菲洛夫28勇士石雕

努爾蘇丹超現實的街景

已經全部客滿。無奈只能改乘飛機，飛越平坦荒蕪的戈壁原野和高原湖泊，抵達哈薩克首都阿斯塔納。

早就聽說哈薩克是中亞最沒有特色的國家，古蹟遺址不如烏茲別克、民族傳統不如土庫曼、自然景觀不如塔吉克和吉爾吉斯。剛到阿拉木圖確實覺得此言不虛，一個非常西化的城市，我在市中心的步行街逛了兩個多小時，沒有看見一座超過20年的建築，也沒有遇到任何大鬍子的穆斯林或身著民族服裝的人。

但是到了阿斯塔納，我們頓時眼前一亮、大吃一驚。誰說哈薩克沒有自己的特色？全世界都找不出第二個像阿斯塔納這樣夢幻般的未來世界，全新的古羅馬式、拜占庭式、文藝復興式、蘇聯式、伊斯蘭式、中國宮廷式、杜拜拜金主義和超現實主義的建築，堆砌而成這座世界上最年輕的首都。令人吃驚的是，這樣瘋狂的行為，效果居然還真不錯。漫步在阿斯塔納的城市中軸線，彷彿走在科幻電影的攝影現場，處處讓人有不真實的難以置信，時時給人以超現實的視覺感受。也許阿斯塔納的大理石建築數量比不上土庫曼的阿什哈巴德，但阿斯塔納的城市布局無疑更合理，設計理念更超前，建築式樣更豐富，視覺效果更震撼，充分反映了世界最新的建築水準和潮流。

　　阿斯塔納，也有人把它叫做草原裡的杜拜。和土庫曼的阿什哈巴德一樣，都是天然氣、石油礦產財富和一個威權總統城市建設狂熱相結合的產物。據說建設新城的費用最高時占國家預算的80%，來自英國、義大利、德國、瑞士、日本、中國等許多國家的建築師和工程技術人員參加了設計和建設。它的建設是一種超音速的速度，約二十多年的時間，各種形式的樓臺碑柱、高級賓館、摩天大樓、寬闊的馬路和廣場在中亞的戈壁荒漠上如雨後的蘑菇般冒了出來。

　　1997年，這裡還叫做「阿克莫拉」（Akmola）小城，全城25萬居民中70%為俄羅斯族裔。這個沒沒無名的內陸小城，沒有任何古老的歷史遺址和建築，只因為附近有一座專門關押蘇聯叛國者妻子的古拉格（Gulag）監獄而聞名。當總統努爾蘇丹‧納扎爾巴耶夫（Nursultan Nazarbayev, 1940-）宣布這裡成為新首都阿斯塔納後，大量南部人口湧入，目前阿斯塔納的常住居民超過100萬人，哈薩克族已經成為主要民族。顯然，哈薩克遷都20年後，人口狀況哈薩克化的另一面是去俄羅斯化。

　　當年這些原蘇聯加盟共和國的黨委書記們，做夢也沒有想到有朝一日他們會成為真正權傾一方的皇帝，納扎爾巴耶夫曾在其本人著作《時代與

隨想》中寫道：「時代有一個狡黠的特性──總是在毫無預警的情況下到來。」的確，時代的變遷、命運的莫測，給了納扎爾巴耶夫一個機會，但當時天上掉下來的可不是一個熱騰騰的肉餡餅。1991年底，哈薩克獨立時接手的是一個滿目瘡痍、經濟失控的爛攤子。1990年至1994年，工業生產下滑二分之一，農業生產下滑三分之一，交通運輸下滑三分之二。

自1994年納扎爾巴耶夫全權治理這個國家後，哈薩克經濟快速發展。哈薩克公民收入持續增長，收入低於貧困線以下人口數縮減了六倍，失業人口減少一半。國家教育支出增長了8.5倍。與此同時，公民社會發展順利，允許設立獨立媒體。各類非政府組織數目達到1.8萬個，全國共有媒體2,500家，其中約90%私有。人均GDP由1998年的1,500美元提高到2018年的9,330美元。

努爾蘇丹・納扎爾巴耶夫二十多年的努力沒有白費，今天哈薩克是中亞地區最生機勃勃且富有的國家，同時一座夢幻般的新型都市在草原大地上拔地而起，令世人矚目。今年三月哈薩克政府做出決議，以努爾蘇丹・納扎爾巴耶夫的名字為哈薩克首都命名。從此世間再也沒有阿斯塔納，只有努爾蘇丹。

在努爾蘇丹，我們所住的民宿位於新建大樓的第二十層，打開玻璃窗眺望，從近到遠高高低低的起重機聳立，大大小小的工地在忙活，城市建設還在熱火朝天地進行著。威權政府擁有無限的權力，當它行進在正確的方向上，有著無可爭辯的優勢，能夠使得國家在短時間內脫胎換骨。但是，權力的集中逃不脫腐敗的必然，尤其是在中亞這塊有著悠久腐敗傳統的土地上。同時國家的高速發展常常會激化許多原有的矛盾，一旦處理不當，就會釀成大禍。今年三月分，努爾蘇丹・納扎爾巴耶夫以自己的名字取代了阿斯塔納，也正是在他為自己的政績志滿意得之時，哈薩克各城市發生爆發了持久的民眾抗議活動，努爾蘇丹・納扎爾巴耶夫被迫辭去哈薩克總統職務，雖然他仍保留國家安全委員會主席的職務掌握權力，但他鐵板一塊的統治已經出現了明顯的裂痕。我們並不清楚這個國家權力鬥爭的內部詳情，不過火山一

旦開始冒煙，也許離噴發就不遠了，貌似烈火烹油、花團錦繡的大好局面能否繼續維持下去，實在不免令人有些擔心。

　　哈薩克是我們中亞旅行的最後一個國家，努爾蘇丹是整個行程的最後一站。離開努爾蘇丹前的最後一餐，我們在餐館點了牛排。巴掌大的牛排，烤得恰到好處，肉質紮實、入口後肉汁充沛，和著金黃色的當地啤酒下嚥，令人心滿意足，這頓美味為我們近五個星期的中亞之旅畫上了句號。這段時間裡，有過多少令人陶醉的山水景觀、多少令人震撼的異國風情、多少感動人心的淳樸民俗、多少出乎意料的額外驚喜！這個世界遠比我們想像的更加豐富和美妙，這就是為什麼旅行總是那樣使人心曠神怡、欲罷不能。

Chapter
02
印尼之行

騰格爾火山群

第一站　雅加達至日惹

　　印尼共和國（Republic of Indonesia）由約17,508個島嶼組成，是馬來群島（Malay Archipelago）的一部分，也是全世界最大的群島國家，疆域橫跨亞洲及大洋洲，別稱「千島之國」，也是多火山、多地震的國家。面積較大的島嶼有加里曼丹島（Kalimantan）、蘇門答臘島（Sumatra）、伊里安島（Irian）、蘇拉威西島（Sulawesi）和爪哇島（Java）。

　　我們的旅行從位於爪哇島西北端的首都雅加達（Jakarta）開始。雅加達既是印尼的首都和最大城市，也是東南亞第一大城市，位於城市面積約740平方公里，而包圍周邊城鎮的大雅加達地區，一個城市的人口遠遠超過澳洲（Australia）全國，是世界第二大都市圈。雅加達是印尼的經濟中心，聚集了全國大部分財富和精英。然而，由於地勢低窪，常常出現洪澇災害和海水倒灌，在全球氣候暖化的情況下，水患有著日漸加劇的趨向，所以呼籲遷都的呼聲也越來越高。

　　剛下蘇加諾－哈達國際機場（Soekarno–Hatta International Airport）飛機，熱浪撲面而來，典型的熱帶氣候，和曼谷（Bangkok）、新加坡（Singapore）、吉隆坡（Kuala Lumpur）等東南亞都市非常相似。到雅加達後發現當地人講話和馬來西亞人很像，上網一查它們的確是有淵源的：馬來語，在語言分類上屬於南島語系的馬來－玻里尼西亞語族（Malayo-Polynesian languages），主要使用於馬來西亞（Malaysia）以及汶萊（Brunei）、新加坡、印尼蘇門答臘島的部分地區等。馬來語是馬來西亞、新加坡和汶萊的國語。印尼獨立以後，該國所使用的馬來語被稱為印尼語，並被宣布為國語。

　　由於在印尼歷史上曾經多次發生血腥的排華慘案，主觀意識上感覺這裡是一個非常落後且野蠻的地區，可以說我們是滿懷戒備的心情踏上印尼的土地。出乎意料的是，無論在城市還是在鄉村，印尼的男女老幼都非常淳樸善

良、熱情友好。在嘈雜擁擠、生活節奏很快的大城市雅加達，我們這兩個語言完全不通的外國人，居然可以在當地人指手畫腳的幫助之下，坐公共汽車遊走全城（雅加達是世界上交通堵塞最為嚴重的城市之一，而公共汽車有自己的獨用車道，是城市裡最為快捷的交通工具。當計程車堵在擁擠的車流之中動彈不得時，只有公共汽車可以在自己的專用車道中暢行無阻）。

雅加達市區分「老城區」和「新城區」兩部分。北部的老區臨近海灣，17世紀初，荷蘭東印度公司（Dutch East India Company）征服了雅加達，其總督府駐地成了老城的前身，並以此為據點，繼續蠶食當時剩餘的香料群島。到17世紀中期，荷蘭在遠東已經構建起了一張北達日本、南至爪哇、西起印度洋、東抵摩鹿加群島（Maluku Islands，又譯「馬魯古群島」）的龐大貿易網路。有趣的是，經歷了荷蘭三百多年的殖民統治，現在的印尼幾乎沒有人會講荷蘭語，這和任何其他歐洲殖民地都不相同。這片地區風光獨特、古蹟眾多，多數建築物都有典型的歐洲古典風格，街頭巷尾還可以感受到荷蘭殖民時期濃郁的城市韻味。在老城廣場邊，隨手抓拍下了一位青年人的笑臉，就是這樣的笑容，構成了印尼最美麗的一道風景，讓我們的旅程變得更加賞心悅目。

我們在市中心參觀參觀了中國城、民族紀念碑、大清真寺、國家博物館。其中最有特色的當屬民族紀念碑，它是雅加達市的象徵，位於市中心的獨立廣場（Merdeka Square）公園中央。1959年印尼第一任總統蘇加諾（Koesno Sosrodihardjo, 1901-1970）下令修建，1968年竣工。這座石碑高137公尺，頂端有一個用35公斤黃金製成的火炬雕塑，象徵著印尼的獨立精神。

在雅加達市中心，正好遇到浩浩蕩蕩的遊行隊伍，要求增加工資的工人隊伍擠滿了整條大街，他們在手提電動喇叭的領隊帶領下，邊呼口號邊前進。出乎意料的是，我們作為近在咫尺的旁觀者，絲毫感受不到所謂階級鬥爭那緊張肅殺的氣氛，也沒有因為他們人多勢眾帶來任何壓迫感，隨著遊行隊伍一起往前走，好像和朋友們一起在度假逛街。應該是這些人內心的平

和，眼中散發的善意，使得現實生活出現了和某些教科書完全不同的場景。

　　印尼菜同屬於東南亞菜系，其最大的不同，就是會用到兩款獨有的香料：石栗和黑栗。這兩款香料幾乎會出現在任何一款傳統菜上。咖哩是東南亞食品的特色，但雅加達和曼谷的咖哩調味有些不同，泰國（Thailand）咖哩比較偏酸、偏辣一點，印尼的則有一點辛辣。我們在雅加達市中心沙邦街（Sabang）的大排檔嘗試普通民眾的口味，價格非常低廉，沒有肉的菜通常花費一美元，雞肉或魚的菜約兩美元，牛肉或羊肉約3.5美元。當地人叫了一份蓋飯，就坐下來用手抓了吃。只見5根手指上下飛舞，將飯菜捏成小團，送到嘴裡一口一口地吃，最後將一盆飯菜吃得乾乾淨淨，就是辦公室的白領也不例外。看見西裝革履的紳士用手抓飯吃，不免讓人想起上海人喜歡說的「赤腳穿皮鞋」這句話。看見我們是外國人，店家會自動遞上刀叉。三天的時間裡，我們先後嘗試了印尼炒飯（Nasi Goreng）、煮熟的菠蘿蜜（Gudeg）、印尼咖哩雞肉（Ayam Gulai）、加香料慢煮牛肉（Beef Rendang）、加辣醬鴨（Bebek Mercon）、萬壽菊辣醬（Dabu-Dabu）以及烤魚、排骨湯（Konro）等，均風味獨特、相當好吃。

　　以雅加達為起點，火車為我們的主要交通工具，從西往東縱貫了爪哇全島。印尼的火車線路以單軌為主，車輛陳舊、速度不快、經常誤點。不過，坐在這種傳統的火車裡，打開車窗，吹著來自田野的清風，看著窗外的風景一幕幕地在眼前閃過，這是旅行途中最賞心悅目的時刻。

　　爪哇島為印尼最重要的島嶼，全國政治、經濟與文化中心地區。全島東西長約970公里，南北最寬處160公里，成狹長形。面積12.6萬平方公里，相當於三個臺灣島的面積。這座在印尼面積排名第四的島嶼，占有全國人口的60%。在列車的行進途中，發現幾乎在每一分鐘的時間段，都能看到人的蹤跡，其每平方公里超過1,000人的人口稠密度為全世界所罕見。

　　整個爪哇島，除了高山地區，都被開墾成了水稻種植區。五月上旬，田裡一片繁忙景象，一邊在收割成熟的稻穀，一邊在插入碧綠的秧苗，就像中

國江南地區七月分搶種、搶收雙季稻的情景。在爪哇島，一切都還是傳統的手工操作，我們幾乎沒有看到任何農耕機械身影。印尼稻米的口感相當不錯，完全沒有中國秈稻那種生硬的味道。

　　萬隆（Bandung）古稱「勃良安」，意為「仙之國」，現名意為「山連山」。萬隆是西爪哇首府、印尼第三大城市（僅次於雅加達和泗水[Surabaya]），位於印尼爪哇島西部海拔715公尺的萬隆盆地中，四面群峰環繞、植物繁茂、環境優美。萬隆景色秀、清靜幽雅、四季如春，被譽為印尼最美麗的城市，素有「爪哇的巴黎」之稱。有許多華人居住此地，火車站的指示牌上居然還有中文。

　　我們在萬隆品嘗了大名鼎鼎的貓屎咖啡，五美元一小杯，據說同樣這一小杯在中國售價為200元人民幣以上。不知是原來的期待太高，還是咖啡品質不純，反正我們慢慢地喝了半天，也沒有品出什麼特殊的風味。這種印尼特產源自荷蘭人殖民時代，當時荷蘭人在蘇門答臘和爪哇島一帶建立咖啡園，結果當地人發現野生動物麝香貓喜歡偷吃咖啡豆，並且會在大便時將豆子原封不動地排泄出來，也不知是誰想到去將臭臭的貓屎中的咖啡豆淘洗出來，結果發現這些經過麝香貓腸胃發酵的咖啡豆特別濃稠香醇，荷蘭商人嗅到機會，開始圈養麝香貓，同時大做廣告將其打造成世界上最昂貴的一種咖啡。

　　日惹（Yogyakarta）是印尼爪哇島中南部的小城，街道不寬、建築也不高，街旁的小吃店沒有桌椅板凳，大學生們叫上一杯飲料，在路旁席地而坐，度過悠閒時光，市民也坐在地上，下國際象棋消磨時間，處處充滿了「人間煙火氣」，感覺親切而溫馨。登高而望，在藍天白雲下，城市掩映在一片翠綠之中。夕陽西下，雲褪去了色彩，日惹躺在山的懷抱，顯得安詳而寧靜。天黑之後走在街上，沒有雅加達那種逼人的溼熱，輕風拂面，感到久違的清新與愜意。

　　有人說，爪哇文化是印尼文明的代表，日惹是爪哇文化的靈魂之所。日惹有亞洲金字塔──婆羅浮屠神廟（Borobudur），還有普拉巴南神廟

▌日惹皇宮

（Prambanan）、日惹王宮（Kraton Ngayogyakarta Hadiningrat），以及在現代化中竭力保持傳統的人文精神。日惹還是印尼的大學之都，城市不大，竟有幾十所大學。

日惹王宮為日惹蘇丹家族的主宮，這是一座已有近250年歷史的故宮，位於日惹市中心，建成於1756年，是由日惹蘇丹國首任國王一世設計並修造的。該故宮的獨特之處是，印尼獨立後政府允許原王族一家繼續住在宮內，宮中所用僕人仍著古時服裝，現宮內住的是十世蘇丹。印尼天氣炎熱，所謂的宮殿其實就是一個四面透風的高級大涼棚。

逛日惹，三輪車是最佳交通工具。這裡的三輪車很有特色，兩輪在前、一輪在後，車斗和乘客在前，蹬車的人在後。乘客坐在前面，觀景的優勢自

不待言，但看著前面洶湧而來的車流，開始不免有些慌張，需要一段時間適應。

　　從雅加達到日惹，這一路走來市面平靜和諧，人人溫文儒雅。計程車的司機、酒店員工、街頭警察無不態度溫和、舉止得體。我們從滿懷戒心，到慢慢地放開胸懷，悠閒自在地漫步街頭。就像大家知道不能用少數幾個人的作為來界定一個國家，同樣我們也不能以數次歷史事件來定義一個民族。真實的世界立體多面、豐富多彩，地理的概念和書本的知識需要通過旅行來驗證和體會。許多地方只有當你真正置身其中，才能感受到那難以言傳的溫涼寒熱和人生百態。

第二站　婆羅浮屠

　　婆羅浮屠是世界上面積最大的單座佛教建築遺跡，與中國的長城、印度的泰姬瑪哈陵（Taj Mahal）、柬埔寨（Cambodia）的吳哥窟（Angkor Wat）並稱為古代東方四大奇蹟，是著名的世界文化遺產，更是印尼第一景點。

　　「婆羅浮屠」是梵文，意為「山丘上的佛塔」。佛塔基座邊長123公尺，總高42公尺，以當地火山岩建造。整體機構下方上圓；塔身分十層，象徵著大乘佛教的宇宙觀——十界。整座佛塔供奉著504尊佛像（原為505尊），各層迴廊上的雕刻不但工藝精湛，也是當時社會生活和風土人情的生動紀錄。

　　婆羅浮屠建於西元9世紀，後因火山爆發，任塵埃掩埋、蔓藤攀爬達八百多年。直到1814年才因英國人上尉湯瑪斯・史丹佛・萊佛士（Sir Thomas Stamford Bingley Raffles, 1781-1826）的努力而得以重見天日，1973年經聯合國（United Nations）出頭，23個國家贊助，六千多名技術人員的努力，才使瀕

婆羅浮屠

婆羅浮屠日出的神聖時刻

臨坍塌的婆羅浮屠恢復原貌。

　　為了更好地體驗婆羅浮屠日出和日落的神聖時光，我們住到曼諾哈拉假日酒店（Manohara Resort），度假酒店位於婆羅浮屠的園區內部，酒店有著舒適的客房，周圍環繞著寬敞的花園，與爪哇建築相得益彰，房價包括了進入寺廟景區的門票。

　　第二天我們凌晨起床，在日出前進入園區，觀賞婆羅浮屠在晨曦中甦醒的動人時光。眼前的景色是如此粗獷壯麗，而又處處散發著難以言喻的神祕之美。對歷史的追溯、對過往的感知、對時間的觸摸、對大地的敬畏，在身臨其景的那一刻交匯於胸中，應該就是中國詩詞裡「蕩胸生層雲」的意境。

　　空谷跫音的千年遺址，和遠處的噴雲吐霧的火山口遙相呼應；林密霧濃，蓊鬱的水氣從雨林中蒸騰而起，濃郁的異國熱帶風情令人陶醉。情景交融，虛實兼備；古今相通，輪迴再現。造物者的神奇，只有眼見為憑。

　　婆羅浮屠佛塔屬於大乘教建築，它承襲了印度笈多王朝（Gupta Empire, 319-550）典雅文靜的藝術風格，體現了渾圓與穩健的美感，是亞洲乃至世界最著名的佛教建築之一。婆羅浮屠所呈現的不僅是其宏大的規模、造型的意境，更重要的是它所蘊含的無限的慈悲和不可思議的莊嚴肅穆，以及集真、善、美於一體的深遠哲思。經過1,200年的風雨滄桑，其瀟瀟出塵的藝術境地和祥和超脫的佛教文化，仍然讓每一個來訪者傾倒。

　　佛塔基地面部分占地1.23萬平方公尺，呈四方形，邊長123公尺。基座上有面積依次遞減的五層方形臺，邊長分別為89、82、69、61公尺；方形臺上又有面積依次遞減的三層圓形平臺，直徑分別為51、38、26公尺，形成了下方上圓的立體形態，合成佛教至高數字「九」字。

　　第一層距塔基的邊緣七公尺，然後每層以兩公尺的差距縮小，留下狹長的走廊。四邊正中都有出入口直通塔頂，總共有32隻石獅子看守。主入口在東邊——婆羅浮屠浮雕上的故事就是從這裡開始的。第二層的迴廊浮雕內容為本生、佛傳、譬喻和說法，描繪了釋迦牟尼佛（The Buddha）從出生到成

精美的菩薩石刻

道涅槃的全過程；第三層迴廊主壁題材為《華嚴經·入法界品》中的善財童子歷參圖；第四層迴廊是善財童子歷參的延續，也有人說是「敘述了善財五十三參修成正果的故事」。第三至四層的浮雕，佛陀與菩薩往往與動物飛鳥、舞女樂師、漁民獵人雜處，以及國王和武士、古船和戰爭等；婆羅浮屠的第五層迴廊上，篆刻著大大小小1,300個石壁浮雕，記錄社會百態、人生沉浮、因果輪迴。是一部生動的古國風情史。第六、七、八層圓壇之上有72個鐘罩形的鏤空石塔，裡面都端坐著一尊釋迦佛。佛陀們在石塔中盤腿而坐，細思冥想。從無限的穹蒼到爪哇的平原，從上天的喜怒到人間的悲歡，就像佛陀的徹悟，森羅萬象繫於一念三千。主佛塔為鐘缽形位於中央，直徑10公尺，高16公尺，塔座雕有蓮花圖案。高聳入雲的主塔在三層72座小塔的簇擁下，好似佛光普照人間。

婆羅浮屠的菩薩，久經歲月渲染，色彩沉著而斑駁，顯得蒼老堅勁。菩薩看著腳下的大地世態炎涼，風雲變色、信徒盡失，卻處變不驚，連眉頭也沒有皺一下。這大概就是六情不著、六塵不受、大澈大悟的無我之境吧。

石壁浮雕的刀功精細繁縟，人物造型生動活潑。整體感覺浪漫、精細、流暢，巧奪天工而富於幻想。石刻的舞者婀娜多姿、衣袂飄飄，彷彿正在精

心演繹最曼妙的舞蹈。面對這樣的超凡脫俗的藝術精品，任何人的心中都會有種拜服的感覺，簡直難以想像一千多年前的爪哇人是如何完成這項偉大工程的。

著名歷史學家湯恩比（Arnold Joseph Toynbee, 1889-1975）將它的成就與雅典（Athens）的帕德嫩神廟（Parthenon）媲美，他在《人類與大地母親》（*Mankind and Mother Earth*, 1976）中寫道：「大乘佛教在爪哇沒有存在多長時間，但它留下人類最美麗的藝術作品之——婆羅浮屠這座永久性的豐碑。它裝飾在盤旋上升的臺階上的淺浮雕，描繪了大乘佛教整個神話和玄學世界的圖景。婆羅浮屠使創立了這個豐碑的短命的夏連特拉帝國得到了永生。」

今天當我們近距離凝視著這些千年前的佛像和浮雕，就彷彿和一個古老的宗教血脈相連，感受到千年之前印尼人高超的技藝和智慧的源泉。婆羅浮屠莊嚴宏大古樸寧靜的建築使人肅然起敬，忘掉時間與空間，進入一種「物我兩忘」的超凡境界，這就是人類最頂尖文明的風采和魅力。人類歷史的長河跌宕起伏九曲十彎，人類創造出來的文明也不免歷盡滄桑磨難，但這些文明的精華永遠仰之彌高，光彩照人。

第三站 火山景觀

印尼有多達4,500座火山，世界著名的十大活火山，這裡聚集了三座。這些火山景觀在政府的統籌規劃下，有的成為保護區，有的成為國家公園。到了印尼必看火山景觀，我們從雅加達出發，經萬隆、日惹，最後到達大名鼎鼎的布羅莫火山（Mount Bromo，又譯「婆羅摩火山」）腳下，夜宿寧靜的山間小鎮。

　　凌晨四點，四輪驅動吉普車已經在旅社門外等候。冒著高原的刺骨寒氣，我們和2個法國人一起擠在吉普車窄小的後座，在漆黑的崎嶇山路上顛簸行進，前往火山觀景臺。

　　約五點光景，冰冷的黑夜被來自東方的曙光劃破，天空開始破曉。濃密的雲霧就像一層厚厚的地毯，遮掩著眼前的火山群。怎麼也想不到，印象中狂野雄偉的火山群，還有著這麼旖旎秀美的一面。天光變換、浮雲流轉，紅藍兩色勾畫出了童話般的生動畫面。眼前，是那樣地恬靜安詳，卻孕育著一片無限的生機。

　　隨著天色不斷地轉化，太陽從地平線下緩緩上升，溫暖的陽光慢慢地驅散了遮擋視線的雲霧，成形於80萬年前的騰格爾火山群（Tengger）盡情地展

▌ 晨曦下的火山奇景

露出自己的容顏。這就是世界上最姿態萬千和風情萬種的火山組合，曾多次被《美國國家地理雜誌》採用作為封面照片，也是我心儀已久的旅行目的地。

在金黃色的陽光之下，火山群呈現出最完美和最富有戲劇性的景觀：左邊是擁有巨大火山口的布羅莫火山，右前方是呈錐形的巴托克火山（Bartók），布羅莫火山的正後方是平靜的庫爾西火山（Kursi）。群山高低錯落、疏密相間。其景色絕美，宛如仙境，讓人驚豔不已，由衷地感嘆大自然的奧妙與神奇。

看完日出美景，汽車帶我們穿過一片由騰格爾火山爆發而形成的沙海，

卡瓦伊真火山口

來到布羅莫火山腳下。沿著階梯步道奮力向上，汗流浹背來到海拔2,329公尺的布羅莫火山口邊緣，布羅莫火山口直徑約700公尺，邊沿為傾斜的石壁，高350公尺。舉目下望，只見在巨大的碗狀底部，有著一個黝黑的神祕洞口，充滿硫磺味的火山白煙乘著風勢，發出轟轟的巨響，一股接一股地從地底奔湧而出。腳下的泥土鬆散柔軟，甚至可以感覺到有些溫暖。柔軟溫暖得那麼親切真實，讓你覺得布羅莫火山是一個有血有肉的生命體，甚至能夠聽得見它那低沉得有點混濁的喘息。

卡瓦伊真火山（Gunung Ijen）和布羅莫火山的直線距離不到100公里，但巴士在年久失修的山間小路上盤旋顛簸了六個多小時，才來到位於卡瓦伊真火山半山腰的小鎮過夜。

第二天早晨，巴士將我們送到登山小道的起點，冒著濃密的霧氣，整整向上攀登了兩個多小時，來到海拔2,799公尺的卡瓦伊真火山山頂。這時天已經大亮，但漫天的大霧使人看不到任何五公尺之外的東西。

我們在山頂足足等了兩個小時，正要起身準備下山之時，一股山風突然吹來，將濃密的霧氣驅散，卡瓦伊真火山終於露出了它的真容。火山口中是一汪藍綠色的湖水，看上去像翡翠般晶瑩剔透，實際上卻是高濃度的硫酸，足以讓任何下水的人分筋蝕骨。湖旁的岩石縫中不時升起茫茫白煙，刺眼嗆鼻令人窒息，宛如地獄的入口。地下溢出的硫磺，顏色會隨著溫度而變化。從炎熱地底溢出如血般的鮮紅色，漸漸冷卻時會由紅轉橙，最後變成明亮的黃色。山頂四周寸草不生，整個環境有著一種難以言喻的超現實美感，讓人想起〈千字文〉的開頭兩句：「天地玄黃，宇宙洪荒。」

下山的路上，濃霧已經完全消散。隨著海拔的降低，山下風和日麗，山坡上的植被越來越茂盛，山腳已經被開墾成一望無際的咖啡種植園。也就是短短的一個多小時之前，我們還在布滿枯木怪石、霧氣瀰漫、煙塵滾滾、濃烈的硫磺味刺鼻嗆人的伊真火山頂，而現在放眼四周一片鬱鬱蔥蔥，清澈的流水沿著溪谷默默地流淌，四周安詳寧靜，猶如世外桃源一般。

　　火山在破壞的同時，又在孕育、創造著新的地貌、新的生命。同時火山灰造就了世界上最為肥沃的土地，成為依火山而居的人們的樂園。也許這就是大自然的行為邏輯，先奪走你的一切，然後不動聲色地教你學會人生：你可以滿懷激情地想像，但必須腳踏實地地生活。

第四站　峇里島

　　爪哇島和峇里島（Bali），雖然只有一水之隔，截然不同的宗教信仰、民俗民風，使峇里島在印尼的17,508個島嶼中占有極其突出的地位，更是近代西方人修身養性、做精神瑜伽的人間香格里拉。如果說爪哇島是印尼的軀幹和心臟，那峇里島則是印尼那頂最光耀照人的皇冠。

　　踏上峇里島，最大的感受，就是迎面而來濃濃的宗教氣息。家家戶戶、村村落落、大街小巷都有自己的神廟。每天早晨和傍晚，每家每戶的姑娘們都在忙著祭神上香。通過一小盒一小盒的鮮花、綠葉和白米，加上一、兩根線香，峇里島人向自己的神靈獻上自己的一片赤誠。也許因為這發自內心的信仰，使得峇里島人個個面容祥和，舉手投足之間從容優雅。

　　圍繞山泉水而建的聖泉廟（Tirta Empul temple）建築規模宏大、布局完整，是峇里島的主要寺廟之一。一千多年來，這裡的泉水據稱頗具療效。峇里島人更認為此廟以及此地兩處可供沐浴的地方可以求取健康和財富。每天從早到晚，來此沐浴上香的人流不斷。

　　昔日回教（即伊斯蘭教）勢力一手持劍、一手持經席捲東南亞，嫌棄峇里島缺油少糧而不屑染指。這一過門不入，讓印度教拾得延續的立足之地。在這塊被伊斯蘭教的阿訇們摒棄的土地上，印度教和峇里島本土文化相結

合，結出了無與倫比的豐碩果實，使峇里島成了印尼諸島中最為富裕和安定的一個島嶼。

印度教的茁壯，根植於峇里島人無盡的包容力。深信萬物有靈的峇里島人，以接納天地萬物的胸襟迎進印度教。和印度正統的印度教相較，峇里島的印度教顯得平易近人許多，梵天（Brahma）、濕婆（Shiva）、毗濕奴（Vishnu）三位一體神，在峇里島僅具「虛擬」的形象，神壇（Meru）空無一物，卻足以道盡峇里島人敬神的心意。對峇里島人來說，心誠敬奉萬物是唯一的必須，正神邪魔同受牲禮絕不偏頗，早晚供奉不得有誤。

無論宗教在世間引起多少紛爭，人心對超脫的渴盼，就像在無比黑暗的隧道，追尋遙遠盡頭的一絲光亮。上帝也許已死，但人性之惡依然如故，世間紛爭仍無休止，宗教精進道德、團體互助、錘鍊思想、啟發智慧等諸多內容還是具有不凡的意義，我們理應毫無愧色地從中汲取營養。

神廟中最為著名的當屬擁有千年歷史的百沙基陵廟，陵廟建在稱為「世界的肚臍」的阿貢火山（Mount Agung）山坡上，是峇里島上最雄偉、最神聖的寺廟，專祀這座間歇噴發的火山之神。1963年，阿貢火山爆發，造成1,700人死亡和大量房屋毀損，而火山岩漿卻從幾碼之外流過寺廟。白沙基母廟（Besakih Temple）倖免於難被峇里島人視為神蹟，從此香火愈加鼎盛。

廟群的正門是陰陽門，該門形似一個三角形建築，從中間一劈兩半，形成一條窄窄的通道。峇里島人認為，魔鬼一般體型巨大。所以一般而言，門比較窄，為的是不讓魔鬼通過，這種形狀的門被大大小小的廟宇廣泛採用，全島到處都可以看到。峇里島人認為任何事物，既有陰的一面，也有陽的一面，這是人世間最基本的規律，故將大門稱之為「陰陽門」，這種認識與中國道教的陰陽學說如出一轍。

主入口的左右兩側有著從下至上成列的石雕，每列石雕被穿上相同顏色的圍裙和頭巾，分別為紅色、白色和黃色，紅、黃、白三色是峇里印度教的基本顏色。據說，其中較大的18尊雕像，是印度教《摩訶婆羅多》

百沙基陵廟

（*Mahabharata*）史詩中的神靈。在我們參觀寺廟的整個過程中，來上香祭拜的民眾絡繹不絕。顯而易見，宗教是峇里島人生活中最重要的部分。

峇里島面積5,620平方公里，接近於兩個海南島的面積，有著數不清的美麗海灘，海拔三千多公尺的高山和許多河流湖泊。豐富多樣的景觀、常年溫暖的氣候、善良友好的民眾，使得峇里島早就成為澳洲、紐西蘭人度假的首選，歐洲、美國、加拿大人避寒的勝地，是世界上極富盛名的旅遊目的地。島上居民80%從事旅遊業、形形色色的賓館飯店坐落在海邊河畔、山邊林中，豐儉由人，都乾乾淨淨，服務周到，讓人有賓至如歸的感覺，果然名不虛傳。

如果要在全世界評選10個對旅行者最友善的地區，峇里島必然名列其中。峇里島人純真的笑容，以及發自內心、對自己民族的那份自豪，讓每一位來訪者感動。人生貴在知足，懂得適可而止。這道理很簡單，可做得到的人太少。峇里島人正有幸是這些做得到的人，所以他們的笑容才如此地動人。

有許多人說：「峇里島上人人都是藝術家。」這話固然有些誇張，但實際上峇里島中馬斯（Mas）的木雕、切魯克（Celuk）的銀飾、巴土布蘭

（Batu Bulan）的石雕和烏布（Ubud）的繪畫都有著享譽世界的實力。是什麼力量，讓這個小島變得如此光彩奪目？峇里島人覺得藝術家最幸運，一輩子可以活兩次：一次在他們的有生之年，另一次則是通過藝術創造進入來生。正是這種美妙的生活氣息滋潤著峇里島人的藝術發展，也使每一個來訪者受到感染和震撼。

　　只有當你親身來到峇里島，你才能真正感受到為什麼1920年時德國畫家華特・史派希（Walter Spies, 1895-1942）、荷蘭畫家魯道夫・伯尼特（Rudolf Bonnet, 1895-1978）會選擇在此地長久居住和創造，甚至娶了峇里島女子為妻，最後在峇里島終老一生。想當初高更（Eugène Henri Paul Gauguin, 1848-1903）和馬蒂斯（Henri Émile Benoît Matisse, 1869-1954）在大溪地尋找的，不就是這樣一塊令藝術家能夠源源不斷滋生創意的綠色伊甸園嗎？

　　峇里島有許多不錯的海鮮餐館，但給我們印象最深的還是新鮮出爐的烤乳豬。那天在烏布街頭閒逛，前面街口突然飄來一股肉香，我們順著香味走去，一家不起眼的小店門口有七、八個當地人排著隊。過去一看，一隻長約一公尺的乳豬被烤得通體暗紅，剛剛從爐子上拿下來，香氣撲鼻，真有才下烤爐就上餐桌的感覺。我們趕緊跟上隊伍，一頭小豬轉眼就被十多個食客一掃而光。豬肉的脂肪已經烤得幾乎不見，只剩紅光鋥亮的豬皮和白嫩嫩的瘦肉，撒上的香料聞起來像是胡椒和丁香的組合，饞蟲一下就給勾起來了，頓時饞涎欲滴。可能由於豬肉事先醃製過，咬下去非常入味，豬皮焦脆噴香，豬肉汁水四溢，散開在口腔裡是毫無腥臊之氣的豬肉香，真是太滿足了！印尼是穆斯林國家，豬是提都不能提的禁忌之物，只有峇里島是例外，對華人來說，沒有豬肉的話，生活的樂趣就大打折扣了。

　　峇里島的山間小路很長，延伸向山林的深處。人生的道路變化無常，從過去流淌至未知的遠方。正是旅行產生想法，想法創造記憶，而這記憶一針一線地編織出精彩的人生。在印尼這片土地上，我們悄悄地走來、靜靜地離去。留下的是飄逸的身影和至誠的善意，帶走的是美麗的回憶和人生的感悟。

Chapter
03
斯里蘭卡掠影

康提佛牙寺

　　印度洋中的一顆明珠──斯里蘭卡，大約兩個海南島的面積。拿旅行聖經《孤獨星球》（*Lonely Planet*）系列中的話說，這裡「無盡的海灘，永恆的廢墟，好客的人民，成群的大象，有趣的火車之旅，著名的紅茶，我們可以連續說上一天一夜。這裡就是說不盡的斯里蘭卡」。

　　我們首先飛抵首都可倫坡（Colombo），西元8世紀阿拉伯商人在此開埠定居，從16世紀起，葡萄牙人、荷蘭人和英國人先後染指過這片土地，其中英國人統治的時間最長，儘管錫蘭島早已獨立了七十餘年，如今依然為英聯邦成員國。英國人將可倫坡建設成為印度洋上重要的中轉碼頭，並將其定為英屬錫蘭的首都。今天東西文化在此交融匯合，佛教、印度教、基督教和伊斯蘭教四教廟宇林立。僧伽羅人、泰米爾人、印度人、摩爾人、馬來人和歐洲人後裔一起在這裡和諧相處。市區到處高樓林立，街上車水馬龍，相比越南河內更具現代氣息；雖然面積比泰國曼谷小許多，但街道整潔乾淨，市中心繁華的都市氛圍可以與國際上的一流人城市媲美。

　　早晨六點，可倫坡堡壘火車站還是一片漆黑，駛往內地獅子岩方向的列車在這裡啟程。近300公里的行程，需時五個小時。門窗全開的車廂，迎接著南亞潮溼的暖風。窗外是鬱鬱蔥蔥的亞熱帶風景，車內是友好可親的當地乘客，販售各類小吃、水果、咖啡和熱茶的小販穿梭來往。坐著這趟2.3美元一張票的火車，吃著六角美元六個的鮮味蝦餅，望著窗外美得有些不真實的景觀，難免落入不知是在夢裡，還是現實中的恍惚。

　　名列世界八大奇觀的獅子岩，是斯里蘭卡中部平原一塊兩百多公尺高的巨石。獅子岩獨特的自然景觀，令人嘆為觀止的壁畫和宮殿遺址，以及豐富多彩的歷史傳說，使其如柬埔寨的吳哥窟、印尼的婆羅佛屠一般，成為斯里蘭卡國家的象徵。頂著攝氏34度的烈日驕陽，我們隨著人群拾階而上，汗透衣衫來到岩頂，極目四望風景如畫，大嘆不虛此行。

　　波隆納魯瓦古城（Polonnaruwa）這座建於西元10世紀的皇城古都，曾是斯里蘭卡第二古都，有著令人嘆為觀止的皇家宮殿、佛舍、佛塔和佛殿遺

獅子岩

址。想不到彈丸小島斯里蘭卡居然有著保存如此完好、占地如此廣大、建築
如此雄偉的千年古都。這座散發著歷史氣息的古城遺跡，每一個拐角都有著
說不完的故事，每一堵牆甚至每一塊磚石都無聲地訴說著歷史的滄桑。我們
從早到晚走了整整一天，還是遠遠沒有盡興。

　　波隆納魯瓦古城占地廣大的各類遺址看得我們目不暇接，眼花繚亂，而
其中最令人印象深刻、真正觸動心靈的是伽爾寺（Gal Vihara）的石刻佛像。
這些佛像由不知名的藝術家在一整塊巨型花崗岩石上雕刻而成，包括前後相
連的三大佛像和一座佛龕。這些佛像象徵著斯里蘭卡古代佛教造像的巔峰之
作，氣勢雄偉。尤其是最右側那尊全長14公尺的臥佛像，彌勒佛面容哀苦、
悲憫眾生的情懷被刻畫得出神入化。在這些佛像的身上，宗教情懷和藝術感
染交相輝映，直擊內心深處，令人過目不忘。在朝代更替的動亂年代，整個
古城都被摧毀，但這些佛像被信徒們埋入泥土之中，而得以完整保存，讓我
們能夠大飽眼福。

　　位於斯里蘭卡中部的康提（Kandy），為該國的文化中心。康提的佛牙
寺為著名的歷史建築物，也是佛教徒的朝聖之地。現在這裡山清水秀、景色
宜人、民風淳樸、遊人如織。我們在康提住了兩夜，第二天一早就奇遇一位
高僧。此事說來話長，另寫了一篇〈康提佛緣奇遇記〉。

　　位於康提湖邊的佛牙寺是佛門聖地，供奉著斯里蘭卡國寶釋迦牟尼牙舍
利。據傳佛陀涅槃後留有三顆佛牙舍利在人間：一顆於南宋時由法顯法師帶
到中國，現供奉於北京靈光寺；一顆於伊斯蘭教入侵印度時帶到西藏，中國
文革時又被迎回印度，後幾經輾轉贈予星雲法師運到臺灣供奉於佛光山；還
有一顆在斯里蘭卡的康提佛牙寺，許多當地人手捧著芬芳的各色鮮花，來這
裡供奉佛陀祈求好運，也有不少信眾坐在最後面，閉上眼睛雙手合十，默默
祈禱。信徒們虔誠的神情和莊嚴的氛圍，讓不信奉佛教的我們也被這樣的氣
氛所感染，走過一趟佛堂內心彷彿沉靜了許多。

　　努沃勒埃利耶（Nuwara Eliya）位於康提東南方，海拔逾1,800公尺，氣溫

比沿海地區低10度左右，非常怡人。英國殖民時期，很多英國人聚居於此，因此留下許多英國風格的建築和花園，有著「小倫敦」的稱號。在斯里蘭卡度過動輒汗流浹背的一週，這兒涼爽的氣候使人倍感舒適。

來到斯里蘭卡的小倫敦，當然得住進當年英國人造的老旅館。居高臨下的位置可以俯瞰全鎮，寬大的房間、高聳的房頂和精緻的地板無不體現了當年英國人不俗的品味和奢華的生活。在靠窗的小桌旁坐定，端起精緻的茶具，喝上一口顏色橙紅透亮、口感清爽柔和略帶花香的錫蘭紅茶（Ceylon Black Tea），那冉冉上升的熱氣中隱隱飄散著一股昔日貴族的氣息，頓時令人神清氣爽（斯里蘭卡舊稱「錫蘭」，如今國名改成了斯里蘭卡，但錫蘭舊稱依然被一些名牌紅茶沿用至今，其包裝上會印著「Pure Ceylon」或者「Ceylon Tea」）。

行走在斯里蘭卡的城市和鄉鎮，充分感受到這裡的人民淳樸敦厚、熱情友好。尤其是孩子們面對陌生人的鏡頭，沒有一絲羞澀和畏懼，他們總是歡呼雀躍，表現欲十足。看著孩子們率真奔放的性情流露，讓我們對這個國家的未來充滿了信心。

斯里蘭卡雖然是一個窮國，但民宿都整理得乾乾淨淨，主人都能講流利的英語，早飯豐盛而且富有地方風味。無論是富國還是窮國，大部分餐廳裡的菜餚總是重油重鹽，連續多吃幾天就難免有些膩味，特別嚮往家常飯菜。在遊山玩水的同時，上當地市場買些本地新鮮蔬菜，自己煮就一頓清爽可口的晚飯，這也是我們喜歡民宿的一個理由。

在斯里蘭卡的中部山地，是無邊無際的茶園。19世紀中葉，人類歷史上最功勳卓著的商業間諜——英國人福鈞（Robert Fortune, 1812-1880），花了近三年時間，他孤身一人深入中國內地，成功竊取了茶葉種植和烘焙的全部智慧財產權，從而全面改寫了當時的世界經濟格局，中國就此從世界唯一茶葉大國的寶座跌落。英國人將茶樹在印度移植成功之後，迅速在印度、斯里蘭卡和肯亞全面推廣，使得肯亞、中國和斯里蘭卡成為今天世界茶葉出口前

三名的國家。錫蘭紅茶和中國安徽祁門紅茶、印度阿薩姆紅茶、印度大吉嶺紅茶並列為四大頂級紅茶，被人譽為「獻給世界的禮物」。

斯里蘭卡鄉村小火車站，古樸有味、窗明几淨、井井有條。我們從小對火車情有獨鍾，只要有可能，出門旅行總是首選火車。從納努奧亞（Nanu Oya）到埃拉（Ella），是斯里蘭卡風景最佳的一段火車線路。鐵路在山間蜿蜒前行，穿過樹林、隧道、茶園和各色村落。車廂門窗大開，呼吸著清新的山風，看著美景在眼前一一掠過，令人心曠神怡。

徒步在中部山區，從海拔1,200公尺，走到2,400公尺的高度。山區氣候多變，一會兒陽光普照，一會兒雨霧飄臨。沿著羊腸小徑跨過鐵道、走過老橋、穿過茶園、登臨山巔，極目四望、山高雲淡、風景無限。

漫步斯里蘭卡中部的山野，九孔橋鐵路橋自然不可錯過，這座橋在當地僧伽羅語裡被稱為「天空之橋」，其歷史可以追溯至英國殖民時期。大橋位於埃拉和德摩達拉（Demodara）火車站之間，跨越峽谷的橋身約離地三十多公尺，由水泥和磚石砌成9個美麗的拱形橋洞，大橋和周圍環境出奇地融合，呈現出一種古樸自然的美感。漫步走在橋上，下面是如翡翠地毯般鋪展開的茶園，時而能看到當地採茶女在辛勤勞作，一股田園風光的浪漫情趣油然而生，讓人感覺這裡似乎沒有被浮躁、喧鬧的現代文明打擾，甚至會產生一種時光倒轉的錯覺。

5個小時的長途巴士，將我們從中部山區帶到印度洋的馬塔拉（Matara）。旅館就坐落在沙灘旁邊，初升的太陽映紅了東邊的天空，在水面上泛起道道金光。陣亡將士紀念碑旁空無一人，碑文顯示大部分人陣亡於1993年，那時信奉佛教的僧伽羅人和來自印度的泰米爾人正打得不可開交，這場持續了二十多年的血腥內戰直到2009年才宣告結束。

佛教是斯里蘭卡最大的宗教，廟宇就坐落在各個城市的熱鬧街頭。每天早晨香火鼎盛、熱鬧非凡，善男信女們忙著給菩薩獻上鮮花和清水，閉目誦經祈禱，一個白人也擠在人群中高舉雙手祈禱。

　　從馬塔拉到可倫坡，這是一條沿著印度洋行進的美麗鐵路線。火車沿著大海行進，車上大部分的乘客都是洋人，自由行的中國遊客也不少，每個車廂都擠得滿滿的。印度洋邊擠滿了避寒的歐美洋人，再小的車站也有不少外國遊客上下。隨著內戰結束，斯里蘭卡暖和的氣候、友善的民眾、良好的治安、低廉的物價正吸引來越來越多的外國遊客。

　　「一日之計在於晨」，這句話用在旅行途中尤為貼切。再喧囂嘈雜的城市，也有寧靜悠閒的黎明；再悶熱難熬的地方，也有清爽涼快的的拂曉。可倫坡的早晨也不例外，只有在這個時段，你才可以欣賞到這個城市夢幻般的美麗。

　　可倫坡不但有著優雅的清晨，還有著繁星似錦的無敵夜景。經過悶熱嘈雜的一天，在涼風習習的夜色中登上旅館的天臺酒吧，叫上一杯美酒，俯瞰腳下的萬家燈火，風情萬種的可倫坡讓人陶醉。

　　11天的日日夜夜，僅是斯里蘭卡千百年星移斗轉、滄海桑田中微不足道的一瞬間。但是，這塊土地的燦爛歷史、美麗風景、淳樸人民、動人微笑……已經給人留下終生的記憶。

後 記　康提佛緣奇遇記

　　康提位於斯里蘭卡中部，距離首都可倫坡120公里。此地依山傍水，景色秀麗，以佛教聖地聞名於世，於1998年被列入聯合國教科文組織世界遺產名錄。

　　城市中心一座百多公尺高的小山丘上有著一座廟宇，廟中高高聳立的白色佛像在全城任何地方都可以看到。到康提的第二天早晨，我們叫了一輛tuktuk（小三輪機動車）直奔山頂。早晨八點的山頂空無一人，涼風習習十

❙ 可倫坡夜景

分怡人，站在天臺白色護杆旁，山下的康提城歷歷在目、美不勝收。在山頂兜了一圈，正當我們抬腿準備走下天臺的臺階，一條旁道的小門裡走出一位大漢。此人身披一件大紅袈裟、膀圓腰粗、膚色黑亮，頗有魯智深之威。走近一步再細看他的面容，天庭飽滿、鼻挺唇厚、眼光純淨，又有一份菩薩的風韻。

出人意料之外的是，這個和尚講一口流利的英語，他熱情地和我們攀談起來，無非是「從哪裡來、到哪裡去」這些旅行途中常常被人問起的話題。令人猝不及防的是，話還沒有說幾句，這位和尚就兩眼盯著我們看了看說：「Come in, let me do blessing for you.（進來吧，我為你們祈福。）」在那一瞬間，經驗和常識告訴我不能去，天下沒有免費的午餐，誰知道他最後會開出什麼樣的高價錢。然而，直覺卻使我對這個和尚有著一種莫名的親近和信任，走南闖北這麼多年，我的直覺真還沒有讓我失望過。

我們沒有遲疑，隨著和尚去到他的書房。一個不大的房間，靠牆的書架上放滿了各色書籍。他在寫字臺旁的椅子坐下，拉過我的右手，就開始一邊「咪哩嘛啦」地叨念起來，一邊將一道白色棉線繫到我的手腕上，接著再將一道黃色棉線繫上。他嘴裡念念有詞的經文極具穿透力，很快就令人有一種昏昏欲睡的感覺。正當我將沉於朦朧之際，和尚突然停止了念經，說出幾句字正腔圓的普通話：「身體健康，恭喜發財！」他將「發財」兩個字念得特別重，讓我從恍惚之中一下子就清醒了過來。

和尚給妻子做祝福時，在一旁站著的我就有些不那麼淡定了。被繫了兩道棉線的右手伸到褲袋裡，默默地捏著那幾張紙幣，接下來和尚就該要錢了吧？該給多少呢？正在我暗中捉摸不定時，和尚給妻子做完了祝福，他看出我的侷促不安——「不要擔心，我不會跟你們要錢的。」和尚微笑著說道，「就是看你們是和佛有緣之人，才給你們祝福，我這樣做，佛一定會高興的。」意即他這樣做不是為了要討好我們，而是取悅於佛。

我們活了一輩子，從來沒有燒過香，卻被人慎重其事地告知自己和佛有

緣，頓時不免有些飄飄然起來，我們有些頭重腳輕地被和尚禮送到廟宇的露天平臺上握手告別。天臺上站著三個剛剛上來的洋人遊客，他們等和尚一離開，就迫不及待地問我們是不是被拉去做祝福了，但聽說我們做了祝福卻沒有被要求付錢，他們都露出迷惑不解的神情。原來他們昨天在城裡的一家廟宇也被拉去做祝福，卻在事畢要求每人付5,000盧比（1美元=170盧比），最後討價還價每人付了2,000元才得以脫身。

　　走出廟宇，在下山的路上舉起被繫了兩道棉線的右手，向山頂的白色菩薩塑像致意道別。一個小時之前，心情平靜無欲無求地走進這座廟宇；一個小時之後，卻作為與佛有緣、被高僧祝福之人走了出來。不知道對未來的人生是不是應該增加一些期待，內心有些情不自禁地開始想像，不過我們下山的步伐還是和往常一樣——不緊不慢。

Chapter
04
西班牙看鬥牛

塞維利亞皇家鬥牛廣場

西班牙（Spain）是個熱情奔放的國家，拉丁民族心中彷彿永遠擁有燃燒著的熱情，連同她的文化也有著如火的激情。在電影鏡頭和文學作品中對西班牙的刻畫，一般少不了鬥牛的經典畫面：狂躁的公牛、優雅的鬥牛士、高亢的號角和狂熱的看客。有著「人與獸的芭蕾」之稱的鬥牛表演總是那麼扣人心弦，讓人熱血沸騰。

西班牙的鬥牛傳統，可以追溯到古羅馬時代。古羅馬人尚武，他們熱衷於四處征戰擴充領土，同時也欣賞羅馬競技場（Colosseum）的表演。羅馬競技場裡除了角鬥士相互搏殺，也會上演人獸大戰，其中就有公牛的身影。隨著帝國四處擴張，鬥獸也傳到了西班牙所在的伊比利亞半島（Iberian Peninsula），成為流傳至今的鬥牛表演。

來到西班牙，當然得看一場鬥牛表演，我們來到著名的塞維亞皇家鬥牛廣場（Plaza de toros de Sevilla），這裡是西班牙歷史最悠久的鬥牛場，前後花了120年才得以建成。廣場內部的正面於1765年竣工，有著預留給西班牙王室專用的劇院包廂。最上層有四個拱門，拱門是半橙色，最上方飾以白色和藍色的瓷磚，整個鬥牛場雍容華貴，最多可以容納兩萬觀眾。

整場鬥牛表演以鬥牛士入場拉開序幕，在兩位身著16世紀裝束、騎著馬的前導員引領下，鬥牛士、長矛騎手、花鏢手和助鬥士等相繼入場。鬥牛士的服裝基本傳承了16世紀的服裝樣式。頭戴配飾，身穿鑲嵌金色或銀色裝飾的緊身衣褲，在陽光的照耀下閃閃發光，一雙紅色長筒襪配尖頭小皮鞋。

鬥牛士分主鬥牛士和鬥牛士助手，通過他們手中拿的斗篷顏色可以區分，手拿一面黃一面粉紅色斗篷的一定是鬥牛士助手，拿大紅色斗篷的就是主鬥牛士。在西班牙，鬥牛士的地位高出一般的社會名流和演藝界人士。人們認為這個獨特人群具備高雅和勇敢的靈魂，他們將機智和體力、柔美和勇猛完美地結合到了一起。

鬥牛士退場後，號角聲響，牛欄的大門被打開，一頭約400公斤的強壯黑色公牛飛奔而出。出場的黑牛，是一種血統純正的野性非洲公牛，牠無論從顏

色還是體型都與普通的牛有很大的區別。不但性情暴躁而且天生色盲，在牠眼前晃動的物體都能激起牠的憤怒和鬥志，而與表演者手中斗篷的顏色無關。

有著悠久歷史的鬥牛有著規定的流程，一般分為四步。先是三名助鬥士拿著斗篷挑逗剽悍的公牛滿場飛奔。助鬥士既要儘量消耗公牛的體力，又不能讓被激怒的公牛傷到自己。他們被瘋狂的公牛逼得走投無路時，可以翻過場邊的護板來保護自己。

幾個回合的挑逗後，就輪到騎馬帶甲的長矛手出場了，他一桿銳利的長矛，騎著一匹蒙眼披甲的高頭大馬。但公牛的力量極大，常常把高頭大馬頂得趔趔趄趄。長矛手則看準機會，用矛頭猛刺牛背的頸部，給公牛放血，以殺其銳氣、降其體力。

第三步由花鏢手上場，引逗公牛向自己發起攻擊。待公牛衝上來時，便迅捷將花鏢刺入背頸部。花鏢刺扎入體內，利鉤會掛在牛頸背上，鮮血直流，繼續消耗著公牛的精力。花鏢手毫無保護，他們這個動作很危險，需要在瞬間判斷牛的衝勢，乾淨俐落地做出瞄準、前衝、刺入牛背等一系列動作。如果只能刺入一鏢，或兩鏢皆不中，這時便會招來滿場的噓聲。如果兩鏢同時刺中，便會贏得一片掌聲。

當公牛筋疲力盡時，主鬥牛士拿著大紅斗篷和長長帶彎柄的利劍走上場，開始正式的角鬥，這是最驚險刺激的人牛博弈。主鬥牛士先是與瘋狂的公牛左右周旋，以紅斗篷為挑逗物，當公牛朝他衝過來時，敏捷地側身閃避，讓公牛與自己擦身而過；或者揮動紅斗篷讓公牛圍著自己原地打轉，又不得近身。這時鬥牛士與公牛輾轉騰挪，盡情顯示自己瀟灑的身影，來博取全場觀眾的喝彩。

鬥牛士展示完自己嫺熟的技藝，這時狂躁的公牛也已經筋疲力盡，鬥牛士看準機會將長劍深深地刺入公牛的後頸直抵心臟，以求一擊斃命。中劍的公牛會應聲倒地，這時全場爆發熱烈的掌聲和歡呼，向勇敢的鬥牛士致敬，然後會有三頭騾子上場將牛拖走。

由助鬥士率先上場，消耗公牛的體力

　　近兩個小時的鬥牛表演共有六頭牛隻先後上場，其間高潮迭起，鬥牛士們的表演既粗獷豪放，又精巧雅致，充分表現這個民族的勇敢精神和高雅的品味。正如海明威（Ernest Miller Hemingway, 1899-1961）所說：「鬥牛是唯一一種使藝術家處於死亡威脅之中的藝術。」鬥牛表演通過人類智慧和力量的完美結合，使精美的藝術造型和野性的爆發力達到既充滿矛盾而又完美的統一。

　　然而，隨著時代的發展、時光的遷移、觀念的轉變，越來越多的人不再認為鬥牛是具有觀賞價值的藝術，而是一種極為殘暴的行為，鬥牛場上的刀光劍影、劍拔弩張、鮮血四濺的場面不再是今天人類文明的象徵。西班牙各地相繼成立了許多「反鬥牛協會」，在他們不斷鬥爭和抗議下，西班牙的加泰隆尼亞（Catalonia）和加納利群島（Canary Islands）紛紛立法宣布禁止鬥牛，巴塞隆納（Barcelona）的鬥牛場已經關閉多年。

　　毫無疑問，西方文明與時俱進，變得越來越精緻細膩，同時越來越遠離祖先傳統的勇猛剽悍。想當年，西班牙早期殖民者法蘭西斯科·皮薩羅（Francisco Pizarro, 1471-1541），帶著一百多人的烏合之眾和幾十支火繩槍，在南美洲從北向南長驅直入上千里。在印加帝國腹地，也就是今天的秘魯（Peru）境內，和擁兵八萬之眾的印加國王不期而遇，他們在第二天就拔刀相向，動手搶攻，在幾乎無自身傷亡的情況下，生擒了印加國王，半天之中殺死印加貴族和軍人達2,000人之多，完全擊潰了印加大軍，最後完全掌控了中南美洲的廣闊疆域。要知道16世紀初的火繩槍可不是什麼大規模殺傷性武器，而是需要花一至二分鐘才能裝填一次火藥的破槍，射程很短。這槍在遠距離的殺傷力不如弓箭，在短兵相接的實戰中往往還沒有一把尖刀的威力來得大，他們能夠戰勝超過自己百倍以上的敵人，最主要還是憑藉著自己勇敢無畏的血性和剽悍強勁的身手。

　　海明威說：「生活與鬥牛差不多，不是你戰勝牛，就是牛挑死你。」今天的西班牙人，已經忍受不了鬥牛流出的血。這樣溫文儒雅的一代人，在風

調雨順的和平環境，自然是喝酒聊天的好夥伴。但是，在天災人禍降臨時，在面臨生死存亡的關鍵時刻，他們會有什麼樣的反應？採取什麼樣的行動？相信沒有一個人會有任何樂觀的期待。

　　一種文明、一個制度，和一個人一樣，有著自己的血氣方剛、激情四射的青春期，穩重、篤定從容的中年，和步履蹣跚、每況愈下的老年。現在的西方文明已經步入老年，失去了殺伐果斷的血性，沒有了一往無前的銳氣，正越來越深地陷入所謂普世價值的悖論而自縛手腳，前景實在堪憂。

Chapter
05
英國湖區隨想

英國湖區一角

　　三十多年前剛到澳洲雪梨（Sydney）時，最常聽到周圍人提到的景區是南方高地（Southern Highland），這是一個普通人喜歡去過週末、有錢人熱衷買度假別墅和小農莊的地方，我們第一次郊遊就是去了那裡。藍天白雲下連綿起伏的群山、翠綠參天的古樹、天鵝絨般的草場，像珍珠般散落一地的綿羊、蜿蜒曲折的河流、古樸典雅的教堂和別墅，南方高地以自己酷似英國鄉村風光的地貌，深得澳洲人的喜愛。

　　英國雖然是世界工業文明的發源地，倫敦（London）、利物浦（Liverpool）、曼徹斯特（Manchester，又譯「曼賈斯特」）等名城享譽全球，但英國真正的靈魂在鄉村，他們那種對鄉村生活與生俱來的熱愛，是陶淵明之後的中國人很難想像的。英國人有時間就喜歡去鄉野徒步，有錢就想在鄉間置業，退休後就熱衷隱居鄉村。英國鄉村經過幾百年的精心打理，變成了世所罕見的人間天堂，以至於林語堂（1895-1976）說過這樣的話：「世界大同的理想生活，就是住在英國的鄉村，屋子裡裝著美國的水電煤氣管子，請個中國廚師，娶個日本太太，再找個法國情人。」

　　英國鄉村風景中最聲名卓著的地方是英國湖區（Lake District），西班牙哲學家桑塔亞那（George Santayana, 1863-1952）曾說：「每個優秀的英國人心中都有一首詩。而整個湖區就是一首詩，一首清新、自然、浪漫的詩篇。湖區是英格蘭的後花園，所有英國人心中最珍貴的瑰寶。」湖區的寧靜和美麗，寄託了英國人的山水情結與無限詩意。

　　中國人光是聽著「湖區」二字，煙波浩渺感便撲面而來，想到的是太湖、洞庭湖等一眼望不到邊的大湖。不過，英國的湖區，其實並非一碧萬頃的大湖，更非以湖面寬廣而聞名，而是在起伏丘陵地帶散落下的大大小小湖泊。沒有哪個湖泊有著驚心動魄的自然奇景，也沒有聲名顯赫的歷史遺址。但大大小小的湖，如同散落的珍珠，和周圍的山石林木融為一體。這裡是寧靜祥和的浪漫田園風光，青山碧水在這裡交融匯合，處處有鮮花，時時聞啼鳥，一座座優雅的別墅散布在山水之間，遍布著英國最有情調的民宿，散發

著浪漫人文情懷。英國湖區名列世界遺產目錄，更被《美國國家地理雜誌》評選為50個人生必到目的地之一。

　　湖區的美景孕育了許多英國的文人，他們的作品在英國文學史留下了濃墨重彩的一筆，被後人稱為「湖畔詩人」（Lake Poets）。浪漫主義詩人代表人物威廉・華茲沃斯（William Wordsworth, 1770-1850）的故居「鴿舍」（Dove Cottage）就坐落在這裡。湖區的靜謐淡雅，漸漸冷卻了他對法國大革命的熱烈嚮往，逐漸演變成對隱跡於自然山水間的熱愛，他在一首著名的詩中這樣寫道：

> 我孤獨地漫遊，
> 像一朵雲，
> 在山丘和谷地上飄蕩，
> 忽然我看見一群，
> 金色的水仙花迎春開放，
> 在樹蔭下，在湖水邊，
> 迎著微風翩翩起舞。
> 連綿不絕，如繁星燦爛，
> 在銀河裡閃閃發光，
> 它們沿著湖灣的邊緣
> 延伸成無窮無盡的一行，
> 我一眼看見了一萬朵，
> 在歡舞之中起伏顛簸。

　　湖畔詩人們的創造讓更多人通過他們的文字看到自然的魅力：延綿的山巒、整齊的田莊、清澈的小溪、蔚藍的湖水和散布其中的裊裊炊煙，一個和諧自然的生活環境，無疑是遠比任何想入非非的人造幻境更加真實且可靠。

　　幾百年來，任憑世界風雲變幻，英國人始終信奉保守主義，他們不急不躁、循序漸進。法國大革命的狂飆，德國（Germany）、義大利（Italy）的法

湖區山水，如詩如畫

西斯浪潮，蘇俄的布爾什維克運動（Bolsheviks），都不能動搖英國人絲毫，因為湖區那寧靜致遠、清新祥和的山水已經在英國人的內心扎下了根，他們永遠腳踏實地生活。

　　我們在位於湖區中央的溫德米爾鎮（Windermere）住了三夜，這座位於湖邊起伏的丘陵地上的小鎮，有著典型的英格蘭傳統風格和迷人的魅力，一座小教堂、幾條小馬路、各色旅館、酒吧、餐廳和商鋪均古色古香、樸實無華。小鎮的房舍都是就地取材砌成的黑石屋，相當古樸典雅。行走在林蔭小路上，隨處可見古老小屋、百年老樹、長著青苔的石頭，還有碎石塊堆成的矮牆。周圍湖光山色美不勝收，來到這裡就彷彿置身於一幅鍾靈毓秀的山水畫卷中。

　　初來乍到，覺得英國湖區似乎和杭州西湖有幾分相似，有山都不高，有水都無浪。英國詩人濟慈（John Keats, 1795-1821）曾說，溫德米爾湖可以讓人忘掉人生的不同：年齡和財富，這種說法是不是和「暖風熏得遊人醉，直把杭州作汴州」有著異曲同工之妙呢？

　　我們坐了三趟遊輪巡航溫德米爾湖的不同部分，並沿著湖邊走了兩萬餘步，湖區的道路，總是可以與湖水山巒相伴；湖畔的步道，總可以通向山幽林深之處；山野坡道上，總有或大或小的湖面映入眼簾。湖區波光粼粼的大小湖泊，又總與重巒疊嶂的山峰和陡峭嶙峋的山谷相伴相隨，宛如一曲浪漫的田園交響曲。細細品味兩湖還真有些不同，杭州西湖精緻嫵媚、嬌柔秀麗；而英國湖區自然開闊、充滿野趣。然而仁者樂山、智者樂水，寄情山水，則是世界相通的審美情趣。

　　如果用蘇軾的「水光瀲灩晴方好，山色空濛雨也奇」來形容英國湖區，用華茲沃斯的「小船在波上輕輕飄蕩，聽任清風吹送」來描繪杭州西湖，卻都恰到好處，非常貼切。

　　這些詩句或許可以適用於世界上任何美麗的湖區，然而在世界範圍裡，只有在這兩個湖區，產生了足以影響文學史的詩派和佳作，分別成為中華和

英格蘭民族精神和靈魂的重要組成部分。都說一方山水養一方人，仔細看看這兩個湖區山水的區別，認真品味中英這兩個民族之不同，內心不免五味雜陳、百感交集。

　　離開湖區的時候，不知怎麼突然想起徐志摩（1897-1931），這位浪漫詩人在百年前造訪英國，留下許多膾炙人口的詩文。「悄悄地我走了，正如我悄悄地來；我揮一揮衣袖，不帶走一片雲彩。」這是他在〈再別康橋〉中的名句。和徐志摩一樣，我們悄悄地離去，沒有帶著一片雲彩，但英國湖區浪漫的詩意將會長駐我們心中。

Chapter

06

自駕愛爾蘭全島

愛爾蘭古城堡

　　愛爾蘭島（Ireland）位於歐洲西北，和不列顛島（British Isles）一衣帶水，與歐洲大陸若即若離，面積約比兩個臺灣還略大一些。由於自然環境優越，這裡素有「翡翠島」之稱，其象徵是豎琴和三葉草。傳說中，這是被綠色小精靈守護的島嶼。島上六分之五的面積屬於愛爾蘭共和國，剩下的土地稱為北愛爾蘭，歸屬英國版圖。如果說中國和香港是一國兩制，那麼愛爾蘭島就是一島兩國，兩國兩制。

　　約西元前6600年左右，一批獵戶從大不列顛島來到愛爾蘭島，成為最早定居者。隨後相繼出現了新石器時代、青銅時代和鐵器時代文明。西元前6世紀起，凱爾特人陸續從中歐入侵愛爾蘭，逐漸形成統一的文字和語言，建立起至少五個小王國，成為現代愛爾蘭人的祖先，但未能形成統一國家。432年，聖派翠克（St. Patrick, 386-461）到此傳播基督教及羅馬文化。9世紀以後，不斷受到來自挪威（Norway）一帶的維京人入侵。1169年至1171年，英王亨利二世（Henri II, 1519-1559）率軍入侵，之後愛爾蘭曾被大英帝國統治直至20世紀。18世紀時號稱日不落的帝國達到鼎盛，都柏林（Dublin）也在這時候被建設成一個英國境外的文化之都，今日還能看到許多英式新古典的喬治亞式建築，如漂亮的市政廳與國家博物館。美國獨立與法國大革命逐漸激發了愛爾蘭人獨立的信念。英國統治期間許多愛爾蘭人喪失了自己土地，變成英國地主的佃農，並且對單一品種的馬鈴薯過度依賴，原因之一是馬鈴薯非常好種植，產量也大。不幸的是，19世紀土地被病菌大量感染導致長期歉收，造成著名的愛爾蘭大饑荒（Great Famine, 1845-1852），七年間國內死了近四分之一的人口，同時有近百萬人因饑荒被迫移居美國。這段困難時期英國仍經過愛爾蘭大量進口馬鈴薯，甚至鄂圖曼帝國（Ottoman Empire, 1299-1922）的蘇丹王表示要捐贈大量金錢援助時，被英國要求顯著減少援助，只因為不能比女王捐得多。這些舉動更加深了愛爾蘭獨立的決心，因此百年來爭取獨立運動蜂起，流血衝突不斷。

　　1916年趁著一次世界大戰都柏林起義，隨即被英國鎮壓。之後軍隊在戒

嚴令下，無故逮捕、隨意槍決與破壞城鎮，造成當地人民不滿開始支持獨立軍。兩年後主張獨立的新芬黨在1918年大選獲勝，在都柏林宣布成立自己國會獨立建國。1919年爆發獨立的英愛戰爭，愛爾蘭共和軍使用游擊戰突襲的方式抗爭幾十年，終於在1921獲得獨立自治權。但是，北愛爾蘭還是留在英國版圖之內，現在一島兩國的現狀，讓許多愛爾蘭人耿耿於懷。

第一站　健力士黑啤酒

在愛爾蘭，從機場到市區，從城市到鄉鎮，在建築物的牆面，或是在玻璃櫥窗的廣告上到處可以看見健力士（Guinness）的啤酒商標。這種冒著氣泡和白沫的黑色啤酒深受愛爾蘭人喜愛，是他們的第一飲料。在他們心目中，黑啤酒就是力量的源泉，男人喝黑啤酒能煥發魅力十足的男子氣概，也能幫助產婦、病人和體弱者迅速恢復元氣。

愛爾蘭生產的黑啤酒不計其數，而名氣最大的當數健力士黑啤酒。釀造健力士黑啤酒的四大主要原料有：大麥、啤酒花、水和酵母，每一種原料都經過精挑細選以確保品質，而深黑色據說是因為添加了大量焙烤過的深色麥芽所致。

位於都柏林的健力士啤酒博物館（Guinness Storehouse）別具特色，現代化的玻璃與鋼結構的七層大樓，每層都裝飾有不同的主題，加上精美的燈光設計讓人始終處於流光溢彩的空間，將啤酒昇華成了神話般的故事和歷史，吸引來一批接一批的遊客。

一樓展覽最早的圖片歷史，沿著上樓，將啤酒製作的流程通過卡通和各種有趣的動物相連。在健力士黑啤酒體驗館，工作人員帶領我們從一條時光

▍ 隨處可見的健力士黑啤酒廣告

隧道走入一間時尚簡約的白色房間，三位衣著整潔的調酒師以最為標準的調酒方式為我們準備了一小杯健力士黑啤酒。在體驗館中有四個冒著白煙的桶柱，湊近前去聞，能嗅到不同的麥子香味。而黑啤酒在燈光照耀的效果下，透露著鬼魅的暗紅色。酒喝得不多，但儀式隆重、形式別致，是一場難忘的品酒體驗。

　　到頂樓可以憑入場券領取一大杯健力士黑啤酒，手裡捧著大杯啤酒，來到頂層的玻璃圓頂下面，可以看到遠處的整個城市。陽光投射在頂層玻璃裡面，各種反光的截面就如啤酒的玻璃杯，把大家都浸潤在陽光色的啤酒中。一大杯啤酒下肚，讓原本酒量不大的我們臉都紅了。下樓時好像都醉了，醉在夢幻裡，醉在陽光下。

　　同樣一個英文詞「Guinness」，不知為什麼被翻譯成了兩個完全不同的

中文詞：「健力士啤酒」和「金氏世界紀錄」，以至於原來並不清楚兩者的聯繫。其實它們是一根藤上生出來的兩隻瓜，遠在1951年，在一項狩獵聚會上，健力士黑啤酒的董事休・比佛爵士（Sir Hugh Eyre Campbell Beaver, 1890-1967）連發數槍也無法擊中一隻飛鳥，他驚嘆說這一定是世界上飛行速度最快的鳥，其他的人自然都不同意，大家爭論不休，最後翻查百科全書也沒有答案。於是休・比佛爵士靈機一動，決定由健力士黑啤酒公司出版一部《金氏世界紀錄》（*Guinness World Records*），廣泛收集，具體認證各行各業有關世界紀錄的資訊。他沒有想到的是，此書的出版打中人性中兩個最強烈的特性──好奇和爭勝，一下子造成轟動，立刻行銷全世界。就此《金氏世界紀錄》成了比健力士黑啤酒更為廣為人知的品牌。

第二站　聖三一學院圖書館

　　愛爾蘭都柏林的聖三一學院（Trinity College Dublin）圖書館是愛爾蘭最古老的圖書館，於1592年由伊莉莎白女王一世（Elizabeth I, 1533-1603）下令建造。聖三一大學圖書館還是英倫三島的四大版權圖書館之一（即法律規定，每個出版社的每一本合法出版物，該圖書館都可以免費收藏一本，其他三個版權圖書館分別是大英圖書館和牛津、劍橋的圖書館）。450萬的浩瀚藏書量讓人嘆為觀止。

　　這座圖書館不僅外觀宏偉壯觀，還是世界上最大的單室圖書館。同時，它以藏有超過20萬冊館內最古老書籍的「長廳」（Long Room）而聞名，其中就包括《凱爾經》（*Book of Kells*, 800）、《達羅之書》（*Book of Durrow*）等等愛爾蘭經典作品。長廳裡還收藏著一把愛爾蘭最古老的豎琴，追溯到15世

聖三一學院圖書館大堂

紀，橡木豎琴是當時愛爾蘭的典型象徵。

　　每天上午都有許多遊客慕名而來參觀圖書館，我們提前了近一個小時等候開館時間，趕在人流之前進入大名鼎鼎的長廊。全木結構的長廊，猶如教堂般的雄偉莊嚴。長廊中央高大寬敞，上面是圓拱形的穹頂，巍峨壯觀。兩旁各有兩層藏書樓，一排排高聳的書架上放滿了各色古老的書籍，每一架書櫃前，都有一個長長的梯子，從地面一直到高達三層樓的屋頂，供人取書架頂上的書。從地板、梁柱、樓梯、書架到穹頂，精湛的木工將每一個細節都

做得精巧至極，禁得住百年的風雨滄桑，而木器表面已經被歲月光陰蒙上了一層深紅褐色，顯得古老蒼勁、典雅高貴。雖然我們根本看不懂那些古籍的內容，但僅僅看一眼圖書館內部的豪華裝飾，置身其中就能體會古代書香翰墨的華貴與高雅，也立刻令人肅然起敬。面對眼前的這一切，內心深處有一種無形的崇高和神聖的情緒悄悄滋長、匯聚、升騰，這應該就是文明的力量，這種人類的創造力，像神的創造力一樣強壯而豐富，讓人頂禮膜拜。

都柏林聖三一學院古色古香的圖書館，其恢弘的氣勢給人的震撼實在太大，之後好幾天，腦海中常常浮現出圖書館的知識大排場、沁鼻古書香，不免情緒激動、思緒萬千。

1592年，正逢中國萬曆皇帝30年不上朝，沉溺於酒色財氣之際。而英國伊莉莎白女王一手籌建了這所大學，他們對待知識和科學充滿敬畏與崇拜之情，用建造教堂的規格來造圖書館。從此讓愛爾蘭有了一個思想的搖籃、科學的聖殿。

現在，「愛爾蘭」這個人們印象中的彈丸小國，居然雄踞世界第二軟體出口大國的寶座，其知識的底蘊、創意的源泉，也許可以從這裡找到明確的答案。

第三站 莫赫懸崖和愛爾蘭人拓荒史

莫赫懸崖（Aillte an Mhothair）位於愛爾蘭的西部海岸，風光波瀾壯闊，曾經被《美國國家地理雜誌》列為世界最美麗的地方。

莫赫懸崖是歐洲最高的懸崖，拔地而起逾200公尺，蜿蜒八公里，高高地聳立在波濤洶湧的大西洋邊。它由地殼變動和大西洋驚濤駭浪千萬年的沖刷

而成，是大自然鬼斧神工的傑作。刀削斧劈般的陡峭山崖層層疊疊，彷彿是一部部千古巨書，記載了愛爾蘭五千多年的文明史，令人肅然起敬。懸崖附近，高聳著一座圓柱形的古堡，宛如一個孤獨的騎士，鎮守在這個島國的邊陲。

　　我們在一個風和日麗的日子造訪莫赫懸崖，沿著崖邊的步道走了好幾公里。一邊是冰冷刺骨的大西洋和堅硬如鐵的懸崖，海浪拍擊著黑色的陡峭石壁，濺出成片霧狀的水花，同時讓大海的腥味瀰漫在空氣中；海鳥上下飛舞盤旋，發出陣陣尖利的叫喊。眼前不是那種溫情脈脈的景觀，而是一種堅韌

▌莫赫懸崖

和強悍的所在，散發出「任你千變萬化，我自巍然屹立」的雄壯氣概。

　　大海和懸崖，是一種自然景觀，又何嘗不是一種精神和文化。這種精神和文化潛移默化地造就了一代又一代的愛爾蘭人。在這個狹小、孤獨、高緯度、高寒帶的地方，古凱爾特人和維京人曾在這個大島嶼上展開殊死搏鬥，最終孕育了今天的愛爾蘭人。而這個族群在人類歷史的進程中又創造了浩瀚的畫卷：從中世紀「拓荒愛爾蘭」到19世紀「拓荒美國」，他們都取得了令世人側目的偉大成就。

　　今天在美國的愛爾蘭人有三千六百萬之多，是祖籍國愛爾蘭的8倍。他們在美國的拓荒史，也是一部悲壯的鬥爭史、存亡史和成功史。對於今天奮鬥在世界各地的華人而言，是一部可以借鑑參考的啟示錄。

　　典型愛爾蘭人的血統是「紅髮、小雀斑」，這是其祖先凱爾特人和維京人混血後的重要特徵。而在歐洲人的「髮色鄙視鏈」裡，金髮碧眼處於最高層，紅髮卻處於最底層。當年逃難美國的愛爾蘭人，社會地位還不如黑人，和華工一起修鐵路的就是他們。

　　然而，時間走到今日，美國歷史上45位歷任總統，有愛爾蘭血統的一共有22位之多，幾乎占了一半。其中包括在華人中知名度最高的：林肯（Abraham Lincoln, 1806-1865）、羅斯福（Franklin D. Roosevelt, 1882-1945）、甘迺迪（John F. Kennedy, 1917-1963）、尼克森（Richard Milhous Nixon, 1913-1994）、雷根（Ronald Reagan, 1911-2004）、布希父子（George H. W. Bush, 1924-2018 / George W. Bush, 1946-）、柯林頓（William Jefferson Clinton, 1946-）、歐巴馬（Barack Obama, 1961-）等，都有著多多少少的愛爾蘭血統。和英才輩出的愛爾蘭人相比，我們華人實在有些無地自容。

　　今天的北歐，人民的文明程度、綜合素養，舉世皆有目共睹，是世界上受教育程度最高的國民之一。愛爾蘭更是被視為「聖人和學者之島」，他們保持了一份罕見的寧靜和淳樸，生活節奏也相對較慢。愛爾蘭人似乎有一種天生的樂觀和平和，性格樸實，在自己寧靜的國家裡過著與世無爭的日子。

愛爾蘭人民普遍的高素質，讓我們全程選擇民宿，處處有賓至如歸的感覺。

　　「房間已經準備好了。你們到了之後，從別墅的右邊走到後院，在後門旁有三隻小刺蝟，鑰匙就在刺蝟旁邊的石塊之下。」這是愛爾蘭民宿主人發給我的郵件。和其他北歐民族一樣，愛爾蘭人以獨立自尊為榮，房東常常不露面，但民宿內部設備齊全、整潔溫馨、裝飾有味，從來沒有讓我們失望過一次。

　　歷史悠久的愛爾蘭素以古堡古宅眾多而聞名於世，規劃行程時就想找一家古堡，體驗一下當年貴族的生活，發發思古之幽情。誰知上網一搜最便宜的古堡雙人房，一夜就要800歐元，價錢之貴令人望而卻步。但是，無意中在AirB&B上發現了一家每夜100歐元古宅，真是：「有心栽花花不發，無心插柳柳成蔭。」

第四站　住進貴族豪宅

　　於是在抵達愛爾蘭的第九天，我們住進當年貴族的鄉村豪宅。車子駛進莊園就彷彿聞到歷史的芬芳，而踏進豪宅就好像穿越回到中世紀，百年歷史的實木傢俱、家族列祖列宗的肖像畫、成排的古書典籍、刀劍和長短槍械、琳琅滿目的古董擺設……，我們在那裡住了兩夜，和歐洲最古老家族的邂逅讓人終生難忘。

　　主人是一對四十多歲的中年夫婦，妻子不在家，男主人獨自接待我們。他介紹這座豪宅有56個房間，他們拿出其中2個房間招待旅行者，我們有幸恰逢其會。古宅坐落在120英畝的莊園裡，房子建於1830年，已有近200年的歷史。更令人吃驚的是，這個家族的歷史可以追溯到西元250年，這是愛爾蘭

斯萊戈（Sligo）地區著名的大家族，最輝煌的時間曾經擁有兩萬多英畝的土地。從這個家族走出三個愛爾蘭大主教，近代更是時勢造英雄、人才輩出，許多親戚出征北美、非洲、中東和遠東，戰績彪炳。而我們是走進這個古老莊園的第一批華人，令人感到不勝榮幸之至。

　　第二天，男主人親自給我們做早餐，他認真地擺好餐桌、烤麵包、煎雞蛋鹹肉和愛爾蘭特有的血腸。有一個世襲侯爵伺候著享用早餐，我們難免有

▎愛爾蘭貴族豪宅

種受寵若驚的感覺，恍惚猶如夢境之中，不敢相信這是真的。

　　主人告訴我們，住這麼大的古宅其實非常辛苦，因為房子太老，維修費用實在太貴。他父親就是怕累怕煩，早早溜之大吉，把房子留給了熱愛歷史的他。「我們原來在莊園養羊補貼家用，但遠遠不夠，非常辛苦。還好有AirB&B問世，帶來許多遊客，不然我們早就撐不下去了。」主人告訴我們。現在他們嘗到甜頭，正準備向銀行借款，將豪宅旁的平房裝修起來，可以增加12個客房。但是，客人多了，估計老宅幽靜神祕的氣氛就必然會大打折扣，侯爵大人也一定不會親自下廚，還好我們來得早。

　　飯後，主人的五條狗帶著我們巡視120英畝的莊園，一個家族在這片土地上延續了一千八百餘年，多少傳奇故事、多少恩愛情仇在我們的腳下流淌，在我們身邊迴響。這一切令人難以置信，又使人如癡如醉，旅行途中的驚喜和享受莫過於此。

第五站 貝爾法斯特市見聞

　　從愛爾蘭共和國駛入屬於英國的北愛爾蘭，沒有看見邊境哨卡，也沒有軍警檢查，一派平靜祥和的景象，記憶庫裡的淚水早就被現在的和平與微笑替代。因為這裡曾經是世界上最不平靜的地區之一，有那麼幾十年的光陰，爆炸、謀殺和流血衝突掩蓋了它的美，使遊客和商人望而卻步。也正因為如此，在北愛爾蘭實現停火後，人們對這座城市的好奇與日俱增，想親自在它充滿了綠色植物的街巷中走一走。

　　貝爾法斯特市（Belfast）是北愛爾蘭的首府、政治和文化中心和最大的工業城市。世界上很少有一個城市會像貝爾法斯特一般擁有如此眾多的綠色

植物和空曠空間，而且如此親近海灘、草地和森林。

　　貝爾法斯特不大，鬧市的商業區主要集中在登戈爾廣場（Donegall Sq.）附近極小的範圍內。也許因為當地是紅土的緣故，絕大多數建築都用紅磚砌成。檔次最高、規模最大的歐羅巴酒店（Europa）俯視著這座城市，顏色鮮豔且有著雙圓頂的大歌劇院（Grand Opera House）建於維多利亞女王（Alexandrina Victoria, 1819-1901）時期，貝爾法斯特大教堂則擁有北愛爾蘭最大的管風琴和愛爾蘭最大的凱爾特十字架。

　　在眾多的優秀建築中，有兩處建築最為不同凡響，令人印象深刻，那就是貝爾法斯特市政廳和全玻璃結構的棕櫚溫室。貝爾法斯特市政廳矗立在廣場上，是整個城市的中心。無論在城市的哪一角，你都能看到市政廳那53公尺高的大穹頂。它是古典文藝復興時期的代表傑作，建成於愛德華七世（Edward VII, 1841-1910）時期的1906年。市政廳的穹頂是綠色的，整個建築特別像美國的國會大廈，氣派而莊嚴。市政廳外牆上的雕塑形象逼真，十分大氣；內部華麗的圓屋頂、宏大的樓梯、彩色大理石拼裝的地面、橡木裝飾的會議室等均富麗堂皇、精美絕倫，充分顯示了大英帝國最輝煌年代的宏偉氣派。讓人感到溫馨和驚喜的是，市政廳的許多房間都對遊客開放，我們甚至還能坐在市長的寶座上留影，這在絕大部分國家都是不可能的。

　　棕櫚溫室位於貝爾法斯特植物園中，是一座建於1839年的全玻璃建築，可謂為玻璃溫室的始祖，比起1851年在倫敦世界博覽會（Universal Exposition / World's Fair，又稱「國際博覽會」及「萬國博覽會」）中煥發異彩的水晶宮還要早12年。整座建築格調高雅、氣派不凡。

　　貝爾法斯特還是一座壁畫之都，我們在市區漫步，到處可以看到許多形形色色的塗鴉壁畫。這些壁畫有的用筆細膩、寫實，有的構圖抽象、灑脫，成為這個城市的一道著名風景。也許因為貝爾法斯特素以造船、冶金等重工業聞名，有著數量龐大的產業工人，所以有許多的壁畫反映了這一主題，這些畫作和當年蘇聯的宣傳畫有著類似的韻味，不知是誰抄襲了誰的創意，還

貝爾法斯特市政廳

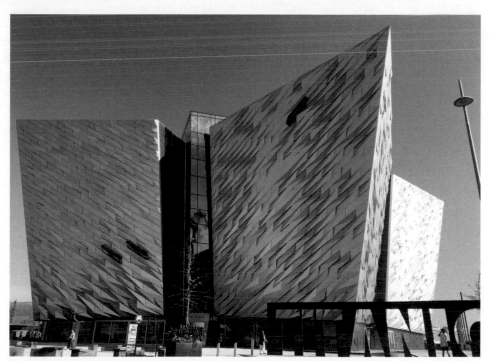

鐵達尼號紀念館

是階級意識形成的所見略同，相當耐人尋味。

　　說到產業工人，就不能不提到大名鼎鼎鐵達尼號（RMS Titanic），這艘船就是誕生於貝爾法斯特。為了紀念沉船100週年，特地建設了「鐵達尼號紀念館」（Titanic Belfast），紀念館那高聳尖利的外形，儼然就是「鐵達尼號」郵輪雄偉堅固的船首。紀念館前的「TITANIC」標示，就是用當初造船時的鋼板鏤空加工而成，整座建築的高度設計完全同「鐵達尼號」一致，亮麗的牆體是採用鋁板嵌入，發出晶瑩的光澤，彷彿一座潔白的冰川。富於唯美的創意，又極具懷舊的情境。

　　紀念館通過實物、照片、繪畫、映射等一系列科技手段，生動地再現了鐵達尼號從設計到沉沒的全過程。從發黃的原始設計圖紙、熱浪滾滾的冶金車間、鐵錘叮噹作響的船身製作、精美絕倫的船艙大堂、菜單和瓷器，到最後船身撞入冰山的撕裂聲、驚恐萬狀的求救聲、摩斯電碼焦急的滴答聲，一一生動地重現在遊客面前，使人身臨其境，沉浸其中不能自拔。一幕典型英國版的「看他起高樓，看他宴賓客，看他樓塌了」，講述了社會的盛世繁華和生命無常、人生如夢，抒發了許多人生悲歡離合的故事。

　　紀念館中看到一則原來不知道的資訊：船上有八個來自中國的乘客，他們都是蝸居在擁擠的三等艙裡的窮人，但八個人之中居然有六個人存活，相比三等艙乘客16%的存活率，中國人75%的存活率簡直離奇得令人難以置信。回家後上網搜尋後發現，後人只查出這八個人是英國唐納德輪船公司雇傭的鍋爐工，要前往經停紐約（New York）的「阿那特號」上做工。至於他們是如何走出已經被關閉的三等艙，最後奇蹟般逃出生天，就沒有人能夠說出個所以然，畢竟是一百多年前的事情」。令人欣慰的是，在災難臨頭的緊急關頭，這第一批走向西方世界的中國人並沒有坐以待斃，而是咬緊牙關頑強自救，硬是在冰海沉船的險境裡活了下來，前輩們的毅力和能力讓後人敬仰。

第六站　北愛爾蘭自然奇觀

　　從貝爾法斯特驅車出發約兩個小時，來到安特里姆平原（Antrim）邊緣的岬角，沿著海岸懸崖的山腳走下，就會看見所謂的「巨人之路」。眼前是數不清的六邊形、五邊形和四邊形的石柱組成的巨人堤道（Giant's Causeway，意譯即為「巨人之路」），成片的石柱從大海中伸展出來，從峭壁伸至海面，數千年如一日地屹立在大海之濱。這個偉大的自然奇觀，被譽

▌自然奇觀「巨人之路」

為地球十五大奇特地貌之一，也被列入世界自然遺產目錄。

　　站在壯闊的柱狀岩石上，海浪拍打在腳邊，這北愛爾蘭最大的風口，訴說著北愛爾蘭流傳的巨人傳說。稱這種自然界奇觀是因為巨人芬‧麥庫爾（Fionn mac Cumhaill）在海底作怪才出現的，他造出了這片石林形狀的大壩，為的是從這裡跨海到北邊的蘇格蘭（Scotland）去，因為蘇格蘭與這裡僅隔著一道北海海峽（North Sea，為北大西洋的一部分），最近距離只有21公里。

　　根據科學家考察，這些石柱源於5千萬年前火山爆發噴出的岩漿，岩漿遇到海水後冷凝；再加上地殼運動，海裡的地層向陸地推移，把沿海的陸地壓裂，形成一條條近乎六角形的柱體，遠看猶如排得密密麻麻的梅花樁一樣。有人做過計算，這些六角形的梅花樁有4萬根左右，每根直徑大約為45公分，完全稱得上是天造地設、鬼斧神工。

　　四萬多根巨大菱形石柱井然有序地排列在一起，構成一幅驚豔而磅礴的場景，蔚為壯觀。是什麼樣的地殼運動才能夠形成這樣整齊劃一的神奇地貌呢？面對大自然的神奇創造，總會帶給我一次次的震撼，讓人心生敬畏之情。

　　愛爾蘭島風光優美，空氣清新，廣袤的綠色草原和無盡的青山綠水勾勒出以綠色為主線且獨有的自然景觀。在北愛爾蘭阿莫伊村（Armoy），有一條寧靜的小路——布雷加路（Bregagh Road），被稱為黑暗樹籬（Dark Hedges），道路兩旁山毛櫸樹林立，它們盤根錯節，蔚然成蔭，大凡到過這裡的人一定會被眼前的景象所震驚，極具神韻的樹枝，層層疊疊，築就了一條童話般的綠樹隧道。被譽為世界上最美的十條樹木隧道之一。

　　18世紀50年代，斯圖亞特王室（Stewart）在此地種下這些樹，為的是打造如畫風景，為附近的行宮增色。粗粗算來，這些虯曲的老樹都已是三百多歲高齡，它們樹幹粗壯、枝葉繁茂，相互交錯在一起，光影穿梭其間，微風窸窣而過，自有一種迷人的神祕色彩，引人入勝。

　　儘管如此特別，數世紀以來，黑暗樹籬這條小路一直只為當地人所知。直到1998年，北愛爾蘭國家旅遊局才開始把這裡作為旅遊景點來開發，自此盛名遠播。愛爾蘭的紀實攝影師大衛・克萊蘭（David Cleland, 1926-2018）說：「每天早上和晚上是田園最忙碌的時光，柔軟的光線穿過樹葉。如果沒有快門聲和鳥叫，你會感受到令人窒息的安靜。」

　　為旅行計畫所限，我們不能在早晨和傍晚這兩個黃金時段到訪，但這些散發著威嚴與神聖的老樹，依然讓我們驚訝。陽光透過樹葉與樹葉間的密縫細碎漏灑而下，小路老樹和光影交相輝映，帶給人一種詭異的感覺，彷彿蘊

▌ 行走於黑暗樹籬

藏著人力不可控的超自然力量。這種現場的陶醉和感受，就是旅行最迷人之處。

　　兩週的時間，我們自駕環繞愛爾蘭島一圈。友好樸實的人民、豐富多彩的歷史、輝煌壯麗的建築、美不勝收的自然風光，以及唇齒留香的酒肉，無不讓人流連忘返，享受其中。然而，真正使人印象深刻且無法忘懷的，還是在鄉村古宅的那兩天。1,800年沒有間斷的家族傳承，從老實結巴的農民到稱霸一方的豪強，從航海探險征戰全球到家庭旅館自食其力，這個家族走過的道路，彷彿就是一部袖珍版的人類文明史。而且最令人拍案驚奇的是這個家族一脈相承，沒有家道中斷過，這怎麼可能！在中國的話，一個實力雄厚的家族要是沒有讓皇帝滿門抄斬，那一定會讓暴民掃地出門，能夠幸運逃過這兩劫的，最後也一定會被紈絝子弟給敗光。西方文明有許多我們還不清楚的底蘊和長處，值得認真探討學習，萬萬不可等閒視之。

後 記

　　〈自駕愛爾蘭全島〉寫於2018年，雖說一島兩國，實際上邊境完全開放，兩地感覺不到有什麼明顯的區別。2021年英國上下兩院通過了「脫歐」法案，英國正式「脫歐」已成定局。如何處理北愛爾蘭和愛爾蘭的邊界問題，是英國脫歐最棘手的問題之一。英國最後和歐盟簽署「北愛爾蘭議定書」，該協議於2021年1月1日生效。協議規定北愛爾蘭繼續遵守歐盟的許多規定，在愛爾蘭和北愛爾蘭之間不設立包括邊檢站和崗哨等設施的「硬邊境」，卡車和人員可以在不受檢查的情況下越過邊境線。然而，鑑於英國脫歐後不再遵循歐盟法律，歐盟在北愛爾蘭的港口設立檢查站，對大不列顛和

北愛爾蘭之間的貨物往來進行檢查。英國的這一做法，某種程度上等於變相
將北愛爾蘭直接送入了愛爾蘭的懷抱，而將自己與這塊浴血戰鬥幾十年、堅
決不放手的領土分隔開了。愛爾蘭對此當然樂觀其成，其後繼發展已經引起
相關各方的無限遐想。

Chapter
07
馬爾他一瞥

寂靜之城——姆迪納

　　提到西方文明的發源地地中海，人們立刻會想起希臘（Greece）、義大利、埃及（Egypt）等國家，很少人會想到「馬爾他」（Malta）這樣一個聽起來有些陌生的名字。這個島國位於地中海（Mediterranean Sea）的中心，靠近義大利的西西里島（Sicily），有「地中海的心臟」之稱。它的領土面積只有316平方公里，由5個島嶼組成，最大的島嶼馬爾他島，第二大島哥佐島（Gozo），科米諾島（Comino）面積第三，另有2個極小的島上無人居住。自古馬爾他就是亞歐非大陸經地中海往來時的天然樞紐，也是歐洲文化的交匯之地，有得天獨厚的怡人氣候。

　　以前在工作中曾和好幾個馬爾他人打過交道，發現他們都有個共同的特點：非常講禮貌、守信用。和他們的地中海近鄰希臘、義大利和埃及人截然不同，完全沒有誇誇其談、信口開河的習慣。曾和馬爾他人聊起這一點，他們自豪地說馬爾他可沒有「典型的地中海行事方式」。「地中海行事方式」這種說法，第一次還是從馬爾他人口中聽說的，後來知道這常常指不受法律約束和行政腐敗。

　　由於特殊的地理位置——歐非大陸間的海上中轉站，馬爾他曾先後被腓尼基人、羅馬人、阿拉伯人、法國人、英國人統治過。英國人於1800年占領馬爾他，統治這個島國達一個半世紀之多，直到1964年宣布獨立，國號馬爾他國。英國人走了，但英語、左邊行車的習慣、全套英式早餐和法制的傳統留了下來，今天的馬爾他有著遠遠好過希臘的經濟，也不存在嚴重困擾西西里的黑幫問題，這應該就是為什麼馬爾他人為自己不以地中海方式行事而自豪。

　　我們來到馬爾他，住的地方離首都瓦萊塔（Valletta）不遠，坐渡輪大約5分鐘時間就來到瓦萊塔高聳的城牆腳下。瓦萊塔是一座有著近500年歷史的老城，現存的城牆修建於1566年，之前因為馬爾他遭遇土耳其鄂圖曼帝國的圍攻，雖然取得了勝利，但都城已經變成一片廢墟。當時奉教皇和神聖羅馬帝國皇帝之命鎮守馬爾他的騎士團，決定選址瓦萊塔建造新城，這是當時

歐洲少數幾個有城市規劃的城市之一。為了抵禦土耳其人再次入侵，瓦萊塔從一開始就設計得像一座堅固無比的堡壘。城牆在之後的一個世紀裡被一再加固，厚實的牆壁和塔樓為城市提供了堅實的保護。同時與一水之隔的迪聶堡、曼紐爾堡等古城堡守望相助，形成一個遙相呼應的堡壘群。馬爾他從此成為一個不可攻克的島嶼，就是在二戰時期最危險的1941年至1942年間也不例外，馬爾他始終牢牢地掌握在英國人手裡，監視和遏制德意兩國在地中海的活動。

走進厚厚的城牆，漫步在這座古城，依然可以感受到時間留下的影子。世界上再也找不到像馬爾他首都瓦萊塔這樣的地方，在如此窄小的方寸之地，有著那麼多輝煌的考古遺址、文化古蹟、傳統建築和說不完的傳奇故事。

週六的清晨，古都瓦萊塔罕見人跡、寂靜無聲，走在被時光歲月打磨得光滑照人的石板路上，一種不真實的幻覺油然而生，彷彿漫步在《一千零一夜》（*One Thousand and One Nights*）的窄街深巷之中，不知道在下一個拐角會遇見什麼。

整座城市由馬爾他島上特有的淺黃色石灰岩建成，色調統一。筆直的街巷起起起伏伏，有些街道巨大的坡度猶如電影《全面啟動》（*Inception*, 2018，中國譯為《盜夢空間》）裡的現實版場景，成為瓦萊塔獨具特色的風景。街道兩旁的建築由巨型石塊砌就，厚實堅固；各種顏色和造型的陽臺凸出在外，點綴在淺黃色石灰岩建築之上，五彩斑斕，成為另一道美麗的風景。

經過城市花園，穿過下巴拉卡花園（Lower Barrakka Gardens）那羅馬風格的大理石寺廟，站上免費的城市電梯到達上巴拉卡花園（Upper Barrakka Gardens），這兒視野開闊，是觀賞海灣對面三姐妹城（Three Cities）[1]風景的最佳地點。中間的海灣風景旖旎，停泊著軍艦以及遊輪，是馬爾他重要的海

---

[1]　為馬爾他文明之發源地，由維托里奧薩（Vittoriosa）、森格萊阿（Senglea）和科斯皮誇（Cospicua）三座丘陵地形的城市所組成。

▌從瓦萊塔眺望三姐妹城

港。想不到馬爾他深邃的海灣一個連著一個，浩瀚的水勢和精緻的城市天際線融為一體，大有和水城威尼斯（Venice）一較高下的氣勢。下方堡壘區陳列著一排11座禮炮，這些禮炮自16世紀以來主要用於報時，如今每天中午十二點都會放禮炮。

馬爾他全國五個島，總面積只有香港面積的三分之一多，這方彈丸之地卻坐落著大大小小359座教堂，是世界上教堂最密集的地方。馬爾他不但教堂眾多，還擁有許多世界一流水準的精美教堂，瓦萊塔聖約翰大教堂（St John's Co-cathedral）更是其中的佼佼者，它和梵蒂岡（Vatican City）的聖彼得大教堂（St. Peter's Basilica）、法國的巴黎聖母院（Notre-Dame de Paris）齊名，並列世界教堂的三大巔峰之作。這座建於16世紀的教堂以騎士團的守護神聖約翰而命名，是騎士團舉行重大宗教儀式和祭祀的場所。教堂圓頂的大壁畫描述了聖約翰的生平故事，氣勢恢宏，出自義大利畫家馬迪亞・布萊迪之手。

瓦萊塔聖約翰大教堂前方沒有大廣場，土黃色的外牆樸素簡約，門面不大，毫無雕飾，如果不是慕名而來，沒有人會對其多看一眼，過門不入的可能更大一些。但是，一步踏進教堂，就像阿里巴巴走進藏寶洞，只覺得眼前一亮，一片閃亮的黃金耀眼逼人。整面整面的金牆、五彩繽紛的大理石鑲嵌、價值連城的古董、精美絕倫的油畫和栩栩如生的雕塑交相輝映，處處流光溢彩，富麗堂皇，構築成一個金碧輝煌的奢華幻境，令人嘆為觀止。人類對財富、幸福和來生的憧憬都被濃縮到了這塊小小的方寸之地。

瓦萊塔的對面是三姐妹城，顧名思義，三姐妹城是由三處古城組成。在瓦萊塔修建之前，這裡是騎士兵團來到馬爾他後的最初棲息地，歷史比瓦萊塔還要早。如今的三姐妹城與瓦萊塔遙相呼應，每逢夕陽西下之時，可以站在三姐妹城的高處欣賞美麗的海灣景色。

騎士兵團在三姐妹城修建了堅固的防禦城堡。進入三姐妹城要經過城門，一旦進入內部，會發現這裡相比瓦萊塔更為寧靜。充滿情調的街巷、古老的裝飾、隨處可見的教堂禮拜堂，讓三姐妹城更具韻味。

　　遊完瓦萊塔和毗鄰的三姐妹城，搭乘巴士往南，精裝的袖珍古城姆迪納（Mdina），它坐落在一座山丘之上。在瓦萊塔成為馬爾他首都之前，姆迪納曾是馬爾他的舊都。姆迪納又被稱為「寂靜之城」，歷史上從青銅器時代就有人居住在這裡，曾是諾爾曼人和羅馬人統治馬爾他時的都城，西元870年阿拉伯人占領了馬爾他，把姆迪納縮小至現在的規模，1693年大地震之後復建時開始加入巴洛克風格。姆迪納的古老街巷極有味道，同樣是淺黃色石灰岩的構造，大大小小的教堂、禮拜堂散落其中。馬車穿巷而過，一切彷彿回到了中世紀的時光。

　　姆迪納的小巷給我們留下最深印象的是一幢可以追溯到13世紀的老宅，這座叫法新殿（Palazzo Falson）的宅院保持完好，極富傳統馬爾他建築風格。最後的房主是一位熱衷收藏的馬爾他富商，他去世後，國家根據他的遺囑，用他的遺產成立相應的基金會，管理他用一輩子時間收藏的40個系列收藏品。經過6年時間整理布置，將他所有的稀世珍藏在其故居向公眾展示。走進位於小巷內一扇毫不起眼的小門，裡面是一個有著噴泉的雅致庭院，房子仍保持著中世紀高聳而尖形的窗戶。漫步其間，看著眼前琳琅滿目的各類文物，不免想到中國成千上萬書齋文院的累世收藏，在一次次的外患內亂中被人為摧毀殆盡，以致文脈中斷、人心渙散，不禁悲從心頭起。

　　我們在馬爾他發現，當地人沿用了英式早餐的傳統，除此以外他們還固守著古老的地中海飲食，我們走街串巷，沒有看見英國招牌菜——炸魚薯條。所謂「地中海飲食」，泛指希臘、西班牙、法國和義大利南部等處於地中海沿岸各國以蔬菜水果、魚類、五穀雜糧、豆類和橄欖油為主，同時很少使用油炸的方式烹飪食物的飲食風格。現代醫學普遍認為地中海飲食可以減少患心臟病的風險，還可以保護大腦免受血管損傷，降低發生中風和記憶力減退的風險，有益於健康和延年益壽的好處。所以馬爾他人並不是像他們自己說的那樣完全拋棄了「地中海行事方式」，他們只是屏棄糟粕，卻保留了精華，這兩句話說說容易，做起來可不簡單，但馬爾他人做到了。

　　我們品嘗了傳統的馬爾他兔子燉肉，雖然事先就沒有太多期望，但真正入口還是不免失望。太多的香料不但沒有烘托肉味，反而喧賓奪主讓菜味不倫不類，實在談不上好吃。兔子燉肉通常被認為是馬爾他的國菜，據說這道菜起源於法國騎士團的愛好，最後普及到了全民。和許多名氣很大，但流行地域很小的菜餚一樣，常常名不副實。因為一道菜如果味道好的話，那它一定會流傳開來，所謂「酒香不怕巷子深」，就是這個道理。

　　馬爾他三島地貌起伏、海岸線迥異，再加上海水特別清澈，在繞行馬爾他全島的航船上消磨懶散的一天，無疑是享受地中海陽光空氣和大海的最佳方式。「地中海風情」到底是什麼，我也說不大清楚。不過，當我們一杯香檳在手，慵懶地躺在遊艇的甲板上，看著不遠處的海岸線慢慢地向後移動，初夏的海風潮溼而溫暖，輕輕拂過臉龐，當時那種全身心的放鬆和活在當下的忘懷，相信和傳說中的風情大概也八九不離十了吧。

　　「藍窗」（Azure Window）曾經是馬爾他一張最耀眼的名片，這座28公尺高的天然石灰岩大拱門矗立在地中海之上，充分體現了大自然的鬼斧神工。人們可以透過拱門看到藍色的海洋和天空，因此將其命名為藍窗，也是環島遊艇必定到訪的最重要景點。然而，時光無情、歲月如刀，雄偉壯觀的藍窗在2017年坍塌，永遠消失在地平線上，我們的船經過原址時，已經看不到一絲一毫藍窗的蹤跡，就像它從來沒有存在過一樣，內心不免有些惆悵。所以有願望要儘快付諸實現，有旅行計畫要趁早上路，巴黎聖母院被燒了，巴米揚大佛（Buddhas of Bamiyan）被毀了，大馬士革（Damascus）被炸了，世事無常，也許下一個消失的是威尼斯、馬爾地夫（Maldives）、大堡礁（Great Barrier Reef）……。

　　到海島國家必須做的一件事自然是下海游泳，但與其他國家的海濱浴場不同，馬爾他人游泳的區域就在老城腳下，遊艇拋錨停穩，沿著船舷的繩梯下到如翡翠般純潔的海水之中，岸上高聳的教堂和數不清的古老建築近在眼前，在這種地方游泳感覺好像游在歐洲中世紀的畫卷中，歷史和現實交織產

生的夢幻般感覺，實非人類語言所能描繪，這種經歷實在難得，真是奇幻。

　　五天的時間，雖然我們澈底陶醉在地中海風情之中，卻難以忘懷仍在持續的歐洲難民危機，其中有幾十萬難民正是通過看似寧靜的地中海逃奔歐洲，許多人為此葬身大海。在難民高潮的2015年，有5艘載有近2,000名移民的船隻於地中海沉沒，造成超過1,200人罹難。而現在仍有近萬人被囚禁在馬爾他的難民營，度日如年。但是，這些人間慘劇並不妨礙馬爾他大張旗鼓地宣布：只要支付115萬歐元，無須在馬爾他居住，申請者即可獲得馬爾他護照，進而自由進出歐洲和世界上絕大部分地區。「朱門酒肉臭，路有凍死骨。」這是唐朝詩人杜甫寫下的不朽名句，一千二百多年過去了，難道世界的不同僅僅是有了更多的朱門和凍死骨嗎？！我們帶著沉重的心情離開美麗的馬爾他。

Chapter
08
里加老城的啟示

從聖彼得大教堂鐘樓俯瞰里加老城

　　拉脫維亞（Latvia）首都里加（Riga）是波羅的海（Baltic Sea）三國（立陶宛[Lithuania]、拉脫維亞和愛沙尼亞[Estonia]）中最大的城市。我們在里加的遊覽時間雖然只有短短的三天，但這座有著八百多年歷史的古城給我們留下了深刻的印象。這裡古典與現代交融，時時散發著典雅的完美氣息；這裡靈性和傳承並重，處處洋溢著卓越的品味；深感英國作家葛拉罕・葛林（Graham Greene, 1904-1991）所言不虛：「里加，北方巴黎。」

　　位於道加瓦河（Daugava）右岸的里加老城有著八百多年的歷史，雖然歷經政權更迭、戰爭破壞，但許多構造奇巧、外觀精美的老建築仍然完好地保存了下來。古樸的房屋、狹窄的街巷、石板的馬路、寬闊的廣場，期間錯落著數不清的教堂尖塔，中古時代的歐洲風貌盡顯無疑。整座老城被列為世界文化遺產並不是浪得虛名，這是一個適合用腳去丈量的城市，行走於哥德式（gothique，又譯「哥特式」或「歌德式」）風格的街道，會讓人誤以為自己到了一個浪漫的童話世界。

　　可惜我們在里加的三天陰雨連綿，拍下的照片色彩暗淡、氣氛壓抑，似乎不能體現里加古城的風範。無意中將照片改成黑白的，卻大有令人眼目一新之感，歷史的滄桑和時代的艱辛彷彿躍然眼前。

　　拉脫維亞是世界上小國寡民、備受強鄰欺負的典型。令人難以相信的是，這個國家在八百多年的時間裡只有38年是真正獨立的。事實上黑白照片更好地表現了里加古城的滄桑歷史和歐陸氛圍，從這些照片裡彷彿可以聽見條頓騎士團（Teutonic Order）和波蘭（Poland）騎兵的馬蹄聲，感受到瑞典（Sweden）國王古斯塔夫二世（Gustav II Adolf, 1594-1632）和俄國沙皇彼得大帝（Peter the Great, 1672-1725）的統治風格，而德國蓋世太保和蘇聯克格勃（KGB，全稱為「國家安全委員會」）的祕密警察似乎還在街頭巷尾徘徊。

　　漫步在里加老城的寬街窄巷，自然而然會想起老子的《道德經》，這位中國2,500年前的智者以樸素辯證法展開論述，深刻的揭示了宇宙人生的終極真理。其中「柔弱勝剛強」是老子《道德經》的根本思想之一，《道德經》

第七十六章中這樣說道：「人之生也柔弱，其死也堅強；萬物草木之生也柔脆，其死也枯槁。故堅強者死之徒，柔弱者生之徒。是以兵強則不勝，木強則折，強大處下，柔弱處上。」

　　柔軟屬靜，主要表現為合道、守靜、不先和弗爭。地球上的事物柔軟者

里加市中心

莫如水，水表面看起來柔弱無力，實際上水滴石穿，最後能夠穿山破嶺奔騰向前，沒有任何力量可以抵抗。柔軟的力量似乎不起眼，正是這種力量才能源遠流長，取得最後的勝利。老子揭示的真理不僅僅可以用之於個人的為人處世和修行悟真，而且在世界歷史的變遷中也得以證實——里加老城完好無缺地保持至今，而昔日種種不可一世的強權俱已灰飛煙滅，不復存在。

　　登上聖彼得大教堂的鐘樓，俯瞰老城全景，回顧拉脫維亞不堪回首的歷史，不免想起普希金（Alexander Pushkin, 1799-1837）的名句：「假如生活欺騙了你，不必悲痛，不必氣憤，在苦悶的日子裡需要克制。相信吧，歡樂的日子就要來臨。」這座閱盡人間波瀾、深諳世態炎涼的城市忍辱負重，歷盡八百多年的風雨滄桑，終於守到雲開日出的一天。也許這就是里加老城給我們最大的啟示：人不可以因為時代的艱辛而失去心中的柔情和希望。

Chapter
09
再闖非洲

尼拉貢戈火山口全貌

第一站　烏干達一瞥

2019年12月，老友許兄一聲召喚：「我們去看全世界獨一無二的火山熔岩湖和山地大猩猩吧！」聽聞我立刻打包啟程，第三次飛臨非洲大陸。火山熔岩湖和山地大猩猩都位於剛果民主共和國（Democratic Republic of the Congo，簡稱「民主剛果」[DR Congo]）的維龍加國家公園（Virunga National Park），在去民主剛果之前我先獨自去臨近的烏干達（Uganda）和盧安達（Rwanda）看看。這是繼2006年縱貫非洲大陸、2007年走訪北非之後，我第三次踏足非洲大陸。

雖然人類在烏干達的活動遺址至少可以追溯至西元前1000年，但對於其生活詳情，人們現在知之甚少。當19世紀阿拉伯人和歐洲人到來的時候，這裡有好幾個國家，這些國家大約建立於16世紀。其中烏干達王國是最大且最強的，外族的入侵很快導致境內爆發了基督教、天主教和伊斯蘭教信徒間的連年戰爭。1890年，英、德簽訂瓜分東非協議，烏干達劃為英國勢力範圍。1962年烏干達宣布獨立，但仍留在英國聯邦內。1971年，第三任烏干達總統阿敏（Idi Amin, 1925-2003）發動政變，在他的殘酷統治下，大約30萬烏干達人喪生。1979年，阿敏入侵鄰國坦尚尼亞（Tanzania），結果戰敗失去政權。現任總統約韋里·穆塞維尼（Yoweri Museveni, 1944-）於1986年開始執政至今。

飛赴烏干達途中，在衣索比亞（Ethiopia）首都阿迪斯阿貝巴（Addis Ababa）轉機，時逢太陽緩緩升起，一片金光灑滿這座非洲最重要的中轉樞紐。航站樓內人聲鼎沸，大部分是膚色深淺不同的黑人，少數西方觀光客，還有成群結隊的中國農民工，他們從這裡搭機去非洲各地。13年前，我曾在阿迪斯阿貝巴待過好幾天，貧窮混亂和骯髒是記憶的主流，這次雖然沒有走出機場，但俯瞰城市的相貌已經截然不同，進步是顯而易見的。

十二月第一個週五的上午，飛機降落烏干達，首先映入眼簾的自然就是

大名鼎鼎的烏干達恩德培（Entebbe）機場。向來沒沒無聞的恩德培國際機場在1976年七月一舉成名，當時一支巴勒斯坦（Palestine）游擊隊劫持法航噴氣客機來到這個機場，機上有著一百多個猶太人乘客。當時的烏干達獨裁者阿敏支持劫機者，於是一支以色列突擊隊被迅速組建，長途飛行4,800公里，突襲了恩德培國際機場，打死所有的恐怖分子，解救了全部的人質，還順便摧毀了阿敏空軍所有的米格飛機，創造了人類戰爭史上的奇蹟。幾十年的歲月變遷，當年以色列人創造歷史的航站樓早已被廢置，現在來往的遊客們使用的已經是近年新建的航站樓，唯有歷史的傳奇依然令人神往。

從恩德培機場到首都坎帕拉約40公里，計程車流暢地行駛在中國人新造的高速公路上，兩旁是鬱鬱蔥蔥的綠色植被，有些白牆紅瓦的房子散落其間，眼前的一切和發達國家並無兩樣，使人難以相信這就是貧窮落後的烏干達。

烏干達是「東非高原水鄉」，被人們稱為「非洲的明珠」，而首都坎帕拉（Kampala）則又被人們稱為「明珠中的明珠」。坎帕拉是東非歷史較悠久的城市，15世紀後，這裡是烏干達王國的都城。「坎帕拉」一詞在當地語的意思是「小羚羊之地」，據傳說原是烏干達國王放牧羊群的地方。坎帕拉臨近赤道，但因地勢較高，氣候並不炎熱。南部毗鄰世界第二大淡水湖維多利亞湖（Lake Victoria），城市由四十多個山頭組成，其中大山頭有七個，中間稍平，是市中心主要街道和商業區。市內樹木蔥鬱、景色秀麗，街道依山勢起伏而建，是非洲著名旅遊城市之一。

隨著計程車駛進坎帕拉，車流變得越來越擠，速度越來越慢。坎帕拉的交通堵塞舉世聞名，當大大小小的車輛擠成一團，舉步維艱之時，只有小摩托車可以在車縫之間左衝右突曲折前行。於是載人的出租摩托車大行其道，當地人稱之為「boda boda」，最多一美元的車資，就可以帶你去城市的任何一個角落。

城市的所有重要街口，boda boda招手就來。在任何偏僻的角落，通過Uber app訂車，最多三分鐘，一輛boda boda就會出現在你面前。坐在摩托車

的後座飛速前行，東非高原的涼爽清風迎面撲來，令人神清氣爽。

最有意思的是，每當交通堵塞時，boda boda必須左晃右彎，才能迅速穿行於緩慢移動的車陣之中。在下坡轉彎時，閃避其他車輛時，摩托車身更需要大幅度地向某一方向傾斜。這時作為乘客也必須隨之全身大幅擺動，來維持整車的平衡。隨後的幾天裡，我這一把老骨頭隨著boda boda左右扭動，動作之流暢，配合之默契，連自己都不敢置信。當我們兩人一車渾然一體，快速自如地穿行在坎帕拉的大街小巷，那時那刻，整個人彷彿又回到了二十來歲時，和小夥伴們一起競車追逐、賣弄自行車技的年代，而完全忘記自己已過花甲之年。接下來的三天時間裡，boda boda不僅帶我走遍坎帕拉主要的景點，還讓我老夫聊發少年狂，重溫了一把青春年少的不羈豪情。

初來乍到的第一印象，坎帕拉人人都會說英文，而且說得都不錯。城中的烏干達國王們的卡蘇比王陵（Kasubi Tombs）名列世界文化遺產，應該是遊客必到的景點，但幾年前火災毀損嚴重，至今還是沒有修復。於是格達費清真寺（Gaddafi Mosque）就當仁不讓地成了坎帕拉的第一景點。前利比亞（Libya）獨裁者格達費（Muammar Gaddafi, 1942-2011）已經死於非命好些年了，但他在坎帕拉老城區的中心留下了一座東非最大的清真寺。這座以「格達費」為名的清真寺高大雄偉，步入其中，巨大的圓頂上整齊地排列著彩色花窗，透進的陽光與柔和的燈光融合，在彩色地毯的襯映之下，給人一種柔美夢幻的感覺。整座清真寺坐落在市中心的最高點，登上宣禮塔，坎帕拉全城皆在腳下，放眼四周一目了然。

經過全球化強風幾十年的勁吹，坎帕拉的有錢人，可以坐在和倫敦、紐約沒有什麼區別的咖啡館裡，喝三美元一杯的咖啡。而下一個拐角的路邊攤上，只要3角美元就可以吃上一頓現攤麵餅加雞蛋素菜，輕鬆解決一餐主食。

作為旅行者，難免上一頓坐在豪華餐廳吃大菜，下一頓站在街邊啃麵餅。落後國家的豪華大餐，很少能與發達國家比肩。倒是普通民眾天天光顧的路邊攤更具有當地特色，有著與眾不同的地方風味，食之不但味道新奇膾

格達費清真寺

俯瞰坎帕拉

炙人口，還使人產生和當地民眾打成一片和腳踏實地的充實感。

　　一天之內，在兩種天差地別的環境中，享用兩種渾然不同的食品，由此帶來強烈的反差對比，常常給人一種時空錯亂的不真實感。正是通過這種不真實感，使旅行者對一個有血有肉的真實世界有了更深一層的切實瞭解。

　　雖然貧富差距懸殊，烏干達人並沒有喪失淳樸的天性，他們普遍熱情友好。漫步街頭不會像在南非那樣時時受到街旁歹徒惡狼般邪惡目光的掃射，倒有接連不斷的笑臉相迎和熱情招呼：「Hello, brother.（你好，兄弟。）」男人們習慣舉起右拳，和你的右拳正面輕輕相碰，以示親切。

　　坎帕拉位於東非大裂谷（Great Rift Valley），毗鄰維多利亞湖。維多利亞湖是非洲最大的湖泊，世界第二大淡水湖（僅次於北美五大湖中的蘇必略湖[Lake Superior]）。水域由烏干達、肯亞（Kenya）和坦尚尼亞所擁有。湖邊遍布城鎮村落，是世界上人口最為稠密的地區之一，也是尼羅河（Nile）的主要水源。尼羅河全長6,550公里，是世界上最長的河流。

　　距坎帕拉約80公里的金賈（Jinja）就是世界第一長河尼羅河的源頭之所在，當年要尋找的令人置信的河流源頭，就得找到噴湧不息的水流和氣泡，這是表明水來自地下最強有力的證據。根據歐洲探險家約翰·斯皮克（John Speke, 1827-1864）的說法，實際上尼羅河中有30%的水來自金賈鎮河流「源頭」的地下。

　　來到坎帕拉，尼羅河的源頭自然不可放過，但就是這區區80公里的路程擁擠不堪，巴士單程就花了三個半小時，來回所花的時間超過七個小時。站在金賈寬闊的河邊，大量的水泡從河底上浮，清澈的河水在眼前流淌，這些河水三個月之後將在埃及融入地中海。不禁想起孔子在川上曰：「逝者如斯夫，不舍晝夜。」這樣淺顯的道理，為什麼被他老人家一說就好像深奧了許多。

　　在坎帕拉流連了三天之後，週一搭乘巴士前往360公里外的卡巴萊（Kabale）。我曾提前一天去巴士車站打聽出發時間和班次詳情，一個西裝

革履的工作人員信誓旦旦地告訴我，每小時發一班車，頭班車早上五點鐘。為了避開上班高峰的擁擠時段，我早上五點就趕到車站，希望坐上頭班巴士。想不到一切還是非洲的老規矩，巴士得坐滿了人再發車，所謂的時刻表都是掩人耳目的虛招。實際上直到七點半，坐無虛席的巴士才上路。我早到唯一的好處是有幸坐在巴士最前一排的單人座椅，不但視野開闊，位置十分寬敞，還可以時不時和司機聊上幾句。

巴士在一陣緊一陣的雨中離開坎帕拉，透過淌著水的玻璃窗，坎帕拉的街景就好像是一幅幅出色的非洲風情畫，色彩飽滿、鮮活傳神。巴士沿著一條幾乎是全新的柏油馬路前行，司機告訴我這條路是中國人三年前完工的。和非洲其他地方一樣，這也是一條沒有任何限速牌的公路。沒有守法觀念的民族，有限速牌也是白搭，於是多一事不如少一事，還省了看板的費用。一路大大小小的車輛自行其是，還好大部分黑人心態平和，自有他們獨特的默契配合，這一路只看見一件事故，有兩輛車被撞毀。

因為人口稠密，大小城鎮密布。360公里的一流公路，走了七個多小時。這一帶地處東非高原，海拔1,000至2,000公尺，一年四季如春，雨水充沛，滿目蒼翠。但是，除了幾片香蕉園，屋前宅後有幾株稀稀拉拉的玉米、高粱，沒有看見其他更多莊稼地，就連一塊像樣的菜園也沒有看到。沿途可見許多人聚集在屋簷下無所事事，無論是哪裡的黑人，都是一副樂天知命活在當下的性情。他們對物質的欲望實在不高，卻因此也保住了那麼多青山綠水。

老天爺還是很幫忙，在卡巴萊下車後，天空就開始放晴了。一輛boda boda把我拉到本尼奧尼湖邊（Lake Bunyonyi），然後一條小船載我到其中一個名叫伊坦畢拉（Itambira）的小島。船行這一路山清水秀，頗有江南水鄉的味道，和車水馬龍、喧囂嘈雜的坎帕拉形成鮮明的對照。本尼奧尼湖比維多利亞湖小許多，但其景色異常秀美，在殖民時代就是白人度假的勝地。想想當年英國人的眼光和能力真是不一般，將世界上那麼多好地方收入囊中。

長途跋涉一天，到達目的地時又累又餓，洗漱完畢、吃飽喝足之後天已

經黑了。第二天一早起來逛逛，不免頓時有種驚豔的感覺。一棟棟木材、茅草結構的小屋，散落在山坡和湖邊，遠處山水飄渺，近處鳥語花香，世界上最窮的國家裡，居然還有這樣的地方，我有些不敢相信自己的眼睛。記得昨天服務人員說，這麼大一個度假莊園裡，包括我只有四個客人。世界很大，只要我們遠離洶湧的人流、跨出屬於自己的那一步，就能找到真正的世外桃源。

一隻漂亮的小鳥絲毫不怕人，在桌上跳來跳去，嘰嘰喳喳地陪我吃完了早餐。飯後徒步繞行了半個小島，長腰型的小島上有三個度假山莊，我住的那幢位於島中央。山莊都是茅草屋類型的旅舍，完美地保持了原始的風味。

淡淡的晨霧在寬闊的湖面漂浮，猶如大自然的神來之筆，使得畫面變得濃淡得宜、虛實相生。雖然身處在非洲腹地，眼前卻有了中國水墨畫的意趣，那是一種言有盡、意無窮的禪意。

有一些原住民散居在島上，路遇幾個原住民在整理幾株稀疏參差的高粱，和他們寒暄幾句，幫一個紅衣大叔照了張相，順便誇他一句：「你真是個強壯的漢子。」他指指自己的胸膛，「我們這裡強壯。」再指指我的腦袋，「你們這裡強壯。」他的語氣極其平淡，沒有一絲不甘，亦無任何調侃，就像我們有時陳述你比我高或者我比你瘦那樣，不帶絲毫偏見或嫉妒的感情色彩。

早就聽說本尼奧尼湖是觀鳥的勝地，漫步遊島處處可聞各色鳥鳴，最引人注意的是一座茅草屋頂上站立的一對漂亮灰冠鶴（*Balearica regulorum*）。早先飛機降落在恩德培機場時，就曾看見烏干達航空公司的飛機尾翼上，有著這種鳥兒的彩色圖案。灰冠鶴全身的羽毛色彩鮮豔，而其最動人之處還在於牠的頭部，那雙頰上有著一對炯炯有神的眼睛，雙鬢雪白，頷下有一團火紅的橢圓形垂肉。頭頂上，前額覆蓋著一團烏黑的絨球，柔軟光潔；後部聳立著一頂堅硬的鬃毛組成的錦冠，金光閃耀、酷似皇冠——所以灰冠鶴又有皇冠鳥的美名。灰冠鶴以美麗端莊的體態、能歌善舞的天性、從一而終的婚姻、長壽知往的閱歷在非洲的鳥類動物中出類拔萃，被推崇為烏干達的國鳥。

　　在伊坦畢拉島上度過悠閒的兩夜，週三早餐後坐小船離島，一輛摩托車將我送到二十多公里外的邊界，我離開了烏干達，前往盧安達。2006年縱貫非洲大陸時，我們就是沿著東部非洲一路向南，當時也不知怎麼就錯過了烏干達。此行發現這真是一個得天獨厚的美麗國家，氣候宜人、雨量充沛，處處青山綠水，人人會說英語。但是，無論城市還是鄉村，總可以看見無所事事的人群，懶散地聚焦在一起消磨時光，旁邊或是一地的垃圾，或是大塊大塊長滿了雜草的荒地。一方水土養一方人，每個民族最後總是以自己的方式和節奏生活著。

第二站　非洲的新加坡──盧安達

　　離開烏干達，跨過國境線進入盧安達。這些東非國家都在大力發展旅遊業，全力吸引外國遊客，所以不需要預先申請簽證，到了海關遞上美元現金，他們就蓋章放行，非常簡單方便。

　　行前就聽說盧安達是現在非洲發展最好的國家，有著「非洲的新加坡」之美譽。入境後發現果然名不虛傳，從邊境到首都吉佳利（Kigali，又譯「基加利」），公路兩旁和沿途小鎮都乾乾淨淨，和又髒又亂的烏干達有著天壤之別。盧安達不僅僅乾淨，經濟也顯而易見比烏干達發展得好，公路兩旁綿延十幾里的茶園十分壯觀，各種莊稼地和牧場都打理得井井有條。如果不是車裡車外都是黑人，有些不敢相信這是在非洲腹地。

　　坐在巴士裡看著四周青山綠水鬱鬱蔥蔥，遇到的黑人個個彬彬有禮，甚至沒有一個人高聲說話。又有誰能夠相信僅僅二十多年前，慘絕人寰的種族大屠殺就發生在這片美麗的土地上。1994年，盧安達內亂，胡圖族（Hutu）

大肆屠殺圖西族（Tutsi），一時間全國城鄉處處殺戮如麻，一片腥風血雨。在短短三個月的時間內，117萬人罹難，這個數字相當於盧安達當時總人口的八分之一，同時還有200萬難民流離失所。

盧安達號稱「千山之國」，就連首都吉佳利也是沒有三尺平地，每條道路都是左彎右旋上下起伏。盧安達的地形是這樣，其國運更是變動劇烈，看得世人心慌氣急、眼花繚亂。25年前的大屠殺讓這個國家墮入人間地獄，但經過短短二十多年的勵精圖治，這個瀕臨毀滅的非洲內陸小國已經成為非洲大陸一顆最耀眼的明星，讓世人刮目相看。

當天中午到達盧安達首都吉佳利，下榻Hotel des Mille Collines，法語的意思是「千山飯店」。盧安達之前曾是比利時（Belgium）殖民地，比利時航空公司在1973年建造了這座有112個房間的豪華飯店，在上世紀70年代，這裡可是吉佳利市中心最豪華的頂級飯店。盧安達大屠殺期間，世界各大強國個個袖手旁觀，美國忙著和聯合國扯皮，就為了誰出裝甲車的油錢，全世界到處一片沉默。唯有這家豪華飯店的黑人經理挺身而出，他四處周旋，一邊賄賂叛軍首領，一邊嚇唬他，說：「美國間諜衛星已經把一切都記錄下來了，你應該做些善事以保全自己。」就這樣，在飯店這塊彈丸之地奇蹟般地救下了1,268人。根據這段史實，由加拿大（Canada）、義大利、英國與南非（South Africa）四國合拍了影片《盧安達飯店》（*Hotel Rwanda*, 2004），電影也是在這家飯店取景，這家飯店就此享譽世界，更成為盧安達最重要的人文景觀。

第二天早上站在位於三樓的旅館陽臺望出去，滿城大霧，什麼也看不見，也許吉佳利感到羞愧了，因為霧下曾經處處都是殺戮的刑場，多少無辜的生命在瞬間被奪去。濃密的大霧，不經意掩飾了時光的演化。歷史的悲劇記憶，彷彿仍曖昧地在空氣中流動。碧藍的泳池水波蕩漾，誰又能想到當年擠在旅館裡的一千多名難民，就是靠這池水解渴維生。旅館工作人員滿面笑容、服務周到，雖然從眼眸沒有流露情愫，相信不堪的歷史並沒有被遺忘，只是被埋藏在內心的最深處。

盧安達的吉佳利大屠殺紀念館（Kigali Genocide Memorial Centre），規模和品質均可以與紐約的九一一國家紀念博物館（National September 11 Memorial & Museum，又稱為「九一一事件紀念館」）比肩。這是一個兩層的白色樓房，底樓用文字、圖片、影片和實物，展示了1994年發生在盧安達全國的種族屠殺，以及其來龍去脈。紀念館的說法是比利時殖民者埋下的禍根，19世紀比利時人任用占人口只有15%的圖西族人，讓他們做領導階級，同時享有各項特權。日久天長，終於遭致占人口絕大多數的胡圖族的嫉恨，而這種嫉恨最後以大屠殺的形式而澈底爆發。

參觀了這個紀念館才知道，屠殺行動結束後，暴力並未因此遠離盧安達。胡圖族政權倒臺後，約200萬胡圖人逃往薩伊（Zaire，也就是後來的剛果民主共和國）。1996年，盧安達領導的多國部隊入侵薩伊，推翻了支持胡圖人的莫布杜（Mobutu）政權。1998年，剛果民主共和國新政府與盧安達、烏干達等國再生衝突，戰火綿延至2003年。這兩場戰爭被稱為第一次和第二次剛果戰爭，也因交戰國之多被稱為「非洲的世界大戰」，數百萬人在戰爭中喪生。

二樓用文字和圖片形式，展示了發生在世界其他地方的種族屠殺：德國殖民者在納米比亞（Namibia）屠殺土著、納粹（Nazi）屠殺猶太人、南斯拉夫（Yugoslavia）解體時的種族屠殺、柬埔寨的大清洗等。一樁樁慘案，一場場屠殺，無不觸目驚心，令人毛骨悚然。然而，無情的事實是：陳列出來的這些屠殺，只是人類歷史中極小的一個部分。人類嗜血的動物本能，使得我們一路走來血跡斑斑。

吉佳利大屠殺紀念館不僅僅是一個紀念館，還是一個巨大的墓地。在白色樓房的背後，有著一塊塊長方形的鋼筋水泥，這下面埋著大屠殺後，在吉佳利一地收殮了約25萬人的屍骨，這樣的萬人坑在全國各地還有許多處。

吉佳利大屠殺紀念館可以說是盧安達的頭號景點，一個國家的頭號景點是一座大屠殺紀念館，這在全世界都是絕無僅有的。雖然盧安達是一個彈丸

小國，但他們真誠地在世人面前袒露自己的傷口和恥辱，只是為了提醒後人，警戒來者。這份胸懷，這種境界，是有些所謂文明大國所望塵莫及的。

　　吉佳利在大屠殺之後，人口急遽減少。經過政府二十多年的勵精圖治，現在人口已經超過120萬，發展速度可謂驚人。因為盧安達沒有天然資源，沒有工業基礎，沒有出海口，財政緊張，政府難為無米之炊，面臨極大挑戰。對此盧安達政府別出心裁，很早就將綠色城市列為施政的重要組成部分，早在2008年就在全國禁用一切塑膠袋，更要求所有市民每個週六上午清理垃圾、打掃衛生。短短二十多年的時間，一個煥然一新的吉佳利出現在了世人的面前。

　　今天吉佳利不僅僅是非洲最乾淨的城市，還是治安最好的所在，並在2008年成為非洲首個獲得「聯合國人居署榮譽獎」的城市。不但居民可以安居樂業，遊客也可以放心大膽地在城市各處觀光，就是在入夜天黑之後，市中心還是人來人往、熱鬧非凡。這幾天更是張燈結綵，處處洋溢著聖誕的歡樂氣氛。非洲的大城市裡，旅遊者天黑之後還可以提著相機到處閒逛的，除了吉佳利，我真不知道哪裡還有這樣的福利。

　　乾淨的街道、良好的治安、友好的市民和英語的普及，吸引到越來越多的外國遊客和海外投資，甚至美國的卡內基美隆大學（Carnegie Mellon University）也來這裡投資辦學，漸漸形成一種良性的互動。說到海外投資，就不得不提到位於市中心的一幢嶄新的土黃色大樓，大樓的底層是各色商鋪；第二和第三層是今天盧安達最大的超市，從日用百貨到五金工具應有盡有，頂層是可以眺望全市風景的中餐廳，旁邊是豪華旅館，而這一切產業的主人是一個低調的中國人。當地人說此人在大屠殺後的第二年就來吉佳利，從做小生意開始，和城市一起發展，慢慢地創下這麼大規模的家業。我在吉佳利的最後兩天，搬入此人所開的2000 Hotel，房間大，設備新而且全，窗外風景一流，而且對華人有20%的折扣。

　　經濟的發展和安定的生活，必然帶來文化和藝術的芬芳。和其他非洲城

市不同，這裡有著更多的美術館和畫廊，不僅僅是盧安達的藝術家們在這裡創作和展示自己的作品，還吸引了其他非洲國家的藝術家，甚至有生活在西方國家的非裔藝術家來落戶。許多作品手筆不凡，令人印象深刻。

　　隨著城市的發展和中產階級的興起，吉佳利有著許多特色餐館。其中最令人印象深刻的是久負盛名的餐館Repub Lounge，這裡不僅僅提供精工細作的地方風味菜餚。整個餐館居高臨下，可以俯瞰開闊的城市風景。內部裝修別具一格，充滿了黑非洲悠遠和神祕的氣息，還彷彿帶著一絲若隱若現的禪意。一家真正一流的餐館，總能在滿足你口舌之欲的同時，還能讓你得到一些精神上的享受。

▌盧安達的青山綠水

　　短短二十多年的時間，盧安達從一個深陷屠殺和內戰的國家，搖身一變成為非洲最乾淨、最安全和最生機勃勃的國家，這樣的奇蹟驚呆了全世界所有的國家。事實上這個世界沒有無源之水、無本之木，盧安達能夠取得如此傲人的成績，必然有著特定的內外原因。據我短暫的觀察，在盧安達可以看到在非洲其他地方沒有的紀律和效率：所有的摩托車手無一例外帶著頭盔，路上所有的車輛都嚴格按照限速駕駛，在人行橫道線前給人讓路。記得讀過經濟學家林毅夫（1952-）的文章，他說去其他非洲國家開會，往往預定上午九點，但到中午人都不會到齊；只有在盧安達，說九點開會，結果8點45分就上至總統、下至所有工作人員統統到齊。正是有了這樣的紀律和效率，搞現代化建設才有了可能，國家也才有了蒸蒸日上的風貌。盧安達總統卡加米（Paul Kagame, 1957- ）是怎樣做到這一點，這應該是另一個非常有趣的故事。

第三站　勇闖民主剛果：觀賞大猩猩，攀登活火山

　　2019年九月分，曾和我一起縱貫非洲大陸四萬里的老友許兄找到我，問道：「年底一起去剛果看看如何？」他隨即發來了尼拉貢戈（Nyiragongo）火山口熔岩湖的影片，煙霧滾滾、血色瀰漫的火山口中那通紅的岩漿上下翻滾，還不時發出低沉的隆隆聲響，大自然不可抗拒的美和那種神祕的力量瞬間就打動了我的心。「好，我們一起去。」我立刻就答應了下來。

　　剛果民主共和國是一個怎樣的地方？《孤獨星球》是這樣說的：剛果與其說是一個完整的國家，不如說是一個地理概念，剛果是一口沸騰的大鍋，有著覆蓋了成片雨林的狂野荒原，其間點綴著浩瀚的江河和吞雲吐霧的火山。由於金夏沙（Kinshasa，又譯「金沙薩」）中央政府所造成的近乎無法

控制的局勢，只有最勇敢的旅行者才敢於探索這個國家。

　　剛果民主共和國的國土面積世界第十一位，自然資源極其豐富，卻是世界最貧困的國家之一。上世紀先後兩次大規模的戰爭澈底摧毀了這個國家的元氣，尤其是第二次剛果戰爭，因為這場戰爭涉及了九個非洲國家和二十來個武裝勢力，所以又被稱為非洲的世界大戰。儘管在2003年簽署了和平協定，但戰鬥在民主剛果東部地區依然沒有完全止息。戰爭和戰爭引起的貧困，已經造成至少540萬人死亡。而世界列強坐山觀虎鬥，他們兩面下注，只顧販售武器掙錢，沒人願意涉足其中。東西媒體則難得口徑一致閉口不談，使之成為一場沉默和被世人遺忘的戰爭，以至於在世界範圍很少有人知道非洲這場歷時多年的血腥戰爭。

　　然而，最令人望而卻步的還不是軍閥割據、叛軍肆虐和極度貧困，而是伊波拉病毒（Ebolavirus，又譯「埃博拉病毒」）氾濫，根據聯合國衛生組織發布的資料，2019年民主剛果已經有2,200人為之喪生。許兄和我都是不折不扣的發燒驢友，越是困難的地方，越是能夠激起我們挑戰的激情。但是，我們從來不會輕率莽撞地亂闖胡來，以至於讓自己落入不堪的境地。每次旅程都經過認真細緻地收集資料，精心周密地計畫行程，審時度勢地安排進退，這應該就是我們能夠安然無恙地走遍五大洲一百多個國家的護身法寶。鑑於民主剛果危險的現狀，我們放棄了穿過整個國家拜訪首都金夏沙和蕩槳剛果河（Congo River）的最初設想，而是將目光集中在維龍加國家公園。

　　12月13日，許兄從加拿大飛抵盧安達首都吉佳利，來到位於市中心的2000 Hotel和我會合。老友相逢分外喜悅，13年前我們兩人攜手縱貫非洲大陸4萬里，13年後再次聯手闖關民主剛果。14日上午，巴士沿著美麗的盤山公路將我們送到盧安達和民主剛果的交界處。在兩國共用的海關大樓裡，設有維加龍國家公園的辦事處。在辦事處等齊了同行的一對美國小夫妻、一個墨西哥（Mexico）和一個波蘭姑娘——兩個姑娘是在民主剛果工作的聯合國雇員，忙裡偷閒出來遊玩。兩輛四輪驅動的吉普車載著我們駛入哥馬市

（Goma，又譯「果瑪」）。

緊鄰國境線的哥馬是民主剛果的第四大城市。我們一路經過世界衛生組織的三個體溫測量點，很快來到哥馬市中心。這裡才是原汁原味如假包換的真正黑非洲：污水滿地、處處垃圾、人潮擁擠、車流混雜……。在街上到處可以看到一種貌似自行車，卻具有滑板功能的木車，這種車被當地人稱為「chukudu」，車身約2公尺，前高後低，前把手相當寬大，駕手使用單腳滑行，只要維持平衡就可以載貨上百公斤，這種不需要燃料的運載工具在民主剛果城鄉得到普遍的運用，成為一道獨特的景觀。

我們在又髒又亂鬧哄哄的哥馬市區中心停留片刻，和一輛載著7名身著草綠色制服、手持AK47衝鋒槍全副武裝戰士的軍用吉普會合，一起直驅世界自然遺產——偉大的維龍加國家公園。由於民主剛果國內局勢的不穩定，維龍加國家公園從1996年至今，已有140位護林員殉職，2018年兩個英國遊客被綁架，更是導致整個國家公園被關閉了半年多，這就是為什麼我們一進民主剛果，就受到如此慎重的保護。

3輛汽車很快就離開城市，駛上坑坑窪窪的土路。穿過叢林和荒野，經過人口稠密的村莊。成群結隊的孩子們看見我們興奮異常，在路邊歡呼雀躍。最後車子停靠在位於叢林深處一個山坡頂部的遊客中心。

國家公園中的遊客中心由一座茅草屋結構的大堂，和12座獨立的豪華帳篷組成。吃完美味的三道菜晚餐，回到帳篷裡洗完熱水澡，在鋪了亞麻布床單的床上躺下，將ipad接上Wi-Fi，打開微信……，這時候自己都有些迷糊了，我真是在當今世界最偏僻、最危險、最落後、每天有人感染伊波拉病毒而死亡、上星期叛軍剛剛襲擊世界衛生組織駐地機構、人人聞風喪膽的民主剛果嗎？

第二天上午八點，我們看大猩猩的團隊出發。為了保護山地大猩猩不受驚擾，國家公園規定每個大猩猩家族每天只允許五個遊客接近，於是我們六個遊客被分成了兩隊，分別去看兩個不同的大猩猩家族。我和許兄，加上一

對美國小夫妻，一起去看一個有著25個成員的大猩猩家族。同行的是五個護林員，其中兩人各持一把AK47衝鋒槍，另外三個人每人手持約一公尺長的砍刀。

　　山地大猩猩僅僅生活在民主剛果、盧安達和烏干達三國交界的山區地帶，屬於世界瀕危物種之一。到了1981年，因為當地農民的開荒和大規模地盜獵，山地大猩猩的數量剩下大約只有250隻，是比大熊貓還要珍稀的物種。在國際社會和當地政府的鼎力合作下，通過二十多年的努力，世界自然基金會2018年宣布，嚴重瀕臨滅絕的山地大猩猩數量已經超過1,000隻。目前，全世界只有3個地方可以正式組織追蹤和觀賞山地大猩猩：盧安達的火山國家公園、剛果民主共和國的維龍加國家公園和烏干達的布溫迪國家公園（Bwindi Impenetrable National Park）。

▌ 非洲山地大猩猩

　　我們離開位於海拔2,200公尺的住地，一頭扎進茂密的非洲叢林，高一腳低一腳地向上攀登。30分鐘不到就幾乎全身濕透了，下身的褲子被低矮灌木樹葉上的露水打濕，上身的汗衫被自己的汗水滲透。我們幾乎完全不停息地走了約兩個小時，來到2,650公尺的海拔高度。就在我和許兄都氣喘吁吁、上氣不接下氣、開始懷疑自己還能走多遠時，走在最前面的護林員舉起手中砍刀，他低聲喝道：「肅靜！」山地大猩猩貝拉克家族就在前面。

　　首先出現在視野中的是一隻雌性大猩猩，她正坐在地上無所事事。粗壯的四肢、厚實的身軀令人印象深刻。一身黑色毛髮非常順滑服貼，看起來「質感」極強。她的聳眉骨和低額骨、凹眼睛和大鼻孔非常有特點，不知是面相問題還是真的神情嚴肅，似乎全身緊繃地透出一股警告意味，又似乎一臉悲憫地瞧著眼前人。

　　因為每天有遊客去看大猩猩，這些大猩猩對人類的出現已經司空見慣，牠們對我們完全是一副視若無睹的樣子。由於山地大猩猩高達2公尺的龐大體型，加上許多金剛人猿電影中凶猛的印象，大猩猩常常被誤認為狂野和危險的野獸。實際上大猩猩是一種非常溫順、食素的動物。我們悄悄地走到離牠約五公尺的地方，發現在強悍凶猛的外表之下，大猩猩有著一雙顧盼生輝、充滿智慧的小眼睛。四目交投的那一剎那，我心跳如鼓。在牠乾乾淨淨的眼神裡，我看到了毫不設防的純真無邪，還有那明朗靜謐的寧靜安詳。

　　護林員帶著我們悄悄地走進大猩猩的領地，慢慢地將一個大猩猩家族的生活場景展開在我們面前。和原來想像的不一樣，一個大猩猩家族並不是那樣緊密地聚集在一起，而是分散在500平方公尺範圍內，牠們有的在自顧自進食，有的躺在地上偷閒，有的獨自坐著沉思冥想，有的爬到樹上玩耍。總的來說，大猩猩以獨自活動為主，每隻成年大猩猩都在做著自己的事情，牠們明顯有自己的獨立性，享受著獨處的時光，而不像猴子那樣總是親熱地打鬧在一起。而沒有成年的小猩猩則更多的是兩到三隻聚在一起嬉戲打鬧。

　　開放觀賞大猩猩的一個多小時轉眼就過去了，我們很快地走在返程的路

上，這時人人沉默無語，山地大猩猩家族的和諧社會令人感動，這是一個沒有血腥爭鬥、沒有爾虞我詐、沒有食物匱乏的地方，一個充滿了愛和溫情的世外桃源。

　　叢林還是一樣地茂密，氣溫比早晨還要高一些，不過下山畢竟比上山容易許多，我們走得十分輕鬆。山地大猩猩的形像依然在腦際盤旋，平時我們在動物園看動物，自有一種莫名的特權和優越感，然而當你在非洲叢林近距離面對這些自由的生靈，就會自然而然產生平等的視角，從心靈深處湧現對這種動物無限的慈愛和親切。大家在內心暗暗祝福這些充滿靈性的動物能夠不受干擾，繼續在這片土地上自由地繁衍生息。

　　站在遊客中心大堂前的臺階上，遠眺維龍加山脈的峰巒疊嶂，猶如巨人般聳立在雲霧之中。八座火山蔓延近80公里，其中六座火山分成兩組，每組三座，都是沉寂已久的死火山。另外有兩座活火山相挨著聳立在山脈的一端，一直躍躍欲試，伺機噴發。我們要去的尼拉貢戈火山就是正前方最高大的那一座，尼拉貢戈火山高3,470公尺，火山口直徑1,000公尺，深約250公尺，底部的熔岩湖是當今世界上最為完整、巨大和壯觀的熔岩湖，被稱為魔鬼的熔爐，通往地球中心的入口。

　　尼拉貢戈火山於1948年、1972年、1975年、1977，1986和2002年都發生過猛烈噴發。其中，1977年1月的火山噴發時，火山錐周圍裂開了五個口子，溢出的炙熱熔岩向下洶湧奔流，所經之處，無不摧毀殆盡，近半小時內就造成約2,000人死亡。2002年1月的爆發，更是造成50萬人無家可歸。有科學家說，尼拉貢戈火山是今天世界上最危險的一座火山，位於山下的城市哥馬重蹈龐貝（Pompeii，又譯「龐培」）古城的覆轍是遲早的事。

　　當天晚上天空晴朗，尼拉貢戈火山的身影在夜空的襯托之下，顯得尤為高大。山頭熔岩湖的紅光直沖夜空，非常壯觀。將手機放在小三腳架上，用25秒的慢門拍攝，居然拍出火山爆發一樣的效果，令人驚喜異常。旁邊的公園工作人員看到，一定要我把這張照片轉給他。他說自己在這兒工作許多

年，從來沒有看到過這樣效果的照片。

　　12月16日早飯後，七個全副武裝的護林員將我們和一對美國小夫妻護送到火山腳下，那裡有一對瑞士小夫妻、一對俄國中年夫妻、一個匈牙利（Hungary）男青年、一個葡萄牙（Portugal）女青年也在等著上山。於是我們10個遊客組成一個上山的團體。

　　上午十點，十位遊客、五個全副武裝的護林員和七名攜帶飲用水和物資的挑夫組成隊伍出發了。起點海拔1,980公尺，目的地火山口海拔3,470公尺。在海拔2,000公尺左右天氣還非常悶熱，走了30分鐘就汗流浹背，好在領隊的護林員非常有經驗，每走45分鐘就休息15分鐘。

　　整支隊伍持續不斷地提升高度，一步步向著火山口挺近。登山步道由鋒利的火山熔岩碎石鋪就，不算難走。不巧的是我和許兄都有一隻靴子的鞋底脫膠，大概這種事情在登山中經常發生，領隊竟然帶有專門的塑膠扣帶，給我們捆紮一下，居然立刻解決了問題，使我們這兩個花甲老漢不會因為鞋子的問題而脫隊。

　　從下午兩點開始，步道就變得非常陡峭，海拔高度估計超過3,000公尺，加上這時體力已經消耗許多，我們明顯感到心慌氣急，邁出每一步都得全力以赴。好事多磨，想不到老天爺也突然變臉，伴隨著電閃雷鳴，大雨夾雜著冰雹劈頭蓋臉砸下。雖然我們每人都配備著雨衣，但在雨中登山無疑更加困難。還好大雨下了半個小時就停了，雲開日出使得我們攀登的最後階段不至於過於狼狽。

　　海拔越來越高，山勢越走越陡，氣溫越降越低，風景越來越好，空氣越來越稀薄，體力卻越來越下降。我們使出九牛二虎之力，逼出身體最後的潛能，總算勉強能夠跟上這幫洋人青年的腳步，下午四點鐘終於隨著大家一起登頂。我和許兄幾乎同步搶進小木屋，在床上放平自己疲憊不堪的身軀，一動也不想動了，真的太累了！

　　略微恢復元氣後，我們就迫不及待來到火山口，朝裡面一望，所有旅途

尼拉貢戈火山

火山熔岩湖

的勞累、爬山的辛苦頓時煙消雲散。眼前就是當今世界最大的火山熔岩湖，正圓形的湖面上，火紅的熔岩不停地起伏湧動，一股股的湧浪此起彼伏，發出低沉的轟鳴，噴發出濃煙滾滾。熔岩湖旁邊還有一個小火山口，不斷噴發著岩漿，噴出的熔岩匯聚成河，一條紅色的岩漿小河慢慢地向前流淌，這一切蔚為奇觀，處處散發著難以言喻的魔力，那時那刻使人感到自己彷彿處於一個夢幻般的未知世界。

尼拉貢戈火山熔岩湖由2002年火山噴發造就，這個才僅僅17歲的熔岩湖完美無缺，憑著自己風華正茂、光彩照人的曠世奇觀，吸引著全世界真正喜歡旅行的人。而曾經名騷一時的衣索比亞的爾塔阿雷火山（Erta Ale）熔岩湖卻已經澈底沒落，只剩下陣陣煙霧和微弱的紅光。和上庫曼的地獄之門不同，這個火山熔岩湖並不給人帶來任何邪惡的感覺。看著近在咫尺的熔岩湖，和魔鬼完全掛不上號，感受到的只有赤忱的熱情和無敵的力量。我覺得它更像地球的肚臍眼，地球最本源的力量在這裡「小荷才露尖尖角」，向我們展示了它的一絲真正面目。正是這種力量，造就了今天的地球，並將繼續掌控和改造著地球。

國家公園安排有隨行的專職廚師，我們在簡陋的棚屋中吃完色香味俱全的三道菜晚飯，再次走回火山口。這時天已經完全黑了，氣溫明顯下降。火山熔岩湖閃爍著紅光，色彩顯得更加明亮和通透。上下翻騰的熔漿不斷地飛濺到空中，帶著陣陣熱浪撲面而來。面對大自然的本源力量，讓人感到自身的渺小和卑微，我們不由自主地產生一種頂禮膜拜的衝動，而內心的歡樂和滿足難以名狀。這是一種令人返老還童的快感，使你超脫塵世的猥瑣和虛榮，安享神聖的靜謐與祥和。

在山頂小屋一覺睡到天亮，迎來的是一個晴朗的早晨，空氣中瀰漫著露珠的涼意，山腳下的基伍湖（Lake Kivu）一望無際，哥馬市的房屋猶如成片的纖細的小花散落在濃綠色的植被上，彷彿構成一幅動人的圖案。當天中午時分，全副武裝的護林員已經將我們送達邊境海關，四天三夜的維龍加國家

公園之行順利圓滿。連續三天的高強度徒步和爬山，時而跋涉在泥濘不堪的爛泥地裡，時而腳踩尖刺鋒利的火山碎石，我們每人走爛一雙鞋子，腳底磨出了水泡，身體都有些疲勞，精神卻異常地亢奮，內心無比地滿足。儘管不知道發源於非洲大陸的人類祖先們和山地大猩猩有過什麼交往，尼拉貢戈火山是從什麼時候開始噴發的，而它們神祕的命運、高貴的形象，無窮的魅力已經和我們的人生有機地交織在一起，永遠留在了我們的記憶之中。

第四站 安哥拉見聞

安哥拉（Angola）是我們2019年非洲之行的最後一站，乘坐非洲最佳航空公司衣索比亞航空公司（Ethiopian Airlines）飛機，於十二月中旬抵達安哥拉首都魯安達（Luanda）。

安哥拉位於非洲西南部。北鄰剛果共和國和剛果民主共和國，東接尚比亞（Zambia，又譯「贊比亞」），南連納米比亞，西瀕大西洋，海岸線長1,650公里。安哥拉歷史上曾分屬剛果、恩東戈（Ndongo）、馬塔姆巴（Matamba）和隆達（Lunda）四個王國。1482年，葡萄牙殖民者船隊首次抵達，安哥拉被劃為葡萄牙殖民地。從20世紀的50年代起，安哥拉先後成立了安人運、安解陣和安盟三個民族組織[1]，並於60年代相繼開展爭取民族獨立

---

[1] 安人運（MPLA），全稱「安哥拉人民解放運動」（葡萄牙語：Movimento Popular de Libertação de Angola）。安解陣（FNLA），全稱「安哥拉民族解放陣線」（葡萄牙語：Frente Nacional de Libertação de Angola）。安盟（UNITA），全稱「爭取安哥拉徹底獨立全國聯盟」（葡萄牙語：União Nacional Para a Independência Total de Angola）。

┃　帕拉西奧德費羅（Palácio de Ferro，為「鐵官殿」之意）

　　的武裝鬥爭。1975年安哥拉宣布獨立，由蘇聯支持的安人運和由美國、南非政府支持的安盟對立衝突，很快演變成全國性內戰。經過長達27年的內戰，2002年安盟領導人薩文比（Jonas Savimbi, 1934-2002）戰死，同年安哥拉實現全面和平，進入戰後恢復與重建時期。

　　安哥拉地大物博、國土富饒，沿岸共蘊藏了超過131億桶的石油，內陸也有出產鑽石。實現和平後，安哥拉國力因石油生產而快速成長，豐富的

石油儲備更吸引世界各國蜂擁前來投資，世界最大的管理諮詢公司「美世」（Mercer, 1975）於2017年在五大洲209個城市進行的調查結果顯示：魯安達超越東京（Tokyo），成為全世界最昂貴的城市。

　　安哥拉是全球貧窮的國家之一，70%的安哥拉居民每日生活費僅僅2美元。然而，其首都魯安達卻是全球生活指數最高的城市，物價貴得驚人，在魯安達租一套100平方公尺左右的三房格局，月租金高達一萬兩千美元，超市裡蔬菜、水果、肉類的價格和發達國家不相上下，也不知這裡的窮人如何生存。這種任何人都難以想像的情況，卻成了眼前無情的現實。呼嘯而過的警車、銀行和超市門前手持衝鋒槍的警衛、居民樓的門窗都安裝著鐵欄杆……，無時無刻不在提醒著我們，這座看似光鮮漂亮的城市，有著極其黑暗和危險的一面。

　　在世界上任何貧窮的國家中，都可以輕易地看見豪華和奢侈。魯安達海灣邊旅館和餐館的裝潢和布置，和倫敦、紐約等西方大城市沒有絲毫區別，而且它們常常和沒有水、沒有電的貧民窟僅有一街之隔。讓一部分人先富起來，以及和發達世界接軌，這兩件事情都是不需要提倡的。獨立讓這些前殖民地的精英們和原宗主國的權貴們平起平坐，他們掌權後做得最起勁的就是這兩件事情。而其餘90%的百姓生活如故（如果有幸沒有變得更差）。

　　受葡萄牙殖民的影響，大部分安哥拉人信奉天主教。參觀了魯安達三所最古老的天主教堂：聖母救贖教堂（Igreja Nossa Senhora dos Remedios），始建於1628年，巴洛克建築風格，當時是魯安達羅馬天主教大主教所在地，也是魯安達最古老和保存最完好的天主教堂之一。另外兩所分別建於1655年和1664年，均古樸典雅。雖是週五，但三所教堂中都有信徒在誦經詠詩。

　　黃色的帕拉西奧德費羅（Palácio de Ferro，為「鐵宮殿」之意）是首都魯安達最有名的一棟歷史建築，該座不算高大的兩層樓房，是由巴黎（Paris）艾菲爾鐵塔（Tour Eiffel）和紐約自由女神像（Statue of Liberty）的設計師古斯塔夫・艾菲爾（Gustave Eiffel, 1832-1923）設計和建造。

　　由於沒有確鑿的官方紀錄，因此該建築的詳細歷史仍籠罩在神祕之中。據說它是1890年在法國預建的，原計畫安放在馬達加斯加（Madagascar）。然而，在遭遇一場離奇的風暴之後，運輸該建築的船擱淺於安哥拉的骷髏海岸（Skeleton Coast），葡萄牙殖民地當局不客氣地將該船及其所有物品統統收入自己囊中，隨後將其建在魯安達市中心。

　　在葡萄牙時代，這座建築享有極高的聲望，並被用作藝術中心。然而在安哥拉獨立後，這座宮殿被遺忘了，周邊地區最終變成停車場。在安哥拉內

▌軍事博物館的炮臺

戰期間，它也受到嚴重破壞。安哥拉恢復和平後，政府利用透過石油所賺的錢針對這座建築進行全面翻修，許多腐爛、損壞的鐵製欄杆和地磚甚至被送到巴西（Brazil）里約熱內盧（Rio de Janeiro）進行翻新或者複製。現在，它已成為這座城市重生的象徵。

安哥拉軍事博物館（Museum of the Armed Forces, Angola）是魯安達市的最佳觀景點，登上城堡，可以遠眺魯安達灣（Luandy Bay），俯瞰海濱大道，並可觀賞海天一色的景致。軍事博物館由古老的聖米格爾堡壘（Fortress of São Miguel）改建而成。魯安達是由葡萄牙人保羅迪亞斯・諾維斯（Paulo Dias de Novais, 1510-1589）在1575年建造的。一年後，他又建造了聖米格爾堡，建造城堡的目的無疑是保衛魯安達。同時這個堡壘還是西非奴隸的最主要起運地，在好幾個世紀的時間裡，地下通道從城堡一直通到海灣，奴隸們就是在那裡踏上了他們的不歸之路。安哥拉的販奴現象要比第一批安哥拉奴隸抵達維吉尼亞殖民地（Colony of Virginia）早了100年，1570年葡萄牙人開始販運非洲奴隸至美洲，到了1630年，非洲人取代圖帕尼人成為巴西糖料種植園上的最大勞動力。即便是英國在1833年廢除了販奴貿易，但這種貿易並沒有停止。直到1888年，隨著巴西立法廢除奴隸制度，葡萄牙人販買和使用奴隸才澈底終結。

當年博物館的改建工程是在蘇聯的援助之下完成的，其布局和宣傳畫有著濃烈的蘇式味道，館外廣場上擺放著飛機、坦克、大炮等重型裝備，館內院中還保存有葡萄牙殖民時期鑄造的葡萄牙國王、總督和著名詩人賈梅士（Luís Camões, 1524-1580，又譯「卡蒙斯」）等人的銅像，館中陳列著安哥拉各個歷史時期遺留下來的各色武器，內容十分豐富。

安哥拉是葡萄牙殖民地，魯安達最著名的餐廳自然是以葡萄牙菜餚作為招牌。來到大西洋邊，那一定得嚐嚐大名鼎鼎的大西洋鱈魚。說來也巧，葡萄牙最鍾情的美食就是鱈魚，據說葡萄牙有1,001種鱈魚做法，可以想像他們對於鱈魚的情有獨鍾。烤鱈魚、鱈魚馬鈴薯燴、奶油鱈魚、鱈魚肉餅……，

如果一個葡萄牙人告訴你：「給我一條鱈魚，我可以做出365種味道，天天不重複。」他一定不是在吹牛！我們要了蒜烤鱈魚，果然烤得火候恰當好處，魚肉香味撲鼻，入口酥而不爛。

離開燈紅酒綠、危機四伏的魯安達，驅車跨越安哥拉的母親河，970公里長的廣薩河（Cuanza River），直驅基薩馬（Quiçama）國家公園。西非國家看著東非國家憑著野生動物賺得盆滿缽滿，忍不住也想依樣畫葫蘆，但引進的動物畢竟有些水土不服，加上安哥拉治安太差，導致遊客太少，以致所謂的國家公園完全是一副潦倒的模樣，除了在前往的路上看到一群猴子，其他一無所獲。倒是這一路綠色叢林鬱鬱蔥蔥，富含西非風味，植被和東非平原完全不同。如果從衛星上看下來，綠色的植被伸展至南方的納米比亞就終結了，被綿延千里的納米比亞沙漠所取代。

「月亮灣」（Miradouro da Lua）號稱安哥拉第一景觀。橙色的山崖和藍色的大西洋行程鮮明對比。海邊崖壁經數千萬年風雨侵蝕而成的石柱型態生動，橙紅炫麗。近看如波濤起伏，遠看如威嚴軍陣，讓人不得不感嘆大自然的鬼斧神工。月亮灣特殊的地質地貌和美國布萊斯（Bryce）峽谷國家公園有著那麼一點相似的韻味，造就了西非海岸無與倫比的觀景體驗，這裡還是眾多影視作品的取景地，每年都會吸引著大量的遊客造訪。但就是這樣一個景點，居然沿路沒有任何指示路牌，要是沒有Google衛星地圖導航，又有誰能夠找得到？

驅車回城的路上，看到一場前所未見的耶誕節銷售浪潮。無數的小商販們，頭戴聖誕帽，帶著形形色色的小商品，在大街上如水銀瀉地般鋪開。每逢紅燈或交通堵塞而停車時，就會有好幾個小販同時圍上來推銷。這樣的景觀至少綿延十里之長，但一路過來沒有看見有人賣出一樣東西，看著個個愁容滿面，也不知道他們如何維持生計。

「只要你努力工作並且下定決心，那麼你一定就能成功。我不相信成功有任何捷徑。」這句鼓舞人心的話出自於伊莎貝爾・多斯桑托斯（Isabel dos

▍ 月亮灣崖壁景觀

Santos, 1973-)之口，伊莎貝爾是非洲女首富，她是安哥拉前總統若澤‧愛
德華多‧多斯桑托斯（José Eduardo dos Santos, 1942-2022）的女兒。根據《富
比世》（Forbes, 1917）估值，伊莎貝爾的個人淨資產曾高達22億美元，是整
個非洲大陸首位「十億級」女富豪，2015年曾榮登全球百位最具影響力女性

排行榜。中國老話說「一將功成萬骨枯」，今天的安哥拉是「一女富成全國窮」。

　　安哥拉不但窮，還是非洲治安最差的國家之一，首都魯安達在2018年登記在案的刑事案件就有兩萬五千多件，平均每天有七十多件，華人被搶劫和殺害的刑案時有所聞。許兄和我都是走遍了大半個世界的資深背包客，各有一套練就多年逢凶化吉的獨門絕技，輕鬆度過在安哥拉的時光自然不在話下。但是，這個國家的權貴之無恥、物價之高昂、百姓之窮困、社會之畸形依然令我們極為震驚，以致於離開之後好多天，內心還是有種沉重之感。

Chapter
10
走過的五大馬雅遺址

南美洲的雅典－帕倫克

　　提到馬雅人，人們的腦海中就會浮現出一群身著鮮豔羽毛服飾的印第安人。事實上印第安人是美洲大陸原住民的統稱，而馬雅人是其重要的一支。馬雅人留下了高度發達的文明遺跡與技藝非凡的藝術作品，讓今天的人們對這一文明充滿了好奇與疑問。

　　馬雅文明（Maya civilization）是中美洲古代印第安文明的傑作，是在與亞、非、歐洲古代文明隔絕的條件下獨立創造的，並且是唯一的一個發源於熱帶雨林的文明。馬雅文明主要分布在墨西哥南部、瓜地馬拉（Guatemala）、巴西、貝里斯（Belize），以及宏都拉斯（Honduras）和薩爾瓦多（El Salvador）西部地區。他們使用相同的象形文字和曆法，其生產力水準、建築風格和藝術也大體相同。

　　馬雅文明約形成於西元前2500年，西元前400年前後建立了早期奴隸制國家，西元3世紀至9世紀發展到鼎盛期，到15世紀時澈底衰落，最後被西班牙殖民者摧毀，此後長期湮沒在熱帶叢林中。但是，馬雅人在農業、文字、天文、數學和建築等方面的輝煌成就令世人驚嘆不已。他們培育的玉米、馬鈴薯、番茄，至今仍是人們餐桌上的主食。

　　馬雅文明和世界上其他古文明有些完全不同之處：許多古文明都誕生於大河流域，像埃及文明始於尼羅河，古巴比倫（Babylon）起於兩河流域，而馬雅文明則源於叢林之中；而且馬雅從來沒有出現一個集權國家，在發展的高峰鼎盛時期，也只是幾座像帕倫克（Palenque）和提卡爾（Tikal）等強大的城邦各據一方。現在我們對馬雅文明的瞭解，實際上主要依靠對這些城邦遺址的研究考證。

　　我們的中美洲之行，沿途諸多馬雅文明遺址是那次旅行最大的亮點，其中有五大遺址最為輝煌壯觀，令人終生難忘。

第一站 帕倫克

位於墨西哥恰帕斯州（Chiapas）的烏蘇馬辛塔河（Usumacinta River）附近，在卡門城（Ciudad del Carmen）以南約130公里處，海拔150公尺。古城神祕而迷人，被認為是馬雅城邦中最精美的設計和建築，也是世界上最美麗的考古遺址之一。帕倫克有一種獨特的高貴氣質，被譽為美洲的雅典。

帕倫克的地理環境令人難以置信。廢墟坐落在陡峭而茂密的山丘之中，一條涼爽的小溪蜿蜒穿過市中心，神廟、宮殿、廣場和民舍依坡而建。我們在清晨踏入遺址，大大小小的廢墟在晨霧中時隱時現。霧色山影空濛迷離，處處散發著未知的神祕之美。

從聖殿山頂可眺望廣闊的沿海平原的壯麗景色，帕倫克的繁榮可以追溯到西元前2000年至西元前226年。西元615年，12歲的巴加爾二世（K'inich Janaab' Pakal, 603-683）登基成為帕倫克國王，巴加爾在位時間長達68年。在巴加爾二世統治期間，帕倫克從衰弱中恢復過來，走向強大，進而成為馬雅西部地區政治上的霸主，創造了帕倫克最繁榮昌盛的時代，現在遺址中大部分的建築落成於那個時期。由於發現了巴加爾二世的陵墓，銘文神廟已不許進入。在此以前，馬雅的金字塔被認為和埃及的不同，只是作為神廟，並不用作陵墓，而帕倫克的發現，等於直接挖出了馬雅文明的圖坦卡門（Tutankhamun, 1341 BC-1323 BC）陵，其中玉片鑲嵌的翡翠面具和精美絕倫的石刻浮雕令人嘆為觀止。

第二站 **烏斯馬爾**

　　烏斯馬爾（Uxmal）古城遺址位於墨西哥東南部的猶加敦半島（Yucatán Peninsula），聳立在群山谷地中的圓形平原上，距離古城梅里達（Mérida, Yucatán）以南僅一小時車程。烏斯馬爾古城約建於987年至1007年之間，1441年被遺棄。這裡是馬雅人圖圖爾西烏族的故鄉，被稱為馬雅三大文化中心之一。1996年，聯合國教科文組織將烏斯馬爾古城遺址列入世界文化遺產目錄。

　　烏斯馬爾隱在密林深處，古城東西長約300公尺，南北長約1,000公尺，建築雄偉而富於變化。古城的建設者繼承了馬雅文化的傳統，把重要建築物建在一條南北方向的中軸線上，從南向北依次是南神殿、鴿子宮，以及一個由四座建築圍成的廣場。鴿子宮東面是大金字塔，東北面是總督宮。總督宮基臺上的西北角建有烏龜宮，北面是球場、祭司住所和魔術師金字塔。

烏斯瑪爾古城遺址

　　總督府是烏斯馬爾——甚至整個現存馬雅文明遺跡中最為宏大和精美的建築。總督府大約建於10世紀或11世紀，以打磨過的石灰石為主要材料，可以沿著下層高臺中央寬闊的臺階進入宮內。總督府外牆以雕有圖案的石塊所拼成的羽蛇神面具和其他面具做裝飾，以豐富華麗的石雕裝飾聞名於世。

　　魔術師金字塔是烏斯馬爾最高的建築物，根據古代傳說，一名法力無邊的魔術師在一個晚上單手建造了金字塔，所以又名「占卜金字塔」。這座金字塔的形狀呈橢圓形，而其他馬雅著名建築日月金字塔和奇琴伊察（Chichen Itza）金字塔等均呈方形。站在大金字塔上遠眺，再卑微的人都會有王者的視野，蒼茫大地，誰主沉浮？

第三站　奇琴伊察

　　位於墨西哥南部的叢林中，這裡有超過60座建築，組成了最大的馬雅遺跡。奇琴伊察是馬雅古國最大、最繁華的城邦之一，著名建築是庫庫爾坎（Kukulkan）金字塔和塔頂上的羽蛇神廟。金字塔高達24公尺，塔的每邊都有91級臺階，加上頂部的平臺，共有臺階365級，代表馬雅太陽曆中的一年。石階兩邊，有雕刻成巨蛇形的石砌欄杆。塔頂上的羽蛇神廟高六公尺，內部使用了羽蛇形狀的石柱裝飾。庫庫爾坎金字塔以西有一座虎廟。虎廟得名於寺廟頂部一座老虎造型的雕像，廟內有一幅描繪城市爭奪戰的壁畫。

　　奇琴伊察興盛於西元5至7世紀，7世紀被遺棄；在10世紀復興，13世紀達到文明頂峰，15世紀被毀滅。在馬雅人舊地，金字塔數目則多得驚人，雖然至今沒有一個精準的數字，但據估計，其數量當在十萬多個，主要分布於今天的墨西哥猶加敦半島、瓜地馬拉、秘魯等地區。這些金字塔的建造年限前

　　後有2,000年左右。而保存完好的庫庫爾坎金字塔則是其中的佼佼者，這樣一個千古的絕響、一個不滅的輝煌，與中國萬里長城、秘魯馬丘比丘（Machu Picchu）和印度泰姬瑪哈陵並列於「世界七大奇蹟」，在世界上的知名度比中國長城還要大。

　　站在庫庫爾坎金字塔前面，首先想到的是埃及大金字塔，位於完全不同的兩個大陸和時代，兩個有著不同文化的民族，卻不約而同地以金字塔的形式來作為他們最神聖的建築，並承載他們的文明和願望；不同的是，埃及金字塔是法老們的墳墓，而馬雅金字塔絕大部分是祭祀的聖地。

▌ 庫庫爾坎金字塔

第四站 提卡爾

　　位於瓜地馬拉北部的低地雨林，是馬雅文明中最大的被遺棄都市，最著名、最美麗的地方之一。它擁有巨大而陡峭的金字塔，隱隱約約地出現在枝葉茂密的叢林之上，最大的坦普爾（Temple）金字塔高72公尺，大約在西元720年完成，這些建築被認為是由著名的馬雅曆法所驅動建造的。

坦普爾金字塔

　　提卡爾附近的考古紀錄可追溯到西元前1000年左右，到西元前300年左右，它已經是一座繁榮的城市。在馬雅人早期的古典時代（大約4世紀），它已經是一個重要的城市中心，提卡爾在8世紀達到其發展的顛覆，在10世紀左右衰落，最終被遺棄。它目前是一個重要的考古和旅遊景點，位於茂密叢林深處的提卡爾充滿了人自然的氣息。這兒還有著種類繁多的野生動物，比如土豵、猴群、孔雀、鸚鵡和金剛鸚鵡。我們在清晨步入園區，四處林深霧密、鳥鳴猿啼、熱鬧非凡，踏上這一片生機勃勃的土地，彷彿自己也走上了昔日的探險之路。

第五站　科潘

　　古城聲名顯赫，位於宏都拉斯首都德古西加巴（Tegucigalpa）西北部大約225公里處，靠近瓜地馬拉邊境。遺址坐落在13里長、2.5里寬的峽谷地帶，海拔600公尺，占地面積約為15公頃。這裡依山傍水、土地肥沃、森林密布。科潘（Copan）有著大量馬雅文明中最古老、最精美的石刻作品。廣場中有金字塔、廣場、廟宇、雕刻、石碑和象形文字石階等建築，一件件都篆刻著時間的簽名和歲月的印記。

　　西元9世紀，輝煌的馬雅文明驟然中止，巨大的城市科潘被遺棄，繁榮的街道空無一人，正在修建的金字塔和廟宇停止雕刻，馬雅人拋棄了舒適的家、熟悉的街道、廣場和宮殿，突然離去……。

　　直到一千年後，美國外交官、業餘考古學者史蒂芬斯（John L. Stephens, 1805-1852）在南美叢林中再次發現它，然而建設者是誰？他們到哪裡去了？這一切都無法探究，因為歲月的悠長把它們罩在一片迷霧中，誰都無法驅

▌ 科潘古城

散……，只剩下這些精美繁複的石刻讓後人感嘆。

馬雅是一個文明，但從來就不是一個統一的國家。也許止是因為分裂帶來的競爭，馬雅地區的城邦文明特別有生命力，一個個宮室壯麗，塔廟巍峨，哪怕被廢棄了千年，依然令人驚嘆。當歐洲探險家最早發現馬雅遺址的時候，都無法想像這是美洲土著文明的成果。

馬雅文明全盛的古典時期大概相當於中國的隋唐時期，然後急劇衰落。

所有的城市都被廢棄，文明全面萎縮退化，人們回到叢林，過著非常原始而簡樸的生活，直到被西班牙殖民者征服。

漫步在馬雅文明令人驚嘆的廢墟中，處處彷彿散發著難以言喻的魔力，時時可以感受到古老滄桑的智慧。任何一種文明，無論什麼信念，儘管它曾是多麼崇高和強烈，都不可能持久不變、長盛不衰。如果癡迷於所謂永恆的真理，到頭來必然會受到歷史無情的嘲弄。世間萬事，皆是夢境；榮辱得失，轉眼成空；富貴貧賤，過眼雲煙；世事的紛紛擾擾，不必耿耿於懷。

馬雅藝術的璀璨被重新發現，然而馬雅人的經歷更值得我們提起警覺，如今，人類的文明發展日新月異，藝術之精彩和財富之豐足前所未有，但如果對環境破壞過度，或者不加節制地窮兵黷武、引發戰爭，那我們也很可能步上馬雅的後塵，走向衰落甚至毀滅的道路。

Chapter

11

拉丁美洲最耀眼的瑰寶：安地瓜

風格華麗的安地瓜老城

離開喧囂嘈雜、危機四伏的瓜地馬拉城，來到寧靜安逸、古色古香的安地瓜（Antigua），彷彿到了另外一個世界，頓時放鬆緊繃了好幾天的神經。始建於1543年的安地瓜，作為殖民地總督府達233年之久，管轄地域從今天的墨西哥到哥斯大黎加（Costa Rica）。這座城池格局的靈感來自義大利文藝復興時期，在至少三個世紀之內匯集了大批氣勢壯嚴而風格華麗的建築作品，是瓜地馬拉保存最完好、最有魅力的古城。

許多華人可能沒有聽說過安地瓜這個位於中美洲的小城，實際上，安地瓜在世界上早就聲名顯赫，它屬於聯合國科教文組織首批公布的世界遺產目錄，和埃及金字塔、美國黃石國家公園（Yellowstone National Park）同時入選，比雅典衛城（Acropolis of Athens）、印度泰姬瑪哈陵還要早；它還曾以最高得分當選為拉丁美洲最受歡迎的旅遊城市，擊敗了巴西的里約熱內盧和聖保羅（São Paulo）、阿根廷（Argentina）的布宜諾斯艾利斯（Buenos Aires）和門多薩（Mendoza）、哥倫比亞（Colombia）的波哥大（Bogotá）和卡塔赫納等眾多拉丁美洲名城。

踏進這座古城，只見歐式古建築和比鄰的活火山交相輝映，人類最精緻的文明和大自然最狂野的力量居然能夠銜接得如此天衣無縫，呈現出一種前所未見的夢幻場景，散發出一股難以言喻的迷人魔力。我們第一時間就被其超凡脫俗的風采所折服，當即決定留住三夜。每天不緊不慢地漫步其間，看不完濃郁的拉丁美洲風情；在街旁坐定，端上一杯咖啡，觀不盡安地瓜人與世無爭的恬靜悠閒。在肥沃的火山土壤長成的安地瓜咖啡，有著最和諧的酸甜質感，口感濃郁豐富，餘韻帶有微微的巧克力香，實為咖啡中不可多得的精品。

天濛濛亮，我們就來到城旁的小山坡，看著火山腳下的安地瓜城，在溫暖的晨光下緩緩蘇醒。小城地勢平曠、四面環山。主城是整齊劃一的東南西北走向四方形，幾條橫平豎直的主街把城裡分成「井」字形的方塊街區。昔日的繁華都城，現在是那樣地寧靜平和。這裡埋藏了古今多少事，處處散發著未知的神祕之美。

　　安地瓜的巨大街石已經被歲月滄桑打磨得渾圓光滑，有多少陳年往事被留在了無言的石塊之中。從刀光劍影與金戈鐵馬的榮辱興衰，到萬丈英雄豪氣與方寸之間的似水柔情，這就是一部橫臥在時間岸邊的汗青史冊。

　　古老的建築、豔麗的色彩，只有在拉丁民族的手中，才能融合得這般渾然天成。拉丁民族通過絢麗的色彩來向世人展示自己——她的歷史，她的傳奇，她的風姿。

　　古老的教堂、盛裝的人群、嬌美的花朵、閃爍的燭光，古典與現代交融，散發著貴族般的完美氣息。安地瓜對生活有著卓越的品味，這是一座真正的夢

▌攀爬活火山帕卡亞

幻之都。

　　身著民族服裝的瓜地馬拉婦女，健康自然、美麗大方。西班牙人和美洲土著五百多年的混血交融，造就了今天的安地瓜人——樸實善良、熱情洋溢、能歌善舞、天性樂觀。

　　母親帶著兩個孩子走在古老的石板路上，在淺玫瑰色的晨曦的照映之下，親切和諧，一切盡在無言之中。在世界任何地方，幸福的家庭都是相似的。

　　安地瓜在1773年一場大地震中遭到了嚴重破壞，但她主要建築的遺跡卻保留了下來。古老的磚石久經歲月渲染，色彩沉著而斑駁，顯得蒼老堅勁。這些帶著悠遠記憶的斷垣殘壁，見證了古城安地瓜的盛衰。

　　最後一天我們和一群西方青年一起，走上煙塵瀰漫的火山之旅。呼吸著濃烈的硫磺氣味，迎著源之火山口的熱力輻射，踩著時軟時硬的火山灰燼，滿身大汗地爬上活火山帕卡亞（Volcan Pacaya）的火山口邊緣，這是安地瓜為每一個來訪者準備的一道自然奇觀盛宴；在這裡，你會真正認識到大地母親的無上威力和人類的微不足道。

　　安地瓜這樣的地方，就是住上幾個星期也不會嫌多。遇到一對美國中年夫婦，帶著兩個7至8歲的兒子周遊世界，他們在安地瓜一住就是一個月。每天下午2點鐘，爸爸準時給兩個兒子開課，講歷史、說建築、談宗教、學西班牙語。這位特立獨行的美國人說，安地瓜有太多的東西可以看，太多的故事可以講，這地方安全，物價又便宜，他們可能還會延長留住時間。短短的三天，我們只能是走馬觀花地淺嘗輒止，最後戀戀不捨地告別古城，登上雞肉巴士[1]，繼續向中美洲的腹地進發。

---

[1] 雞肉巴士（chicken bus）是一種色彩鮮豔的高大巴士，普遍使用於中美洲各個國家之間，尤其是宏都拉斯、瓜地馬拉、薩爾瓦多、尼加拉瓜（Nicaragua）、哥斯大黎加和巴拿馬（Panama）。這些車輛通常是利用退休的美國校車改裝。「雞」一詞源自此類巴士上經常擠滿乘客，這與卡車上裝載的雞一樣，而且當地人常常會在這種巴士上隨身攜帶雞鴨之類的家禽動物。

Chapter
12
古巴印象

哈瓦那國會大廈

　　這輩子第一次被灌輸的國際政治概念就和古巴（Cuba）有關，在小學最初的記憶中，「要古巴，不要美國佬！」的口號聲仍依稀可辨。之後的幾十年人生中，始終關注著這個位於加勒比海中的島國古巴，在世界第一強權美國的身邊不屈不撓地屹立了半個多世紀。我們可以不同意卡斯楚（Fidel Alejandro Castro Ruz, 1926-2016）的政治主張，但你不得不承認古巴人有種。海明威、格瓦拉（Ernesto Guevara, 1928-1967）和卡斯楚這三位20世紀的傳奇人物，給古巴蒙上了一層英雄主義的浪漫色彩。

　　清晨，哈瓦那（Havana）市中心的國會大廈華麗而又不失優雅。在哈瓦那生活了22年的海明威，曾經盛讚哈瓦那的美麗僅次於威尼斯和巴黎。相信任何有幸踏足哈瓦那的人都會認同這樣的看法。這是一座真正的夢幻之都，古典和現代交融，奢華和貧窮相鄰，整座城市散發著一股難以言喻的魔力。

　　哈瓦那海灣一片寧靜安詳，但眼前的城堡讓人回想起當年的腥風血雨，哈瓦那曾經是西班牙征服美洲大陸的策畫地和出發點，又是將殖民地財富搬遠回國的中轉站。鑑於哈瓦那重要的戰略地位，英國人在18世紀集中其海軍精華突襲，占領哈瓦那達一年之久，最後將其和西班牙換回了今天的佛羅里達（Florida）。

　　哈瓦那老城富麗堂皇、莊嚴氣派，昔日西班牙人的光榮和夢想通過這些建築傳承了下來，而西班牙人的勇氣和驕傲彷彿至今仍在哈瓦那的街角流淌。但是，今天的古巴真是窮啊，殖民時代留下的大量優雅建築長年失修，牆面大都斑剝破落，也有許多木質門窗因年久失修而變形。放眼望去，滿城就像一塊褪色的畫布。但是，圖案細緻飄逸的鐵藝陽臺、帶有層層疊疊石膏雕花的門窗、高大的廊柱和前廳，自有其難掩的華美和矜持。

　　在哈瓦那到處都可以看到車齡超過半個世紀的美國老爺車。在美國超過60年嚴格禁運的限制下，在古巴沒有一輛報廢的舊車，1951年的美國雪佛蘭（Chevrolet）車身裡硬塞進了日本豐田（Toyota）的發動機，俄國拉達（Lada）的剎車則被裝進了1953年的龐帝克（Pontiac），古巴人信手拈來的

即興創作天賦，在這些老爺車身上展露無遺，而哈瓦那則成了全世界獨一無
二的老爺車露天博物館。

　　哈瓦那的街頭巷尾，散發著人間煙火的真實氣息。雖然房子搖搖欲墜、
道路高低不平，市面卻異常安樂和愜意。這兒的生活離物質很遠，離人性
最重要的幸福感卻很近。哈瓦那是整個拉丁美洲世界唯一可以讓遊客手拿相
機、逍遙漫步全城的都市。古巴被2009年的美國《基督教科學箴言報》（ _The_
Christian Science Monitor, 1908）評選為世界10個最快樂的國家之一，最初看見報導

▌古巴極具代表性的古董老爺車

覺得難以置信，抵達古巴一週之後才發現，這個國家能夠入選絕非浪得虛名。

在古巴，伊比利、盎格魯－撒克遜（Anglo-Saxons）、高盧（Gaul）、條頓（Teutons）等文化碰撞激蕩，巫毒鼓聲、禱詞和〈國際歌〉（The Internationale）的樂聲交響匯合，官話、土話、黑話和術語已經成為各個階層的印記圖騰。每逢廣場上響起歡快的音樂，人們扭起富有彈性的腰臀，翩翩起舞。哈瓦那市中心的夜晚，沒有紅歌喧囂，只有低沉的爵士樂在酒吧裡流淌，雪茄和蘭姆酒的味道瀰漫在空氣之中。

▌ 如詩如畫的雲尼斯山谷

　　哈瓦那的建築大都年久失修、色彩暗淡。但是，哈瓦那人的衣著鮮豔無比，明黃、亮橙、茄紫、翠綠、大紅等高純度的顏色裹在他們凹凸有致的身體上，別有風情。

　　我們從哈瓦那包了一輛計程車前往雲尼斯山谷（Viñales Valley），司機小夥子同意我們的開價，但他有個條件，得帶上自己的女朋友。工作不耽誤戀愛，邊開車邊調情，這是只有古巴才有的浪漫風情，坐在這樣的車裡，有誰會相信這是在共產黨統治的國度呢？素來冷酷無情的共產主義落到風情萬種的拉丁民族手裡，已經變得面目全非。在古巴沒有四季的更替，在情人的眼中整個世界都已經消失。不是哲學，更不是革命，實際上就是這樣熱烈專注的眼神，引領人類一步步走到今天，邁向未來。

　　雲尼斯山谷位於哈瓦那西面180公里，這兒地形奇特、風景優美，富饒的紅土地盛產菸草和咖啡，素有世外桃源的美譽。被聯合國列入自然和文化雙重世界遺產目錄。

　　雲尼斯山谷的早晨，朝陽已經悄然升起，把溫暖的光輝灑進山谷。淡淡的晨霧還沒有完全散去，一切是那樣地柔和安詳。綠樹、青草、紅土、小路、牛車，構成一幅多麼美妙的鄉村風光。

　　嘴叼雪茄，正忙著收穫菸草的農人臉上露出滿意的微笑，又是一個豐收年。全世界的雪茄專家們一致認為，只有古巴肥沃的紅土，才能孕育出世界上最好的煙草，而來自古巴的手製雪茄，更是獨步全球的雪茄極品。

　　遠離奢侈繁華的世俗享受，拋棄人對物質欲求的奔波和痛苦，以一顆寧靜的心享受鄉間的淳澈清明，感受簡單生活的無窮樂趣。「山下孤煙遠村，天邊獨樹高原。」王維詩中這兩句，正好道出了雲尼斯山谷清晨的神韻。

　　千里達（Trinidad）城位於古巴中部埃斯坎布拉伊山脈（Escambray Mountains）南麓，始建於16世紀，其命名表示了對聖三位一體的敬意。它是在歐洲人征服美洲大陸過程中的一個前方據點，距離大海約幾公里。這座小城歷史悠久，並且完整地保存了各個時期的建築風貌。1988年，千里達被聯

合國教科文組織列入世界文化遺產名錄。

千里達城居民都在自己窗前裝有鐵欄杆，據說是以前防海盜留下的習慣。外牆被粉刷得色彩鮮豔的百年老房子、高低不平的鵝卵石街道，令每一個來訪者過目不忘，這是一個有著電影場景般不真實、充滿了異國風情的地方。

這位古巴老漢年輕時曾經遠征衣索比亞，雖然如今他已經年老體衰，但我們還可以感受到他平靜外表下蘊藏的力量，那是一種很難被摧毀的能量，也許就是依靠這種力量，讓古巴可以和美國對峙。

兩個星期的古巴之行令人目不暇接、眼界大開，這個國家處處散發著歷史的芬芳，大自然的優美令人心醉，卻又時時顯露出令人無語的貧窮。這是一個缺乏自由的國度，但又是拉丁美洲最安全的所在；這是一個物質極端缺乏的國度，全體國民卻享受著免費醫療和教育；這是一個食品憑票供應的國度，人均壽命卻比美國還要長……。陳舊而鮮豔、眩目而憔悴，一個多麼令人困惑，又發人深思的地方。

Chapter
13
世界的中心點：
巴拿馬

從巴拿馬古城眺望新城

　　巴拿馬位於南北美洲之間狹長的巴拿馬地峽蜂腰上，是連通南北美洲的咽喉，被稱為「世界中心點」。巴拿馬在印第安語中的意思是「蝴蝶之國」。16世紀初，哥倫布（Christopher Columbus, 1451-1506）在巴拿馬沿海登陸以後，發現這裡到處是成群飛舞的彩色蝴蝶。於是使用了當地的語言，把這個地方命名為「巴拿馬」。

　　我們來到首都巴拿馬城，最為吃驚的就是看到眼前這幅高樓林立的繁華都市景象，初來乍到還以為走錯了地方，是到了邁阿密（Miami）？還是香港？2005年美國退休者協會評選巴拿馬城為世界最佳退休地點，馬上就在當地掀起了一股建造退休公寓的熱潮，幢幢大樓拔地而起。可是人算不如天算，就在許多大樓完工之時，2008年世界經濟危機凶猛地襲來，多少建築商就此倒地不起。衰退來得快，復甦起得慢，眼前的大樓至少有一半閒置著。

　　今日的巴拿馬分古城、老城和新城三部分。從位於一個半島狀突出部的巴拿馬古城，回望高樓林立的新城另有一番滋味。初略看去，巴拿馬新城和中國香港、美國邁阿密極為相似，都是摩天高樓林立，但細看十分蕭條，有許多閒置的樓層。

　　巴拿馬古城古色古香，許多建築和雕塑都保留著濃厚的西班牙風格。為了發展旅遊業，巴拿馬當局正在努力整修老城，有些建築已經被修繕一新，和臨近殘破的老房子形成了有趣的對比，其中的故事令人浮想聯翩。在老城遊走，常常會看見一些印第安打扮的女人。現在這裡早已經不屬於印第安人的天下了，但傳統習俗仍活在一些人們心中。

　　巴拿馬城由西班牙人於1519年建立，隨即成為西班牙人掠奪印加帝國的橋頭堡，從各地掠奪回來的金、銀等戰利品，在這裡匯聚上船運回西班牙。就像一塊肥肉定會吸引大量蒼蠅，巨額的財富讓巴拿馬城吸引到許多加勒比海盜的覬覦。

　　1671年，臭名昭著的英國海盜亨利・摩根（Henry Morgan, 1635-1688）將古城洗劫一空，又一把火將其燒成一片廢墟，遺下今天的老巴拿馬城

（Panamá Viejo）的遺跡。1673年西班牙人在今天的巴拿馬老城區（Casco Viejo）重建巴拿馬城，這兩項歷史遺跡在2003年被登錄為世界文化遺產。來到老巴拿馬城遺跡的斷壁殘垣旁，遙望巴拿馬新城，不由得讓人感慨萬千：在西班牙人引領世界潮流之時，英國人只能偷偷摸摸做海盜。但是，風水輪流轉，修成正果的英國人脫胎換骨，很快就成了文明的象徵和正義的代表，正應了中國的一句老話：「英雄不論出身低。」

巴拿馬是一個多民族的國家，白種人、黃種人和黑人隨處可見。巴拿馬建國僅108年，相比之下，第一批中國勞工抵達巴拿馬已157週年。1854年3月30日，第一艘載有705名華人的船舶漂洋過海來到巴拿馬，近年許多來自中國大陸的華人在這兒經商、發展實業。2004年，為紀念華人抵達巴拿馬150週年、頌揚華人對巴拿馬做出的巨大貢獻，巴拿馬國會通過政府的特別提案，將每年的3月30日定為「華人日」。傳統的唐人街位於老城的入口處，有著李登輝提詞的牌樓金碧輝煌，但牌樓後的沿街建築破敗不堪，已經看不到華人的蹤影，新一代的華人聚集在一個叫「黃金城」的地方。

到巴拿馬必看巴拿馬運河（Panama Canal），就像到羅馬（Rome）必看羅馬競技場一樣，是不可錯過的景點。由美國陸軍工程兵團歷經十年（1904-1914）建造完成，是全世界最偉大的工程之一。巴拿馬運河全長81.3公里，水深13公尺至15公尺不等，河寬150公尺至304公尺。整個運河的水位高出兩大洋26公尺，設有六座船閘。船舶通過運河一般需要九個小時，可以通航七萬六千噸級的輪船，每年大約有一萬四千艘船舶通過。巴拿馬運河是世界上最具有戰略意義的兩條人工水道之一，另一條為蘇伊士運河（Suez Canal）。巴拿馬運河的長度在世界排名第九，中國京杭大運河位居第二。

到巴拿馬圓滿完成了計畫中的中美洲七國之旅，行前看世界地圖，巴拿馬和南美洲的哥倫比亞在陸地上是連為一體的，原本以為可以沿著著名的泛美公路（Pan-American Highway）繼續南進，誰知巴拿馬的達連地塹是泛美公路中唯一斷開的地方。這是一片遼闊的熱帶雨林，約60到80公里寬，橫跨

於中南美洲之間，這片雨林中幾乎沒有路，因此必須乘船才能避開達連地塹
抵達南美洲。去哥倫比亞的渡輪過海只需要大半天時間，但坐過那艘渡輪的
驢友告訴我們，兩頭海關都十分拖拉難纏，而且那艘三十多年的老船嘰嘰嘎
嘎好像隨時可能散架，十分令人害怕。去委內瑞拉（Venezuela）的大木船根
據需求不定期發船，而且需要航行五至六天，這更讓容易暈船的我們望而生
畏，於是我們改乘飛機前往委內瑞拉首都卡拉卡斯（Caracas）。

▌巴拿馬運河

Chapter
14

世界自然遺產第一號：
加拉巴哥群島

加拉巴哥象龜

　　加拉巴哥群島（Galápagos Islands）又名「科隆群島」（Colon Archipelago），由19個火山島組成，距離厄瓜多（Ecuador）本土約1千公里。這裡是三大洋流交匯地：來自南方的秘魯寒流、來自北方的加利福尼亞（California）寒流、東西橫向的赤道暖流。秘魯寒流是地球上最強的寒流，將南極冰冷的海水推向赤道。秘魯寒流所經之處，海水要大幅度低於同緯度地區。三大洋流的交匯使得加拉巴哥群島的海洋和陸地生物異常豐富，喜寒、喜暖動植物都有。由於遠離南美洲大陸，動植物自行進化，形成了一個獨特而完整的生態系統，有著一些不尋常的動物物種，例如陸生鬣蜥、巨龜和多種類型的雀類，被人稱作「活的生物進化博物館」。被《美國國家地理雜誌》列入人生必去的50個景點目錄。加拉巴哥群島由於島上的自然環境獨一無二，使得第一部保護加拉巴哥群島的立法早在1930年就已頒布，並在1936年得以補充完善。1959年，正逢達爾文發表《物種起源》（*On the Origin of Species*, 1859）的100週年，厄瓜多政府正式將加拉巴哥群島劃定為國家公園。

　　1836年，年僅26歲的神學院畢業生達爾文（Charles Robert Darwin, 1809-1882）在這兒進行了五週的考察。他在加拉巴哥群島見到了那些島與島之間都不同種的巨龜，見到了在別的地方見不到的多達13種的「達爾文雀」（Darwin's finches），而不由得產生疑問：為什麼上帝要在這個小小的角落炫耀祂的創造才能，專門為這裡創造出如此多的「只此一家，別無分店」的特有物種？他認為合理的解釋是，這些物種的祖先都是從別的地方來的，幾萬年、幾十萬年後發生了變化，從而產生了形形色色的特有物種。達爾文和上帝一分手，進化論就此誕生，加拉巴哥群島也藉此名揚天下，1978年聯合國將其第一批列入聯合國世界自然遺產名錄，號稱世界自然遺產第一號。

　　達爾文在加拉巴哥群島待了五個星期，絞盡腦汁地創立了進化論。我們登上遊輪「達爾文號」，穿梭在群島之間，優哉游哉玩了五天。「達爾文號」上層是餐廳、酒吧和客廳，下層是兩人一間的客房。15個來自天南海北的遊客，和五名船員一起同舟共濟五天，欣賞這世外桃源一般的夢幻世界。

大部分的遊客來自大洋彼岸的歐洲，沿途還有許多不需要買票的當地土著來搭上一段順風船，牠們來去自如一點也不怕人，其中軍艦鳥和鸕鶿是最常見的兩種。

兢兢業業的厄瓜多船員技術精湛、為人忠厚老實。將我們五天的船上生活和行程安排得有條不紊、高潮迭起。飲食葷素搭配加上各色水果，讓大家十分滿意。老天也額外照顧，這五天不但天氣晴好，還風平浪靜、船行平穩，隨身帶的暈船藥一顆也沒有吃。

1978年加拉巴哥群島被列入世界自然遺產保護名單。群島近97%的面積屬於國家公園。這裡確實是地球上少有的、沒有被污染的淨土，島上沒有凶猛的食肉動物，而且所有的飛禽走獸都不懼怕人類。在極其嚴格的環境保護政策下，我們在島上成了真正的配角。在這裡你可以享受到或許是你從未體驗過的、與野生動物「面面相覷」的快樂。

由於不存在人類活動的威脅，加拉巴哥的野生動物都能與人類和平相處。我們在巡遊加拉巴哥群島的五天裡，常常遇到擋道的大鳥、海獅、海豹和鬣蜥等野生動物。牠們對我們熟視無睹、置若罔聞，完全沒有害怕的概念，也從來不會給人讓路，我們得繞道才行，這兒可以說是真正眾生平等的天堂。在很近的距離，心平氣和地和野生動物久久地對視，這是一種前所未有、清明而祥和的新感受。

在加拉巴哥群島的海岸上，棲息著一種其外貌像史前動物的爬行動物，乍一看牠們，那古怪的樣子著實令人生畏。有人把牠們稱作「龍」，其實並不是龍，而是海鬣蜥。海鬣蜥是世界上唯一能適應海洋生活的鬣蜥。牠們和魚類一樣，能在海裡自由自在地游弋。牠們喝海水，吃海藻及其他水生植物。動物學家認為，加拉巴哥群島的海鬣蜥是由陸生鬣蜥進化而來的。

貌似風和日麗的世外桃源，也有著不為外人所知的競爭和打鬥。兩隻陸生鬣蜥為了爭奪領地，撕咬得不可開交，最後累得筋疲力盡而只能面面相覷，牠們的脖子上還能看到搏鬥留下的淡淡血跡。

▍ 飛翔的軍艦鳥

▍ 藍腳海鳥

▍成群海豚輪流浮出水面

　　遊輪在平靜的海面上巡遊，清澈見底的海水裡時時可見大大小小的各色
魚類自由自在地穿梭來往，生機勃勃的大自然令人陶醉其中。第三天傍晚時
分，上百隻海豚出現在我們的船隻的右舷，牠們時而躍出水面，時而相互嬉
戲，時而潛水捷游。每一個動作都充滿了生命的美感，每一個轉身都讓船上
的遊客發出聲聲驚呼。牠們就像大海中自由自在的精靈，在我們面前顯示其
旺盛的生命力，嘲笑著我們這些作繭自縛的文明人。

　　我們遊程的最後一站在聖克魯茲島（Santa Cruz Island）觀賞著名的加拉巴哥象龜。圓背形的象龜主要生活於水草豐美、氣候溼潤、海拔800公尺以上的大島嶼，取食地面上的各種植物。牠們背甲圓潤、體型敦實，成年雄性背甲長約1.5公尺，體重可達400公斤以上。這裡的巨龜，即便是同一種類，因其生存島嶼的不同，甲殼的形狀各有差異。

　　這些行動遲緩的加拉巴哥巨型象龜在殖民時代成為過往水手們的「蛋白質補給品」，象龜不吃不喝可以在船艙中存活一年，這意味著把牠們成百隻地疊放在船隻的甲板下，就可以獲得幾乎取之不盡的鮮肉供應。而當一艘船需要減輕重量快速前進時，這些陸龜可以被輕易地拋下船。「我們完全依靠龜來獲取肉食，把龜的腹甲在火上烤一烤……連著肉一塊，味道很不錯；幼龜可以熬成美味的龜湯。」達爾文在1839年寫道。時間接近這些象龜遭劫掠的高峰時期，當時有20萬隻象龜被殺或被帶離群島，達爾文所乘坐的「小獵犬號」（HMS Beagle）離開時，也帶走了三十多隻象龜。今天加拉巴哥群島被冠以「生物演化寶庫」之名吸引著八方來客，島上的陸龜受到前所未有的嚴格保護，再也不會擔心有一天會淪落為人類的午餐。

　　加拉巴哥群島是世界的一面鏡子，反映著一切生命的起源和繁衍；是世界的一片淨土，可以讓稀有生命得以延續；是一個天堂般的地方，讓所有的生靈平等相待；還是一本生動的教科書，讓我們的心靈震撼、學會珍惜。然而，隨著全球氣候變暖，加拉巴哥群島周圍海水不斷變暖，使其生態系統受到嚴重影響，珊瑚礁受損比率高達95%。此地特有的小熱帶魚瀕臨滅絕，許多海獅和海鬣蜥餓死，鯊魚游向他鄉，整個區域的魚類種群處於崩潰狀態。美麗的地球將最終毀於人類之手嗎？我們憂心忡忡地和加拉巴哥群島告別。

Chapter
15
安地斯山中的明珠：
基多老城

古色古香的基多老城

　　如果你想走進安地斯山脈深處，領略印第安民族風情，見識西班牙殖民老城的魅力，在沒有任何污染的山水之間逍遙自在，和野生動物做近距離的接觸，和海獅、海豹一起游泳潛水……，那麼在當今世界你只有一個地方可以去，這就是厄瓜多。而厄瓜多最精華之所在，無疑是基多（Quito）老城。

　　基多坐落在2,850公尺高的皮欽查火山（Pichincha）山麓，是世界第二高的首都。同時基多還是世界上唯一建在赤道上的首都。雖說位於地球中部的赤道，由於厄瓜多為高原國家，因此並不炎熱，四季如春、氣候適宜。西元15世紀末，成為印加帝國的政治、經濟和文化中心，西元16世紀被西班牙殖民者占領。1830年厄瓜多獨立後，基多成為首都，以保存有大量西班牙殖民時代的建築物而聞名。首都基多的老城於1978年被列為世界文化遺產名錄，當時聯合國這樣評價基多老城：「基多老城是人類活動與大自然的和諧獨一無二的結合，融合了西班牙、義大利、阿拉伯和印第安美學精華，是一件出類拔萃的孤品。」

　　基多老城裡現有一百三十多座紀念性歷史建築，還有五千多所房屋被登記為市一級的文物建築。這些西班牙殖民時代建築群和整個城市格局一直受到較好的保護，被譽為「安地斯大博物館」。受殖民文化影響，老城裡多數古建築都與天主教相關，比較著名的有聖方濟各聖殿（Basilica and Convent of San Francisco）、耶穌會教堂（Church of La Compañía）、聖多明戈教堂（Church of Santo Domingo）等。其中規模最大、塔樓最高的是國家誓言聖殿（Basilica del Voto Nacional），這座宏偉的新哥德式教堂，其雙塔高達115公尺，是南美洲最大的新哥德式教堂。教堂高聳的內部空間和兩側的彩繪玻璃窗無不給人留下深刻印象，而最令人震撼的是登上塔樓的觀景臺，俯瞰隨著山勢起伏的整個基多城區。

　　街頭巷尾到處可以看見印第安民族服裝——濃郁的南美風情，流淌在基多的大街小巷，基多老城的魅力正通過這種厚重的人文底蘊展現出來。悠閒地漫步在基多老城彷彿走進時光隧道，能深刻感受到南美西班牙殖民時代的

建築風格，窄小的街道、五顏六色的外牆、吊籃裝扮的陽臺，過路的人說著性感的西班牙語，此起彼落地在耳邊縈繞。那一條條古老的街道，每一塊灰色的街石都已經被歲月打磨得光滑照人。走過眼前的石拱門，就好像走進時光交錯的入口，讓歷史和現實交融。精緻而又華麗的雕塑和建築鱗次櫛比，給基多老城帶來攝人魂魄的魅力，歷史文化和衣香鬢影，讓每一個遊客感受到時間發出的芬芳。

古城入夜的燈光和密密麻麻的細雨交織成一片，潮溼的街面反射出七色光芒。基多老城的情趣在於這樣的一種生活方式，它不刺激，但很新鮮；它不壯麗，但很秀美；它不張揚，但散發著一種不可抑制的生命力。這種來自歷史的生命力，是老城含蓄而充滿張力的力量之源。

基多老城的古建築美不勝收，但更讓我們動懷的是基多人熱情開朗的淳樸民風。要問世界上什麼景色最美？無疑就是這些天真無邪、發自內心的歡笑。這樣的笑容可以融化任何堅冰，穿透一切隔閡，將人世變成天堂。看看他們發自內心的歡聲笑語，我們也有過無數這樣的歡樂時光。但是，隨著年齡的變大、學歷的提高、經驗的豐富、財富的增加，我們的笑聲卻變低了，笑容變淺了，人世間最荒唐和最無奈的事大概莫過於此。

天主教國家一年之中最盛大的節日是復活節，厄瓜多自然也不例外。我們正好趕上復活節大遊行，基多老城的街頭萬頭攢動，人流如潮。浩浩蕩蕩的復活節遊行隊伍持續了約三個小時，無論男女老少都戴著只開著兩隻眼洞的尖頂頭罩，身著長衫，這種服飾源自西班牙苦修士，和美國三K黨沒有關係。他們默默地行進在大街之上，沉默中隱含著神祕的力量。

每支遊行隊伍一般都由背負十字架的漢子領頭。厄瓜多人在復活節這一天，發揮自己的想像，與他們心中的救主共同體驗基督生命中這個最重要的時刻。這一時刻之所以重要，是因為它所蘊含的勇氣、道德與博愛，是因為它帶來了超越時空的、永恆公正的希望。兩千多年來，基督教在成長中，寫下了許多光輝的篇章，也留下了不少的卑劣的汙點。但是，浴血十字架對於

全人類文明進程的昭示，卻從來沒有動搖過。

　　遊行隊伍中有著社會各個階層的民眾，從西裝革履的紳士到粗布短衫的勞工。一個瘦弱的小女孩身披白紗，專注的眼神有些緊張、有些憂鬱，似乎在無聲中告訴我們：人的欲望和壓力往往出自人本身的無意識，而不一定是外界的壓力。一個姑娘從深紫色的罩袍下投來的一瞥，令人捉摸不透其中隱藏著什麼神祕的故事。遊行隊伍中的孩子神情各異，有的孩子好奇地從眼洞中打量著外面的世界；另一個孩子已經不耐煩，他掀掉了頭罩，吵著要回家。

　　基多老城的復活節慶祝活動不光有宗教儀式，還有許多民間歌舞演出助興。專業藝術家們走上街頭演出歌舞，與民同樂。他們的表演非常投入，散發出強烈的民族氣氛。

　　漫步在今天的基多老城，沒有人能夠想像到，這塊美麗的土地在暴虐的印加王統治下，曾多次慘無人道地成為大屠殺的刑地。考古學家在基多以北的城郊發掘出大量亂葬坑，有史家估計被殺的多達兩萬至五萬人。由於印加王國的黑暗殘暴，統治者人心盡失，使得西班牙人皮薩羅僅186人的西班牙軍能夠趁虛而入，一舉終結了印加王國的歷史。正是那些不堪回首的歷史，使我們愈加欣賞和喜歡今天這座美麗且寧靜的基多老城。

Chapter
16
2021昆士蘭內陸自駕趣

澳洲內陸的日落

第一站 澳洲發祥地

　　新冠病毒肆虐一年半了，全世界疫情此起彼伏，澳洲依然處於嚴格的閉關鎖國狀態，5月底墨爾本（Melbourne）第四次封城。但是，沒有什麼可以影響我們旅行的熱情，既然不能出國，那我們就去探索廣袤的內陸，6月4日我們四人一車直驅700公里外的坦特菲爾德（Tenterfield）。

　　坦特菲爾德坐落在新英格蘭平原北端，海拔880公尺，距離昆士蘭（Queensland）邊界只有18公里，周圍有著連綿的山脈和令人印象深刻的國家公園。這是一個古色古香的內陸城鎮，常住居民四千多人。以其令人印象深刻的落葉喬木林而著稱，秋季的色彩尤為迷人。四周是綿羊和牛的國度，同時它以果園聞名，還是重要的寒冷氣候葡萄酒產區。

　　坦特菲爾德在澳洲歷史上有著不同凡響的地位，1889年新南威爾斯州殖民地首相亨利・帕克斯爵士（Sir Henry Parkes, 1815-1896）在鎮上發表了關於必須建立澳洲聯邦的歷史性演講，他強烈呼籲澳洲大陸的各個分散獨立的殖民地結為一體，成立澳洲聯邦議會和聯邦總理內閣來掌管全澳事務。他號召在一個國家的基礎上，而不是在帝國的基礎上，建立一個不隸屬於英帝國的聯邦澳洲。1890年各殖民地回應亨利・帕克斯爵士的呼籲，派出代表團開始商討澳洲聯邦的基本憲法，通過經年的激烈爭吵和反覆的討價還價，1898年第一部聯邦憲法草案終於完成。然後憲法草案交付全民投票表決，投票結果促使澳洲在1901年建立了一個聯邦國家，六個殖民地終於聯合到一起成為南半球的一個大國，澳洲民族國家最終瓜熟蒂落。亨利・帕克斯就此得到「澳洲聯邦之父」的稱號，而坦特菲爾德從此有了「國家的發祥地」之美譽。

　　「亨利・帕克斯爵士博物館」是新南威爾斯州（New South Wales）最大的內陸博物館之一，是追溯澳洲歷史不可或缺的重要部分。博物館位於一處歷史悠久的建築群，這裡還設有公共圖書館、藝術學院和歷史電影院。亨

亨利・帕克斯爵士博物館

維多利亞式義大利風格的豪宅

利・帕克斯爵士1889年的重要演講就是在博物館的大堂中發表的。博物館通過最先進的技術和展覽設計講述澳大利亞的歷史，這些主題包括亨利・帕克斯爵士的生活和收藏，坦特菲爾德與澳大利亞聯邦的聯繫以及聯邦對社會、文化和經濟生活的影響。

我們夜宿斯坦娜姆傳統別墅精品酒店（Stannum House），這是一幢維多利亞式義大利風格的豪宅，建於1880年代後期，它是該地區最重要的歷史建築。這棟三層樓的別墅樓上有七間豪華客房，一樓有兩間展示廳，裡面裝滿了維多利亞時代的古董。這裡有著亨利・帕克斯爵士等澳洲名人的足跡，他們為這座歷史悠久的房屋增光添彩。

這所房子在當地被描述為完美的時間膠囊，現在古老的房間已經修復，完全恢復昔日的榮耀。這幢三層樓的別墅，帶有前凸窗、鑄鐵陽臺和陽臺裝飾。4個面板的前門有側燈和風扇燈，燦爛的前庭有一個由科林斯式（Corinthian Order）圓柱支撐的拱門。牆壁和天花板上裝飾有藝術品、漂亮的地毯和窗簾、義大利大理石壁爐，以及精美的傢俱。16英尺高的天花板完美配合了房間的尺寸。除杉松木地板外，房屋中所有木材均為當地紅柏，獨特的柏木螺旋樓梯通往三樓閣樓和屋頂花園，在屋頂可以眺望近處的街景和遠處的田園風光。

第二站　一天爬兩座山

在旅館古色古香的餐廳用完早餐，我們八點就出發上路，一天要遊覽2個國家公園，攀爬兩座山頭，不抓緊時間就有可能無法完成預定計畫。

禿岩國家公園（Bald Rock National Park）位於坦特菲爾德以北34公里處，

該公園以其最顯著的特徵「禿頭岩石」命名，這是一塊巨大花崗岩的突出頂部，高出周圍的景觀約200公尺。禿頭岩是南半球最大的裸露花崗岩岩石，長750公尺，寬500公尺，高260公尺，最高點處海拔1,341公尺（位於澳洲中部的艾爾斯山雖然體積更大，但它是沙岩[sandstone]，不是花崗岩[granite]）。數千年來，禿頭岩石一直是該地區三個原住民部落（Jukembal、Bundjalung和Kamilaroi）的中立區域。各部落都將禿頭岩石視為邊界，他們經常會在此進行以貨換貨的貿易。

登山步道約2.4公里，公園一年半前曾被野火掃蕩，焦黑的樹幹依然隨處可見，不過漫山遍野長滿了嫩枝綠葉的樹幹和鬱鬱蔥蔥的灌木叢，充分展示大自然旺盛的生命力和強勁的自我修復能力。步道繞行在巨大的花崗岩巨石群中，最後到達禿頭岩石的山頂。在岩石的頂部視野非常開闊，在這裡我們覺得自己像在世界之巔！

離開禿岩國家公園，前往沃倫加拉（Wallangarra）。這座小鎮坐落在山脈之中，是昆士蘭州最南端的城鎮之一，它正好位於新南威爾斯州和昆士蘭州邊界之上，當時澳洲各殖民地處於各自為政的狀態，鐵路軌距各不相同，新南威爾斯州採用的是1.435公尺的英國式標準軌距；昆士蘭和西澳採用1.07公尺的蘇丹式窄軌鐵路；塔斯馬尼亞（Tasmania）初為1.6公尺的愛爾蘭式軌距，後來改為蘇丹式軌距；南澳則是幹線為愛爾蘭式寬軌，支線為蘇丹式窄軌。這意味著當時從一個州到另一個州的人員和貨物，都必須在州界下車並換火車。

修建於1888年的沃倫加拉火車站依然保存完好，月臺上用油漆畫線，清楚地顯示了州際邊界。這個迷人的小火車站再現了1901年1月1日澳大利亞聯邦成立之前，昆士蘭州和新南威爾斯州之間的緊張局勢。剛愎自用的殖民地官員們互不買帳，不但建造了兩個不同軌距的鐵路系統，就是在這個火車站也寸步不讓地對抗，使得車站兩側的月臺遮陽棚具有完全不同的造型和風格。西側遮陽篷採用昆士蘭州的牛鼻屋頂模式，而東側遮陽篷則是新南威爾

斯州標準的平坦屋頂。

昔日這個火車站是兩個殖民地之間主要的鐵路樞紐。如今這裡是一個有趣的鐵路博物館，向人們展示了維多利亞時代宏偉的火車站，同時也是昔日各個殖民地彼此盲目對抗和政客愚蠢決策的紀念碑。

我們在沃倫加拉吃完午餐，直奔吉拉溫國家公園（Girraween National Park），這是一個與禿岩國家公園相距不遠的孿生公園，該地區因其植物的多樣性而聞名。桉樹林和荒地為豐富的鳥類提供了棲息地。春天絢麗多姿的野花盛開，這使它在土著語言中被稱為「鮮花的家園」。加上許多龐大和奇特的花崗岩石，這兒每年吸引了12萬狂熱的徒步旅行者和自然探險者。

沿著步道可以到達公園的最高點，位於海拔1,267公尺的諾曼山頂，沿途有著豐富的花崗岩景觀、平衡的巨石、清澈的溪流、濕地、小瀑布和開闊的森林。公園步道起始平坦易走，到半山腰處臺階步道消失了，取而代之的是行走在陡峭的花崗岩石面上，而石面的陡峭程度和需要攀爬的高度均遠遠超過上午爬的禿頭岩石山，對體力和平衡感都有相當的要求。如果說上午我們輕鬆登頂，下午我們則使出了渾身解數，逼出身體最後的潛力才成功到達山頂。

無限風光在頂峰，位於1,112公尺處的金字塔和城堡岩，是公園的招牌景觀，而位於山頂的那重達十噸、七公尺半高、六公尺寬的巨石（又名平衡石[Balancing Rock]）搖搖欲墜地坐落在僅一公尺的基座上，尤其令人驚嘆大自然的鬼斧神工。一天之內成功攀爬兩座山峰，成功的喜悅令人心滿意足，美麗的山景使人心曠神怡。

真正的旅行不僅僅對金錢、時間和智力有著相當的要求，體力也是不可或缺的一環。有意識地先去一些落後的國家，先完成一些難度高的旅程，而將輕鬆和容易的旅行目的地留在後面，是每一個旅行發燒友應該認真考慮的問題，以免最後留下難以彌補的終生遺憾。

▌禿頭岩頂部景色

▌諾曼山頂的巨石

第三站 從史坦索普到羅馬

　　史坦索普（Stanthorpe）距離州界約50公里，是一個有吸引力的內陸小鎮。坐落在一個富饒的混合農牧區中部，周圍有著葡萄園、釀酒廠、各類果園以及放牧綿羊和牛的木材。該地區以出產蘋果、葡萄以及放牧綿羊和牛而聞名。

　　史坦索普位於海拔約800公尺的高地，氣候對於昆士蘭州來說顯得特別寒冷，冬季時，該鎮的夜間溫度通常會降到零度以下。這種白天、黑夜溫差大的地方，最適合各類水果種植。我們買了一些當地出產的蘋果，樣子看起來沒有什麼特別，但味道特別好吃，酸甜可口，汁多香脆，大家都說是這輩子吃過最好吃的蘋果。

　　除了蘋果，史坦索普和坦特菲爾德之間的這片土地還盛產葡萄和葡萄酒。近年來，花崗岩帶的葡萄酒引起了葡萄酒愛好者和評論家的關注。葡萄在高海拔的涼爽氣候下具有較長的生長期，加上深厚肥沃的花崗岩土壤和該地區釀酒師的創新方法，生產出優雅而獨特的葡萄酒。當地人說，涼爽氣候的葡萄酒就像指紋一樣，有著自己特殊的口味，令許多酒客著迷。現在這裡有著五十多家葡萄種植園和酒廠，產品銷售到世界許多國家，格蘭城堡（Castle Glen）是位於花崗岩帶中心的標誌性建築，步入這片葡萄園，甚至在喝酒之前，我們以為自己已經來到蘇格蘭了。

　　城中心郵局對面的牆壁上有一幅巨大的老人畫像，這幅令人印象深刻的逼真頭像，是偉大的壁畫藝術家基多・范・海頓（Guido van Helten, 1986-）創作的，壁畫描繪了當地居民安傑洛・瓦利安特（Angelo Valiante, 1916-2018）。瓦利安特先生是最早在史坦索普定居的義大利人之一，畫家通過這幅作品向當地的義大利社區表示敬意。安傑洛・瓦利安特有著傳奇般的人生經歷，他1916年出生於義大利羅馬東部的鄉村，二戰其間應徵入伍，1941年

在北非戰場被澳洲第六師俘擄，隨即被押運來到澳洲，在史坦索普附近的農場勞動，1947年和其他義大利戰俘一起被遣返義大利，1950年由前雇主贊助，他帶著妻子和兒子返回史坦索普。安傑洛・瓦利安特於2016年11月滿100歲，來自布里斯班（Brisbane）的畫家花了三天的時間完成了這幅畫像，兩年後安傑洛・瓦利安特安然去世。

　　一場莫名其妙的戰爭，將一個義大利鄉下人送去非洲打仗，又被押到當時杳無人煙的澳洲內陸，幾年後再次違反他的意願將他遣返義大利。無助地

▌斯坦霍普的人像壁畫

被命運的浪潮挾裹多年之後，他終於按照自己的意願行事，攜妻帶兒回到澳洲，從此落地生根，成為當地備受尊重的公民。安傑洛・瓦利安特是不幸的，命運打斷了他本來平靜的生活，同時他又是二戰其間為數不多的幸運兒，他沒有被送到蘇聯的西伯利亞集中營，而是來到了澳洲。在澳洲，他用勤勞和忠誠奠定了自己一輩子和家族後人的美滿生活。雖然命運常常不可捉摸，但「成為一個正直和勤勞的人」永遠是叩開幸福之門的唯一途徑。

離開史坦索普，繼續驅車向北143公里，到達圖沃柏（Toowoomba）。這裡距布里斯班僅90分鐘路程，位於海拔700公尺的大分水嶺邊緣，可俯瞰洛克耶山谷（Lockyer Valley），是昆士蘭最大的內陸城鎮，也是澳洲排名第二的內陸城鎮，僅位於首都坎培拉（Canberra）之後。圖沃柏春天色彩繽紛，夏天烈日高照，秋天瀟瀟黃葉，冬天寒風淩厲。在昆士蘭的其他任何地方，都不會像在這裡一樣經歷全部四個典型的季節氣候。

圖沃柏只有約14萬人口，卻有著一百五十多座花園。面積達26公頃的女王公園（Queens Park）以前曾是皇家植物保護區，比布里斯班的植物園還要大八公頃。女王公園保留了19世紀英國花園所共有的魅力和特色，擁有色彩豔麗的花床。當年從歐洲、亞洲和世界其他地方進口的許多樹木如今已成長為參天大樹，這些古樹給市民提供了陰涼處和舒適的野餐地，如今圖沃柏被稱為昆士蘭州的花園城市。

羅素街（Russell Street）是圖沃柏最著名的老街，有著許多精美的歷史建築地標，其中許多可追溯到1860年代。羅素街最初被稱為「農場路」，當時是一條泥路。殖民時代向內陸擴張的擅自占地者將羊和牛運到布里斯班出售，然後將物資運回圖沃柏，在羅素街兩側大興土木。1954年，亨利・斯圖爾特・羅素（Henry Stuart Russell, 1818-1889）將這條街改名為羅素街。羅素是這裡的早期居民，此人精力充沛、膽大妄為，是早期殖民者中典型的佼佼者，他一生的職業包括掠奪者、探險家、政治家、作家和紳士。羅素於1888年出版《昆士蘭的起源》（*Genesis of Queensland*），書中以生動的語言記錄了

早期定居和牧業發展的生活情況，成為昆士蘭殖民史的寶貴紀錄，這本書今天在亞馬遜網站上依然可以買到。

　　位於女王公園旁的卡柏博物館（Cobb + Co Museum）有著澳洲最出色的馬車收藏，讓人走回塵土飛揚的殖民年代。1866年的馬車時刻表和其他精心保存的藏品，訴說著圖沃柏和達令唐斯（Darling Downs）殖民時代先驅者的故事。在汽車問世之前，這些當地製造的馬車奔馳在澳洲廣袤荒涼的大地上，擔負著運輸人員和物質的任務。通常一輛載客馬車有五至七匹健碩的大馬拖拉，乘載八至十一名客人，每天可行走80公里，但票價極其昂貴，一個人坐一天馬車的票價，相當於一個技術工人一個星期的工資。在那時旅行絕對是有錢人的遊戲，一般人無緣問津。

　　圖沃柏不但有出色的美術館，這個小城還以街頭塗鴉藝術出名。在過去10年裡，當地和來自世界各地的一流藝術家充分發揮想像力，在許多街邊建築的牆上揮灑潑漆，五顏六色的壁畫使這個昆士蘭州內陸小城的面貌煥然一新。

　　我們夜宿瓦西禮堂（Vacy Hall），這是一座歷史悠久的老房子，是澳洲最有名的歷史旅館之一。所有客房和套房均以古典風格裝飾，它還擁有超過140英畝的美麗花園，花園中有不少百年老樹和奇花異草。

　　瓦西禮堂始建於1873年，1898年大火燒毀該建築後，於1899年被目前的磚石建築所取代。現在它不僅是澳洲最富盛名的歷史旅館之一，而且被列入國家歷史遺產目錄，因為這座建築在展示19世紀末期堅固的民居住宅（例如磚瓦和混凝土）的主要特徵方面很重要，並展現出當時社會所重視的一系列美學特徵，包括裝飾磚砌、鑲木地板、雪松木內飾等。現在這座百年老宅已經被澈底翻新，在保留所有古建築特徵的基礎上，加裝了現代衛生設備和空調，使得旅客們在享受殖民地時代風情的同時，依然能夠保持生活上最大的舒適性。

　　圖沃泊夜晚的氣溫在零度以下，早晨起來車窗上接了厚厚的一層冰，用溫水沖了好一會兒，才把車窗上的冰霜除盡。我們繼續一路向北，海拔高度

持續降低，大地變得越來越平坦，氣溫也隨之迅速升高。

約四個多小時的車程來到羅馬市（Roma），名稱和義大利首都羅馬（Rome）只有一個字母之差。早期探險家湯瑪斯・米切爾（Thomas Mitchell, 1792-1855）爵士曾在1840年就將這片土地描述為：「我在這個國家所見過的最美好的原始土地，目光所及到處都是鬱鬱蔥蔥的樹林。」今天大部分的森林已被砍伐一空，只剩下灌木叢林和廣闊無邊的牧場。羅馬被稱為昆士蘭的西部丘陵之都，是一個繁榮的小鎮，擁有許多歷史建築和傳奇故事，這兒坐落著南半球最大的活牛拍賣場，並以廣闊的蘇拉特盆地（Surat Basin）成為澳洲大陸首次發現天然氣和石油之所在而感到自豪，源源不斷噴湧而出的天然氣至今仍是當地最大的財源。

羅馬有顆碩大的昆士蘭瓶樹，樹齡超過百年。它的高度為八公尺，冠高為20公尺，周長為9.51公尺，需要六個成年男子手把手才能圍攏這個大肚子老樹。比這棵巨型昆士蘭瓶樹更有意義的，是英雄大道上的140棵昆士蘭瓶樹。這些樹木是從1918年開始種植，以紀念在歷次戰爭中犧牲的當地戰士。每棵樹木都是一座紀念碑，樹下的水泥石柱鑲有自己的黃銅牌匾，紀念為國捐軀的年輕人。

英雄大道的盡頭是女王公園，坐落著戰爭紀念館。第一次世界大戰之前的澳洲——尤其是昆士蘭州——幾乎沒有公民紀念碑。這裡豎立的紀念館成為國家的第一座烈士紀念碑，記錄了戰爭對一個年輕國家的毀滅性影響。澳洲從約400萬人口中損失了六萬人，占工作年齡人口的五分之一，之前或之後的戰爭都沒有對國家造成如此大的影響。紀念碑文上寫著：「1918年9月20日，羅馬地區的人民自動聚集起來，向一戰中犧牲的兒子致敬。士兵們為自己國家和生活方式獻身，只要羅馬市還有人存在，他們的犧牲就不會被遺忘。」

當地史實記載1867年曾有64個華人來到羅馬，他們居住在一起，那片區域被當地人稱為「中國城」。華人們以種植蔬菜謀生，他們在溪流旁開墾了

卡柏博物館的馬車收藏

活牛拍賣

18公頃的土地作為菜園，供應了附近整片區域，深受當地人好評。1870年在昆士蘭中部發現黃金的消息傳來，這群華人蜂擁而去，就此音訊全無。

當年這些華人前輩是如何長途跋涉，來到這片深入內陸五百多公里、荒蕪蒼涼的澳洲內陸？他們離開羅馬後是否找到黃金？最後又去了哪裡？這一切已經被深深地埋在了歷史的塵土之中。我們在當地讀到這則史實，不禁感慨萬千，為生活所迫、為命運驅使、為激情鞭策，一代又一代的華人，前仆後繼地走向世界每一個角落，他們的故事和羅馬犧牲的士兵一樣，也不應該被後人遺忘。

羅馬有著澳洲最大的活牛拍賣場，每年有30萬到40萬頭活牛在這裡通過拍賣轉手。牧民從全州各地將活牛運來這裡進行交易，每週二早上8點半開始拍賣，供需關係決定的拍賣價對於全國的活牛價錢有指導的作用。離開羅馬的那天是星期二，我們早早就來到了拍賣場，牛欄中已經關了許許多多的牛，場面十分壯觀。工作人員五至六人一組，他們走到被拍賣牛欄旁，口中念念有詞，十幾或者幾十秒的時間裡，一頭或者一欄牛的轉手買賣就成交了，拍賣以非常嫻熟高效的方式進行。不過說老實話，我們看了一個多小時，還是沒有搞明白這價錢究竟是如何敲定的。

第四站 加拿芬峽谷國家公園

從羅馬再往北270公里，就到了加拿芬峽谷國家公園（Carnarvon National Park），這是昆士蘭中部半乾旱荒漠中的一片綠洲。在加拿芬峽谷，高聳的白色沙岩懸崖形成了一個壯觀的陡峭峽谷，殘留的雨林在被遮蔽的峽谷中生長茂盛，一片鬱鬱蔥蔥，終年水流充沛的加拿芬溪蜿蜒穿過峽谷。這裡擁有

豐富的文化和自然遺產，這個童話般的峽谷是澳洲最偉大的自然奇觀之一。

　　殖民時代英國人帶來澳洲的馴養動物，有一些走入荒野，變成了野生動物，對澳洲脆弱的環境造成很大的破壞。在加拿芬峽谷國家公園，野馬和野豬的危害最大。野馬的活動方式改變了地被植物的成分，而野豬造成了野雞的局部滅絕。從2007年，管理當局組織步槍手在直升機上進行狙殺，2008年共射殺了700匹野馬和許多野豬，據說現在已經完全控制了局面，公園內再也看不到野馬和野豬的蹤跡。

　　我們入住加拿芬峽谷國家公園的房車營地，營地坐落在峽谷之中的一片草地上，旁邊有一條小河流過，袋鼠隨處可見，鳥雀鳴叫聲此起彼伏，充滿了大自然的野趣。

　　營地中有供搭建帳篷的平坦草地，有房車過夜可以供水供電的區域，也

▌國家公園的房車營地

有固定搭建的帳篷，裡面床鋪、被褥一應俱全，還有附屬的浴室和廁所，給我們這樣輕裝上路的旅行者使用。營地中有公用的廚房、浴室、廁所和洗衣房，供大家免費使用。傍晚時分酒吧開張，徒步了一天的人們在小桌旁坐定，叫上一瓶冰鎮啤酒，那時的心滿意足都清清楚楚地寫在了臉上。入夜天黑之後，山區的氣溫驟降到零度左右，營區內一處處篝火先後燃起，來自天南地北的遊客圍坐在一起，烤火取暖、談天說地，眾人玩得不亦樂乎。營地在保留野趣的同時，也提供了現代生活的一切便利。

疫情在全世界氾濫，澳洲嚴格實行閉關鎖國，驢友們不能出國，只能在國內轉悠，房車營地早早就被預訂完畢，入夜時整個營地不見一個空位。在營地最大的驚喜要數和雪梨的一幫朋友不期而遇。他們也是一行四人，比我們晚出發兩天，但他們兵貴神速，居然和我們同一天入住營地。第二天，老驢友們在加拿芬步道迎面相遇，大家額外欣喜。

旅行不僅僅增長見識，還能造就健康體魄。到達加拿芬峽谷國家公園的那夜，我們7點半上床睡覺，一覺睡到清晨5點半。半夜被狂風大雨吵醒，還沒有來得及擔心這會不會影響第二天的徒步，翻個身就再次沉入夢鄉，已經記不得有多少年沒有睡得如此深沉，就像個孩子一般。

在加拿芬峽谷國家公園的第二天雨過天晴，藍天如洗。太陽還沒有升上峽谷，營地裡一片寧靜，早飯每人一碗牛肉麵加雞蛋，再喝一杯濃咖啡加蛋糕，吃完中西合璧的早餐，我們7點半就精神抖擻地踏上了偉大的加拿芬步道。

加拿芬步道在峽谷底部蜿蜒前行，和加拿芬溪流時分時合，步道多次跨越加拿芬溪，溪流中的墊腳石放置穩固，只要保持身體平衡，就可以放心前行而不會跌落。我們沿著空無一人的步道健步向前，四周只有小溪中潺潺的流水聲，此起彼伏的鳥雀鳴叫聲和時不時吹過樹梢的風聲，我們沉浸在大自然的美景中，彷彿已經和大地草木融為一體。

特有的扇形棕櫚樹、古老的蘇鐵樹、蕨類植物、開花的灌木和口香糖樹

加拿芬峽谷景觀

原住民岩畫

遍布主要峽谷中，懸崖頂上長滿綠草如茵的開闊森林。其獨特的景觀和我們以前走過的許多峽谷都不一樣，移步換景的步道使人興奮，完全忘記了自己的年齡和疲勞。

我們一路直奔9.5公里外的大教堂峽谷，這是峽谷內最大、最壯觀的文化景點，位於主步道的最遠端。巨大的風蝕石洞位於高聳入雲的岩石峭壁底部，巍巍壯觀，為土著居民提供了數千年的庇護。約翰・比頓博士於1975年在此進行了考古發掘，發掘出的篝火沉積物經放射性碳定年法表明，原住民在3,560年前已經在這裡生活。

澳洲原住民始終以狩獵和採集為生。他們是捕魚能手，不僅能用木製的魚叉，還會修水壩攔魚、編魚簍和織魚網捉魚。他們通常捕殺小型動物，像蜥蜴、鳥類、小袋鼠、負鼠等。他們採集從野果、草籽、根莖到鳥蛋、貝殼，甚至飛蛾和肉蟲。這些食物種類繁多、營養充足。很多科學家都指出，和18世紀的英國人相比，那時的原住民享受著比白種人更多的閒置時間和營養更加豐富的食物。

當地的原住民不僅以此為家、繁衍生息，更以此為岩石藝術的創作地，他們在白色沙岩牆壁上留下大量的石刻、繪畫、版畫。這些有著千年歷史的原住民遺址，既令人嘆為觀止，也讓人浮想聯翩。如果沒有英國工業革命、沒有大航海年代，我們固然不可能來到這裡，而此時此刻原住民也許正忙著在石壁上作畫或者塗色。

在大教堂峽谷吃完攜帶的麵包夾肉和茄汁黃豆，已經是中午時分。我們兵分兩路，同行的周老師夫婦年壯力強，他們繼續前行去看大彎（Big Bend）野營地，我們則走上回程的道路。

在回程的路上，我們拐入一條條岔路，前去觀賞好幾處精彩的景點，第一處是藝術畫廊。在乾旱缺水的澳洲內陸，有著永久水源的加拿芬峽谷自然早就成為原住民的家園。沙岩壁上的原住民藝術畫廊充滿了靈性，62公尺長的沙岩牆上有著兩千多幅岩石雕刻、徒手繪畫和範本塗畫，其中包括澳洲

一些最好的原住民岩石圖像。石壁上留下的圖形有迴旋鏢、漁網、手掌、斧頭、魚、貝殼、袋鼠等，無不栩栩如生。這裡還以大量的人類女性外陰石刻而聞名於世，有一面石壁被學者稱之為「外陰之牆」。外陰的雕刻是在這個地區的懸崖上很常見，但在澳洲其他地方沒有被發現過。而這裡的部落是母系社會，抑或單純的生殖器崇拜，這已經不可考證，一切都已經被歷史的濃霧所遮蓋。

下一個景點是圓形露天劇場（Amphitheater），在幾乎垂直的崖壁上，流水和歲月在岩石中切割出一個約60公尺直徑的圓形石室，石室中陰暗和涼爽。站在石室底部，抬頭仰望周圍如刀削斧劈般的巨大石壁令人嘆為觀止。這裡有著非凡的聲學效果，回聲效果超凡脫俗。不會唱歌，只好大吼幾聲，果然回聲陣陣，這種不尋常的自然奇觀實在令人驚嘆。

莫斯花園（Moss Garden）是峽谷中不可思議的地方之一，位於這個陰涼峽谷中的沙岩像海綿一樣吸滿了水，使得崖壁終年有水滴墜落，即使在昆士蘭最炎熱乾旱的日子裡也不會中斷。滴落的水流積蓄在一個岩石低窪處，形成一個涼爽、黑暗的水池。由於充沛的水分，崖壁上長滿了茂密的苔蘚、樹蕨和艾蒿，彷彿覆蓋了一層綠色絨毯，形成了奇特的景觀，和周圍的峽谷環境截然不同，使人覺得突然到了另外一個虛幻的世界。

我們跋山涉水走遍了沿途的一個個景點，下午四點半意猶未盡走回停車場，檢查一下計步器，發現自己居然在九個小時走了超過26公里，這和昨夜的睡眠一樣，又是一個許多年未見的紀錄。青山依舊綠水長流，老倆口寶刀不老。

加拿芬峽谷國家公園的溪流中有著十多種魚類，其中最大的是長鰭鰻。這裡還是澳洲特有的珍稀動物鴨嘴獸的棲息地，顧名思義，鴨嘴獸最大的特點，就是有一張和鴨子一樣的扁嘴，但身體卻像水獺一樣，有防水的毛髮和扁平的大尾巴。不光如此，牠們的腳也很像鴨子，四肢都長了可以收縮的蹼。鴨嘴獸雖是哺乳動物，但卻會下蛋，而且還是為數不多的有毒哺乳類動

物，雄性鴨嘴獸的後肢有尖刺，可分泌有毒物質，此外鴨嘴獸還是少數擁有電磁感應的哺乳動物。

1798年新南威爾斯總督約翰・亨特（John Hunter, 1737-1821）首次將鴨嘴獸的皮毛和素描寄回英國，歐洲人才首次認識到鴨嘴獸的存在。因為其形象太過奇特，當時許多英國科學家認為這只是一個作弄人的惡作劇；甚至當鴨嘴獸的標本送到歐洲時，還有人認為這不過是亞洲動物標本技師的作品，其「鴨嘴」是後來縫上去的，而毛皮本身則來自海狸一類的動物，他們還特意檢查過毛皮上是否有縫線，大自然的豐富多彩總是讓人類的想像力相形見絀。

我們住宿營地旁的小河中就有鴨嘴獸生息繁衍，牠們通常只在早晨或者傍晚浮出水面。第三天早晨吃完早飯，來到小河旁，沒等多久河水就泛起陣陣漣漪，一隻鴨嘴獸出現了。鴨嘴獸一身皮毛烏黑發亮，在水中活動非常敏捷，上下翻滾出沒無常。這時太陽還沒有照進峽谷，河面光線暗淡，而且鴨嘴獸上浮的時間短暫，拍攝的效果不是太好。我們來澳洲三十多年，以前只在博物館見過鴨嘴獸的標本，這次總算一睹其真容，可謂不虛此行。

在加拿芬峽谷國家公園住了三夜，短短兩天半的時間，我們彷彿回到了兩百多年前英國人來臨之前的南方大陸，領略了大自然亙古不變的壯闊美麗，觀賞了珍稀動物鴨嘴獸，體驗和見證了古老的原住民文化奇特的魅力和最終的消亡，加拿芬峽谷國家公園果然名不虛傳。

第五站 從加拿芬峽谷到溫頓郡

離開加拿芬峽谷，一路向北，抵達位於昆士蘭中部高地的艾莫拉爾德

（Emerald），此地盛產優質煤炭，每年出口量達320萬噸。還擁有世界上最大的藍寶石礦場，並出產大量祖母綠。

　　走近鎮中心的莫頓公園，就可以看到一幅巨大的梵谷（Vincent van Gogh, 1853-1890）向日葵油畫複製品，這幅巨型向日葵畫複製畫於1999年11月8日完成，這是加拿大當代藝術家卡麥隆‧克羅斯（Cameron Cross）的作品，他計畫在七個不同國家／地區複製梵谷的七幅不同的向日葵油畫。克羅斯表示，將這幅畫落戶在艾莫拉爾德，因為中部高地有著大量生產向日葵的傳統。

　　莫頓國家公園（Morton National Park）中有一條澳洲聯邦百年紀念馬賽克路。這條馬賽克小徑於2001年正式投入使用，其中包括21個瓷磚馬賽克，描繪了艾莫拉爾德的歷史。它們是由10位當地的藝術家設計，每個人都用自己的想像力和手法講述了當地歷史的一個篇章。

　　從艾莫拉爾德掉頭一路向西，停靠的第二站是巴卡爾丁（Barcaldine），這裡是澳洲工人運動的著名發源地，1891年當地煤礦工人為了提高工資待遇舉行罷工，他們在火車站外的一棵大樹下聚會，在這裡與政府和雇主派來的軍隊和警察對峙。雖然那次罷工失敗，但工人們首次有組織的行動，對澳洲勞工運動的未來產生了深遠的影響，這棵樹成為工黨和工會的標誌，被稱為「知識之樹」。這知識應該指掌握自己的命運，為了自由平等而奮鬥的醒悟。

　　正是在澳洲蓬勃工會運動的不懈努力下，這塊地球上最不自由的司法管轄區變成了一片相當自由和民主的土地。在這些擁有濃厚自主意識和強烈抗爭精神的窮人不斷地努力之下，1855年，雪梨的石匠工會在全世界第一個爭取到了八小時工作日，之後澳洲其他的行業工會也陸續爭取到了同樣的待遇。到1858年，在新南威爾斯、維多利亞（Victoria）和南澳，全體男性公民都取得了選舉權，而且沒有財產限制，而在英國直到1884年才做到這點。1908年澳洲就實現了婦女的選舉權，而英國婦女直到1928年才爭取到這一權利，整整晚了20年。

巴卡爾丁的知識之樹

知識之樹內景

　　獲得政治權力的結果，自然就是經濟報酬的提高。從很早開始，澳洲勞工的工資就明顯高於英國和歐洲其他國家的同行。相比歐洲，澳洲勞工早就過上了小康生活，當肉類和茶葉對歐洲普羅大眾還是奢侈品的時候，澳洲的勞工們已經將這些視作每天的必需品了，於是澳洲當之無愧地有了「打工者的天堂」之美譽。20世紀初，一位剛到雪梨的英國工人嘆道：「我絕不想再回英國了，那裡只是富人的天堂，多虧上帝還幫助我們窮人。」

　　這顆巨大的桉樹生長了約180年，直到2006年被一個不知名的搗蛋鬼給毒死，之後昆士蘭政府在老桉樹的遺址建造了一個雕塑，一個醒目的18公尺高的立方體，其中有4,000棵不同長度的懸浮木材形成樹冠，部分木材取之原始樹體。在這棵知識樹旁邊，有著許多牌匾、銅雕和木刻，記載了當年罷工領導者們的事蹟。

　　當天的終點站是位於南回歸線上的朗芮（Longreach），這是昆士蘭中部最大的城鎮，該州最繁榮的羊毛和牛肉產區之一。當夜的住宿別具一格，一幢幢的小木屋，用油燈、馬具裝飾，充滿了牛仔風格。外面看似粗獷樸實，裡面乾淨整潔，廚房、冰箱、廁所、浴室一應俱全。

　　疫情期間，內陸旅遊方興未艾，許多旅館都掛出了客滿的牌子，當地有名的飯店居然也客滿，服務員說最近不事先預訂，肯定沒有座位。向來冷冷清清的內陸小鎮飯店會有客滿的一天，這是以前聞所未聞的事情，看來疫情之下，也是幾人歡樂幾人愁。最後當地人介紹一家名不見經傳的飯店，卻有意外的驚喜，價錢不貴，質和量均相當不錯，大家吃得心滿意足，起身離座站起身，一看偌大的店面裡已經基本坐滿了客人。

　　朗芮的鎮中心沿著鷹街延伸，保留了各種維護良好的古建築，以及許多紀念碑和雕像。走進主街上的百年老店，彷彿走回時間隧道，生鏽的鐵器、各色牛皮製品、褪色的招貼畫、古色古香的馬車……，歷史的滄桑、時間的情懷，一切盡在不言中。

　　鎮上有好幾個博物館，最有名當數「澳航創世博物館」（Qantas

Founders Outback Museum），通過圖片、文字、影像和飛機實體講述澳洲國家航空公司（Qantas Airways，簡稱「澳航」）起始的故事。想不到如今舉世聞名的澳航，居然是起源於這個本來聞所未聞的內陸小鎮，昆士蘭和北領地航空服務有限公司（Queensland and Northern Territory Aerial Services，Qantas是字首縮寫）的第一次商業飛行，是通過Avro 504K雙翼小飛機所進行的，它於1921年2月7日上午10點30分從朗芮起飛，用時3小時10分鐘到達溫頓郡（Shire of Winton）。同樣是從朗芮去溫頓郡，這178公里的距離，我們驅車只花了1小時45分鐘，這就是100年科技進步的體現。

澳航創世博物館就在我們下榻的旅館對面，清晨時分博物館中空無一人，我們慢慢地在周邊散步，想想這個當年幾個人心血來潮成立的小公司，不但走過大蕭條、兩次世界大戰和數不清的風風雨雨，而如今更慢慢變成了舉世聞名的巨無霸，實在令人讚嘆不已。澳航這百年一路走來有著說不盡的傳奇、寫不完的故事，讓我們感到來不及消化和吸收。

如今，該博物館除了擁有豐富的航空公司歷史外，還收藏了一批飛機，其中包括四架世界上最具標誌性的飛機——聯合PBY Catalina Flying Boat、道格拉斯DC-3、波音707和波音747。此外，還有一些早期澳航機隊的全尺寸複製品，如de Havilland DH-61 Giant Moth、de Havilland DH 50和Avro 504K（澳航的第一架飛機）等等。

再往北180公里就到了溫頓郡，小鎮占地五萬四千平方公里，坐落在一片平坦的草原上，是重要的牛羊飼養區的中心。由於小鎮附近的展覽館擁有世界上最好的恐龍化石，現在被稱為「澳洲恐龍之都」。

澳洲恐龍時代自然歷史博物館位於1,800公頃壯觀的臺地高原，擁有廣闊的風景、野生動物和步行道。這裡有著世界上最大的澳洲恐龍化石收藏，還擁有南半球最高效的化石製備實驗室。

博物館通過圖片、文字和影片顯示了一億年前生活在當地的獨特恐龍，和1999年在當地激動人心的發現：巨大的蜥腳類恐龍和澳大利亞最大食肉恐

澳航創世博物館

恐龍時代自然歷史博物館

龍「班卓」（Banjo）的化石。博物館的化石展覽還包括了許多類型的古植物和生物化石。

電動車負責載送遊客去恐龍峽谷——這是一個造型奇特的沙岩峽谷，黃岩、綠樹和藍天構成了動人的色彩組合，展覽大廳中陳列著一大片恐龍足跡化石。這片由大、小恐龍和許多其他動物留下的清晰足跡，直到1016年才被人類發現。遠古時代的澳洲內陸地區是一個截然不同的地方，與今日的乾旱氣候形成鮮明對比；這裡的景觀以廣闊的河流平原為特徵，高聳的針葉樹和茂密的植被點綴著沙質通道、沼澤以及充滿淡水貽貝、肺魚和鱷魚的湖泊。氣候又溼又涼，平均降雨量超過一公尺。博物館花了整整三年時間，將這片化石遺址從70公里外的發現地移來此處。面對這些大大小小的恐龍腳印，想想牠們曾支配地球陸地達一億四千萬年之久，這樣的強勢動物卻已經滅絕了六千六百萬年。再過六千萬年，如果地球還在圍繞太陽旋轉，就不知道是什麼動物在考察人類留下的遺址了。

享譽世界的澳航就成立於鎮中心的溫頓俱樂部（The Winton Club），1921年在這家俱樂部舉行了第一次的正式董事會會議。它的第一條定期班機航線僅有1,000公里，連接昆士蘭內陸的兩個小鎮。俱樂部保留了當年舉行董事會的房間，還有許多有趣的澳航紀念品。傍晚時分我們興致勃勃地去喝酒，想領略一下英語世界最古老的航空公司誕生地，誰知俱樂部每天僅於上午開門三個小時，最後只能在外面拍了幾張照片。

離俱樂部不遠處便是大名鼎鼎的「亞諾之牆」（Arno's Wall），這堵牆高兩公尺，沿著公園的一側延伸超過70公尺。亞諾（Arno）年輕時在法國外籍軍團中從事冒險事業，之後在海地（Haiti）和梵蒂岡工作，1960年代與他的妻子從德國來到澳洲內陸定居。或許是因為內陸生活的單調乏味，亞諾這個精力充沛的傢伙動手造了這堵堪稱現代藝術的牆，他在混凝土和岩石的牆面中鑲嵌了舊的割草機零件、船用螺旋槳、老式打字機、石膏人像、銅鍋、縫紉機、汽車發動機和輪子，甚至還有幾輛完整的摩托車。估計在亞諾忙著造

牆的那幾年裡，溫頓郡每個角落裡的工業垃圾都被他一掃而空了。

　　和所有澳洲的內陸城鎮一樣，這兒的人們生活悠閒、態度非常友好，前一晚在酒吧喝酒時，一個中年酒保用略帶得意的口吻說：「我們喜歡這兒的生活，沒有廢氣、沒有噪音，沒有任何犯罪、沒有人塗鴉，生活沒有絲毫壓力。」不知道他為什麼專門提到塗鴉，不過想想這裡20萬可以買一幢相當不錯的三房別墅，自來水和Wi-Fi有政府免費提供，牛奶明顯比雪梨的更香更濃，生活真不會有什麼壓力，雖然夏天熱一些。

　　我們所住的小客棧坐落在約2,500平方公尺的土地上，有著8套獨立的完整客房，所有客房都有自己的廁所、浴室，有些還有自己的廚房；另有獨立的洗衣房、游泳池。老闆自己住在緊挨著的一座三房別墅裡。老闆是個和藹的老漢，他們夫妻倆於九年前買下這個客棧，每年四至十月為旅遊旺季，大部分時間客滿，全年平均有70%的入住率。夫妻兩人經營客棧，每年有13至14萬的淨收入。現在年紀大了，妻子生病，他自己也需要進行髖關節置換手術，所以物業加生意一起掛牌出售，開價七十七萬九千元。雖然老闆說每天只需要幹半天活，但每週七天，每年52週都得自己親力親為，是一個相當辛苦的工作。

　　朗芮夜間氣溫只有兩度，寒氣逼人。然而，180公里開外的溫頓郡夜間氣溫攝氏20度，舒適怡人，晚飯後漫步街頭，一彎明月高掛天際，只覺天高雲淡、神清氣爽。

　　溫頓郡是這次旅行的最遠端，我們在此休整兩夜，明天我們就將開始往回走。旅行在昆士蘭內陸的平原上，每天的早晨和傍晚都是令人難忘的神聖時刻。噴薄而出的旭日，喚醒無邊的大地、照亮野草上晶瑩的露珠；白日漸漸西沉，晚霞鮮豔的恬靜黃昏，總是那樣絢麗多彩氣象萬千，使人心醉神迷陶醉其中，那是人神渾然一體超凡脫俗的時刻。

　　大自然一天兩次，童叟無欺地向我們展現她那無與倫比的美，但生活在城市裡的芸芸眾生為了生活而疲於奔命，加上環境的限制，許多人一輩子也

沒有機會靜靜地欣賞大自然的饋贈。一個人，只有真正領略大自然的美，才能形成完整的人格，進而告別狹隘和渺小，完美地認識真理、客觀地看待世界，人的目光才純淨、心靈才坦蕩，才能夠真正地欣賞世間萬物蘊藏的美麗和歡樂。

第六站　從布萊克爾到查理維爾

　　6月14日抵達布萊克爾（Blackall），這是一個典型生長在綿羊背上的澳洲內陸小鎮，坐落在常常乾枯見底的巴可河邊。

　　當地最有名的傳奇人物是傑克・豪（Jack Howe, 1861-1920），他於1892年用7小時40分鐘內剪掉321隻羊，創造了世界紀錄。這個紀錄直到1950年推出電動剪後才被打破，換句話說，傑克從未真正被擊敗過。布萊克爾人用青銅雕塑來紀念這位剪羊毛高手，沿著該鎮的歷史步道三葉草街漫步時可以看到該雕塑。

　　澳洲大陸是世界上最乾燥的大陸，荒漠面積達大陸面積的三分之二，大部分人不知道在這看似乾枯荒涼的地表之下，流動著全世界最豐富的地下水資源。澳洲大盆地（Great Australian Basin）是世界第三大盆地，也是世界上最大的自流盆地。若在中部地勢低窪之處鑿井，地下水可自動流出地面，形成自流井，大自流盆地因而得名。盆地中的水蘊藏量高達65億立方公尺，大約是澳洲地表水量的820倍，如果將這些水分布到地球表面，水深可達半公尺。

　　大部分昆士蘭內陸地區有幸位於這個自流盆地之上，正是在布萊克爾，人們在1885年成功開鑿澳洲第一口自流井，來自深達800公尺的地下水非常純

淨，沒有任何污染，是飲用水的理想之選，也是發展畜牧業的寶貴資源。有
賴於水量充沛的自流井，布萊克爾鎮中心建有一個碩大的溫泉游泳池，我們
浸泡其中久久不願動彈，純淨的天然溫泉令人陶醉沉迷。可以想像當年那些
又熱又渴、疲憊交加的第一代殖民者看到噴湧而出的地下水，會是如何地欣
喜若狂。因為直到那一刻，他們才能真正確認，這片原始荒蠻的土地上可以
建立一個現代文明的社會。這麼多年來，人們在這個大盆地上先後開鑿了1萬
8千口深井，其中有2,000口是自流井，源源不斷的純淨水養育著大大小小的
城鎮村寨和數不清的農莊牧場。

　　當夜，我們入住鎮上的房車營地，碩大的營地被大大小小的房車擠得滿
滿當當，沒有任何空位，還好我們早就預訂了所住的客房。夜幕低垂，當地
鄉村歌手在營地內引喉高歌，遊客們杯酒在手圍坐四周，一派節日氣氛。

　　離開布萊克爾駕車300公里到達查理維爾（Charleville），此鎮毗鄰瓦雷
戈河（Warrego），位於布里斯班以西744公里，是昆士蘭西南地區最大的城
鎮，它被豐富的牧場包圍，成為昆士蘭州西部廣闊土地與羅馬重要鐵路樞紐
之間重要的交通中轉站。該鎮同時設有遠端教育學院和皇家飛行醫生服務
處。這裡還有一個頗有名氣的天文臺——在澳洲旅行到處都能遇到天文臺，
這個國家有著太多仰望星空的人。

　　科隆酒店（Hotel Corones）可以算當地最有名氣的老房子。這家於1929
年落成的酒店典雅精緻，象徵著新移民的進取心和想像力。哈里‧波帕‧柯
洛內斯（Harry "Poppa" Corones, 1883-1972）生於希臘基西拉（Kythera）島，
他於1900年代初期以一文不名的移民身分來到澳洲，並於1929年建造了這家
酒店，當時的報紙評論說：「無論從哪方面來看，新的科隆酒店都將成為南
半球酒店建築和舒適度的典範，並且無疑將成為所有西方人的重要中心。」
《昆士蘭建築與建築學報》讚美它是：「一幢宏偉的黃色建築，在大都市之
外設施最齊全和最新穎的酒店，通常被認為是所有傑出人士的呼喚之地，遊
客和旅客的樂園。」

科隆酒店豪華的酒吧有著昆士蘭最長的酒吧吧臺，所有的室內裝飾和傢俱皆使用美麗的昆士蘭楓木，有著無以倫比的美感。酒店大廳在舉行宴會時可以容納320人，二戰期間的查理維爾成為美國空軍基地，當時有3,500名美國軍人駐紮當地，他們每週都在這裡舉行舞會，酒店成為當地女孩子趨之若鶩的場所，其熱烈的場面和風流的故事至今仍為當地人津津樂道。那時戰爭還沒結束，但青春的熱力和荷爾蒙的力量又有誰抵擋得住？當地有些姑娘最後遠嫁美國。而當時駐日本的澳洲士兵想帶日本老婆回家，卻被白澳政策阻擋。最後在他們強力抗爭之下，澳洲政府不得不做出特殊安排，允許日本新娘入境，允許日本女友到澳洲成婚。成全年輕人的愛情固然是一個考量，實際上二戰後澳洲全國有一萬多名女性遠嫁美國，已經開了先例，這才是最重要的原因。

既然是遊客的樂園，自然不容錯過。吃一塹長一智，我們這次提前預訂了科隆酒店的晚餐。到時果然門庭若市、座無虛席，如果沒有預訂，那就又得吃閉門羹了。在疫情的影響之下，政府嚴密封鎖國門，人們不能出國，導致

鄉間彩繪的水塔

內陸旅遊的熱潮方興未艾。叫了烤羊腿和炙烤鮮魚，這偏僻內陸小城的烹飪水準一流，兩道菜均色香味俱全，羊肉酥而不爛，魚肉嫩而不生，菜餚品質和雪梨一流餐館不相上下，大家酒足飯飽，吃得十分滿意。

「查理維爾歷史博物館」是我們此次旅行中參觀過的最大博物館。形形色色的藏品將一棟百年老宅塞得滿滿的，從廚房、睡房到起居用品；各色各樣工業、通訊、醫療、體育、教育等老器具實物和照片琳瑯滿目，從中可以看到昆士蘭內陸早期殖民生活的點點滴滴。

老宅背後的院子裡，還陳列著各色農具、馬車、汽車，甚至還有一輛鐵道救護車，在全天候的公路建成之前，昆士蘭內陸的城鎮之間，公路交通在雨季處於完全斷絕的狀態，只有鐵路才有通行的可能，於是人們造了鐵道救護車來救死扶傷。

如果說博物館的藏品已經使我們大飽眼福，和工作人員的聊天更讓人眼界大開。這所博物館開館於1970年，所有的館藏都來自周邊地區居民的捐獻，全館12位工作人員都是不拿一分錢的義務工作者。販售門票的老漢喬治（George）已經82歲了，他從博物館開館的第一天就開始義務工作，五十多年的時間過去，喬治從每週幹三小時的零工變成了現在的全職工作。說話之間，另一個館員約翰（John）在旁笑著插嘴：「喬治是我們博物館一件最老的傢俱。」約翰約60歲左右，一副憨厚老實的模樣。

2016年澳大利亞全國人口普查顯示，共有360萬澳大利亞人參與到了社區志願工作當中，意味著幾乎每5個人中就有1位是志願者。他們散布在澳洲的大小城鎮裡，在博物館、醫院、救火站、社區、養老院等各色機構默默地無償工作著。國際社會學界有個定論，一個社會的先進程度，和該社會義務工作者的比例是成正比的，以這個角度來衡量，澳洲當之無愧地走在世界前列。

不得不說，不同的文化造就不同的人種。洋人對錢的斤斤計較、公事公辦和不近人情常常令初次接觸的華人難以接受，但時間一長，他們對弱者、對國家和對社區的慷慨無私奉獻卻會讓你大吃一驚。

第七站 坎納馬拉觀鳥勝地

　　從查理維爾南行200公里，到達坎納馬拉（Cunnamulla），這裡距離新南威爾斯邊界只有120公里，有1,600位居民。「Cunnamulla」一詞為土著語言，意思是「大水坑」或「漫長的水面」。

　　1840年鴉片戰爭時期，第一批歐洲人來到了這裡，1868年隨著定居者的增加，郵局開業，次年法院落成。如今，該鎮幾乎沒有吸引好奇旅行者的風光，但它確實具有鮮明的舊世界魅力。主要街道上的酒店保持了半個多世紀沒有變化，商店仍然給人以昔日時光的感覺，綠樹成蔭的寧靜街道讓人想起遺世獨立的清雅脫俗。

　　只有一千多人的小鎮，照樣有一個歷史博物館，展示當地發展的歷史、過往犧牲的戰士、得過軍功的老鄉、從這裡走出去的名人，以及形形色色的老物件。澳洲是個只有兩百多年歷史的年輕國家，因為歷史短暫，所以就顯得特別珍貴，這個國家從上到下全民似乎對歷史文物的收藏有種偏執狂，任何百年前的物件都被奉為至寶。而那些有著幾千年歷史的所謂文明古國，常常上百萬人的城市都沒有一座歷史博物館，上千年的物件和建築可以輕率地毀於一旦。相比之下，不由得感慨萬千。

　　雖說坎納馬拉沒有令人驚豔的自然風景，但它有著昆士蘭「袋鼠之都」的稱號，據說這片區域活躍著一百多萬頭袋鼠，每個居民可以分攤到1,000頭。當地人打趣地說道，他們什麼時候想要吃肉，提槍出門打一頭就行。

　　這裡還是昆士蘭最佳的觀鳥勝地，在離城16公里處，有個叫鮑拉保護區（Bowra Sanctuary）的地方，方圓幾十公里完全保持了原始的風貌，據說可以觀賞到120種鳥類，由一批熱愛大自然和鳥類的志願工作者管理。許多鳥類攝影愛好者去那裡安營紮寨，常常一住就是1個星期。

　　早上天剛濛濛亮，我們就上路去看鳥。行前的準備工作還是不夠細緻，

▍好奇地觀望著我們的袋鼠

▍和人一樣高的鴯鶓

事先沒有發現這個觀鳥勝地，到了坎納馬拉才知道，於是只能擠出兩個小時去走馬看花。每天清晨是袋鼠最活躍的時刻，又是身處袋鼠之都，我們一路全神貫注緊盯著道路前方，以避免冷不防撞上一隻過路的袋鼠。兩旁叢林裡到處可見袋鼠的蹤跡，甚至還有一小群隨車一起向前跳躍了好一段路，那矯健的身姿充滿了野性的美。一對膽大包天的鴯鶓竟然走到路中間，擋住了我們的去路。這對鴯鶓的身高和成年人相仿，比以前看見的要大許多，加上距離又近，可以清楚看到牠們羽毛發出的漂亮光澤，野生動物的風采實在令人為之傾倒。

在昆士蘭內陸駕車，常常可以看見路旁遊蕩著的鴯鶓，牠們一般成雙成對出沒。前幾天還看見一群10隻在一起，可惜相距太遠，用上600公釐鏡頭，依然效果不好。周老師拿出無人機，準備飛近些拍攝，但等無人機升空，那群鳥兒已經跑得影蹤全無。要拍好野生動物實在不容易。

鴯鶓以擅長奔跑而著名，速度每小時可達50公里。鴯鶓體高150至180公分，體重30至45公斤，壽命10年。鴯鶓是世界上第二大的鳥類，僅次於非洲鴕鳥，因此也被稱作「澳洲鴕鳥」，是澳洲國鳥。鴯鶓翅膀比非洲鴕鳥和美洲鴕鳥的更加退化，足三趾，是世界上最古老的鳥種之一。棲息於澳洲森林和開闊地帶，吃樹葉和野果。鴯鶓終身配對。每窩產七至十枚暗綠色卵，卵長13公分。在地面上築巢，雄鳥孵卵約60天，體上有條紋的幼雛出殼後很快就能跟著成鳥跑。

遊覽鮑拉保護區必須事先在澳洲野生動物保護協會（Australian Wildlife Conservancy，簡稱「AWC」）網站登記，我們七點多到達時，已經有兩位志願工作者在屋前等待了，兩個七十來歲的老人，一男一女。他們住的小屋屋簷下有著成排的黃色鳥巢，看上去非常小巧精緻。

老人很遺憾地聽說我們只有兩個小時觀鳥，他們說人們一般至少會花一整天時間在這裡。因為時間的限制，他們介紹我們去小河邊，據說那裡最容易看見鳥。那條小河波瀾不驚，河邊的樹木古老蒼勁，散發著滄桑的氣息。

　　初升的朝陽下，大大小小各類鳥兒隨處可見，各種聲調的鳥鳴聲此起彼伏，生命的力量彷彿在空氣中湧動，這真是一個獨特的地方，值得以後再來住上幾天靜靜享受。

　　自由的鳥兒們非常活躍，牠們或在樹枝間跳躍或天空中飛翔，沒有任何消停的時候，短短的時間裡沒有拍下幾張像樣的照片。沒有想到的是，在回城加油的時候，又看到了好幾群鳥兒，一群白色的鳥有好幾十隻，停滿了好幾條輸電線；一群翅膀為黑白紅三色的鳥兒，在原野上時飛時降，蔚為奇觀，總算多少寬慰了我們觀鳥的期待。上午十點我們滿懷遺憾駛離坎納馬拉，這是一個名副其實的觀鳥勝地，希望以後能夠再來。

▌一望無際的棉花卷

第八站 棉花大豐收

　　途經緊挨兩州邊界的聖・喬治（St. George）時，路旁排列著一個連一個巨大的棉花卷，遠遠地伸展到天邊，非常壯觀。這是聯合收割機剛剛摘採下的棉花，打包後放在田頭等待起運。這種收割機在摘採棉花後，不但立刻將棉花打包，同時將棉花桿也收拾了，效率十分高超。不過，看著滿地留下的棉絮，似乎太過浪費了些，不免讓我們這些不熟悉大生產方式的人有些心疼。

　　澳洲是產棉大國，棉花產地為新南威爾斯和昆士蘭，共有超過1,200個棉花農場，新南威爾斯州及昆士蘭州各占一半，棉花農場面積通常為300至2,000公頃，平均為495公頃。機械化程度較高且為資本密集型種植，要求棉農掌握複雜的技術和擁有較高的管理水準。大多數棉田為農場主私有，他們號稱「八百棉農」，平均每家雇員約六至七人，其中許多農場主同時生產其他農產品，如小麥、鷹嘴豆、高粱，放養綿羊和牛。棉花的價格浮動於500澳元／標準包，而棉農每公頃產值已超過4,000澳元，優秀的棉花農場（前20%）的單產可達6,000澳元，隨著技術的進步，產值有顯著的增加。國家年產高質棉花60萬噸，全部用於出口，約創匯15億澳元，是世界排名第三的棉花出口大國。但是，讀書本上的知識，遠遠不如站在田邊，親眼看那一眼望不到頭的棉花卷來得震撼人心。藍天上的白雲朵朵，就像朵朵棉花，身邊棉花卷比人還高，新鮮的棉花手感柔軟、氣味清新，彷彿匯聚了天地的精華。大自然的饋贈令人倍感溫馨，現代化農業生產的效率和規模則讓人嘆為觀止。

　　想想澳洲八百棉農每年創造15億產值，生產的棉花可解決五億人的穿衣問題，不免為自己的國家感到自豪。可是當天的新聞報導說抖音影片年利潤達到343億，這一比較之下，澳洲的15億棉花就顯得太寒酸了。事實是沒有澳洲的15億棉花，五億人會沒有衣服穿，而沒有抖音影片，不但不會影響人類

的正常生活，許多沉迷其中的青少年反而會有更多時間做些正經事。科技的
進步在帶給人類舒適生活的同時，也帶來了數不清的挑戰和困惑。

後 記

　　17天的時間，我們驅車4,766公里，穿越半個新南威爾斯州，在昆士蘭內
陸兜了一圈。沿途印象最深的是內陸民宅的不同，這裡的民宅類似東南亞的

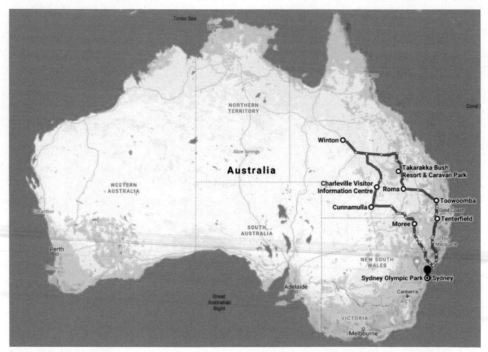

│ 自駕旅程路線圖

高腳屋，房屋抬離地面半公尺到一公尺。這是因為昆士蘭內陸地勢平坦，一旦在短時間內降雨量暴增，就會發生洪水災害，將房子抬高可以減輕洪水的危害。除了民宅的不同，內陸城鎮的大型壁畫也常常是城鎮中最吸引眼球之所在。其用色之大膽、構圖之匠心、思緒之幽默總是能讓旅人印象深刻、耳目一新。

相比新南威爾斯州，昆士蘭州內陸的道路普遍品質更好、更新。所有的國家公園都免費，沒有門票一說。昆士蘭內陸的人口密度更低，但人們普遍更熱情友好，在羅馬石油博物館買門票時，那個中年女售票員看見我們四個人，主動說你們就買家庭套票好了，這比四張成人票便宜三分之二。如果她是我們的朋友，這無疑有假公濟私的嫌疑，但作為一個素昧平生的陌生人，這份熱情真讓我們有些受寵若驚。有些城鎮政府提供免費用水和Wi-Fi，這在新南威爾斯州也是聞所未聞。許多城鎮使用地下水，洗澡時沖在皮膚上猶如溫泉般滑膩，給人非常舒爽的感覺；而查看燒水壺，則沒有任何水垢留存，可以說水質一流。

如果不是因為疫情而閉關鎖國，可能不會安排這麼長時間去一般人覺得單調枯燥的澳洲內陸，而事實上內陸的自然風景、歷史人文和野生動物十分豐富，美不勝收，旅館飯店也各有特點，水準絕不亞於都市，價錢則更加便宜。加上我們四人同心協力配合默契，老天爺也非常幫忙，全程藍天白雲，使得這次旅行精彩紛呈，收穫遠遠超出預期，成為終生難忘的經歷。

Chapter
17
罕世奇觀：
邦格爾邦格爾

| 虎皮條紋狀圓形山丘群

　　沿著一號公路進入西澳，第一個大名鼎鼎的景區就是波奴魯魯（Purnululu）國家公園，這個慕名已久的景區有著成群令人驚嘆的虎皮條紋狀圓形山丘，這是澳洲最壯觀的地標之一，和大堡礁、烏魯魯（Uluru）等自然奇觀並列，也是金伯利（Kimberley）地區最吸引人的旅遊目的地。「波奴魯魯」這個名字來自當地土著吉亞（Gija）人，意思是「浮動的沙子」。有趣的是，如果你在澳洲和人談論波奴魯魯，絕大部分的不知道你在說什麼，但如果你說邦格爾邦格爾，則沒人不知、無人不曉。「邦格爾邦格爾」（Bungle Bungle）這個名字來源於金伯利地區一種以噴射小便而著稱的蟑螂，這種被當地土著稱為「banggul」的蟑螂有著條紋狀的腹部，讓人想起著名景觀的條紋狀山丘，如果用手抓起牠，這種蟑螂會冷不防地將尿液噴射到你身上。

　　邦格爾邦格爾直到1983年才經媒體報導，開始進入世人的視野。其輝煌的自然景觀和獨特的地質現象迅速地幫助它建立了國際性的聲譽，1987年整個區域約450平方公里被劃為國家公園，2003年被列入世界自然遺產目錄。位於熱帶的邦格爾邦格爾每年只在四月至九月的旱季對公眾開放，加上它位於西澳最荒無人煙的曠野之中，就是在澳洲遊覽過它的人也不多，而在我們環遊澳洲的路線上，邦格爾邦格爾是一個絕對不能錯過的景點。

　　邦格爾邦格爾距離西澳和北領地的邊界大約290公里，從一號公路到景區有53公里的沙土路，所有的景區介紹都強調這是一條只有正規越野車才可以進入的道路，那我的這輛業餘越野車速霸陸（Subaru）Outback能不能勝任還有待商榷。所以，我們抵達西澳的第一個城鎮庫努納拉（Kununurra）時，首要任務就是直撲旅遊資訊處，一個胖胖的年輕姑娘不假思索地迎頭給我們潑了一盆冷水：「速霸陸不行，一定得正規的越野車，像豐田陸地巡洋艦（Toyota Land Cruiser）那類車才行。」

　　旅遊資訊處隔壁就是一家中餐館，我們垂頭喪氣地吃完午餐，不甘心再次回到旅遊資訊處，那位胖姑娘的位置上站著一位頭髮花白的老太太，我走

上前去，這次不問什麼車可以進去，而是問這條從一號公路通往景區的道路狀況。老太太倒是很坦率地說具體路況他們不知道的，得去問公路局。她隨手在地圖單張上畫了一個標誌：「出門右拐，一公里就到。」

公路局的接待員是一位中年婦女，她也說不上具體的路況如何，就是一口咬定只有正規的越野車才可以駛入，還說公園管理員會驅趕不合格的車輛。「可惜了，看來我們這大老遠來卻過門而不得入啊！」我不由自主地嘆息。「沒有問題，我們這裡就有旅行團可以帶你們去。」接待員熱切地立刻仲介。是啊！旅遊資訊處放在最醒目處的就是去邦格爾邦格爾的旅遊團廣告，四天的團費$1950／每人，還是住帳篷的。景區入口處的房車營地經營當天來回的旅遊團，$315／每人。邦格爾邦格爾是一定要看的，旅遊團雖然貴一些，無疑這是我們走投無路時的最後一根救命稻草。

庫努納拉是一個有著上萬人口的城鎮，各類商店一應俱全，但鎮裡本身沒有什麼特色，附近有個很大的人工湖「阿蓋爾湖」（Lake Argyle），旅遊資訊處有許多廣告推銷這個地方，旅遊團起價590澳元，但仔細看看那些利用晚霞不惜餘力渲染氣氛的照片，湖區景色實在沒有什麼真正吸引人的地方，再想想這個湖連國家公園也算不上，我們毫不猶豫地將其丟到腦後。

在庫努納拉流連到下午三點，我們啟程向250公里外的邦格爾邦格爾景區進發，旅遊資訊處的地圖單張顯示在一號公路旁的景區入口處有著兩個房車營地，那裡將是我們當夜宿營的地方。旅遊資訊處的地圖單張常常畫得不成比例，在不確定哪個營地距離入口近的情況下，我將GPS定位在景區的入口，準備到時看哪個營區靠近景區入口就住哪個，誰知這次GPS給我們開了一個不大不小的玩笑。

和往常一樣，一號公路寬闊平坦一往無前，不同的是離開北領地再向西走，越走人煙越稀少，大部分的時間，公路上只有我們一輛車在行駛。天蒼蒼，野茫茫，風吹草低只見大漠無邊。迎著西斜的太陽，我們一路向前飛奔。五點剛過太陽就落山了，這時，我們看到了邦格爾邦格爾直升飛機觀景

的大幅看板和路旁的房車營地，但車載GPS顯示邦格爾邦格爾入口還在前面19公里處，於是我們想當然地認為另一個房車營地一定也在前面，於是決定趁著天空還沒有完全暗下來趕到那裡宿營。誰知向前行駛了超過二十多公里也沒有看見任何路口或者房車營地的痕跡，倒是和一頭走到路旁的黑牛擦肩而過，驚出一身冷汗，要知道時速一百多公里的小車和牛相撞的話，那基本就是車毀人亡的結果。接著又看見路上的血泊裡橫躺著三頭剛剛被撞死的袋鼠，這時便開始懷疑GPS出了問題，而且天空已經完全暗了下來，繼續盲目向前的風險太大，隨時可能撞上動物而招致大禍。當機立斷拐上第一時間出現的一條岔道。根據出發前準備的預案，車裡有著完善的全套野營設備，住宿和餐飲用具一應俱全，食品和飲用水儲備充足，在任何地方都可以獨立生存至少五天，這一切就是為了這種道路不明、進退兩難的情況準備的。

幸運的是，車子拐進去後就發現了一個正規的來往車輛休息區，已經有兩輛公路列車停在裡面，兩個司機正站在車旁聊天，休息區裡還有一個亭子，裡面有著磚砌的桌子和條凳。把車子在亭子旁邊停穩，搬出煤氣爐放在桌子上，妻子開始準備晚餐。我則先去和那兩個司機打個招呼，二十多歲的那位有些靦腆話不多，五十多歲的彼得是個自來熟，也喜歡說話。他們都是家在伯斯（Perth），專跑長途的司機，常常一出門就是1至2個月。和新南威爾斯州不同，西澳州政府規定，在荒野地區只要太陽一落山，卡車就不許上路，所以他們也在這兒過夜。彼得還熱心告訴我，他們車裡有微波爐和烤箱，如果我們需要，可以上他們車裡加熱，雖然我們不需要他們的幫助，但這種萍水相逢之路人的慷慨友好舉動，總是令人感動不已。

和司機們聊了一會兒天，回來自己車旁，已經聞到飯菜的香味。煤氣爐的兩個灶頭，一個煮飯、一個燒菜。妻子開了一個紅燒肉罐頭，和青菜、蘑菇煮成一鍋，30分鐘不到，一頓色香味俱全的晚飯已經就緒，我們坐下來吃了一頓香噴噴的晚飯。剛放下碗筷，彼得來了。他特地來告訴我們，明天早上5點天未亮，他們就會起床準備早飯，以便天一亮就可以上路。如果我們也

早起的話，歡迎我們過去一起喝咖啡。他還說動用微波爐和燒水時，他們必須啟動汽車引擎，為了盡量不驚動我們，他們馬上就會將公路列車移動到休息區的另一端，這樣離我們遠一些，聲音自然就可以小一些。澳洲人這種時時為他人著想的習慣是任何一個和諧社會必不可少的基石。

交談中我問彼得，這兒離邦格爾邦格爾景區的入口還有多遠，彼得覺得非常奇怪，他說你們不就是從那個方向來的嗎？原來旅遊資訊處的地圖搞了第一個烏龍，一號公路旁只有一個房車營地，而不是兩個。我的車載GPS搞了第二個烏龍，自作主張將景區入口向前挪了許多公里。沒有GPS時，出門前必定認真研究地圖，主道走幾公里、岔道在哪裡，都得搞得清清楚楚才會上路。現在有了GPS，常常事先根本不認真看地圖，設定了目的地就不動腦筋。今天兩個烏龍同時出現，加上自己沒有做功課，以至於開過了頭還不知道，這也是一個教訓。以後地圖還得認真看，GPS也不可以盲目相信。

黑暗之中也懶得搭帳篷，將車裡的食品箱、衣物箱和水箱搬到桌子上，放平汽車後座就是一張寬敞的雙人床，打開睡袋，我們美美地沉入夢鄉。雖然休息區毗鄰一號公路，但入夜後幾乎沒有任何過往的車輛，就連在澳洲內陸常見的蒼蠅、蚊子也沒有蹤跡，一覺睡到天亮，起身一看那兩輛公路列車已經不見了。我們睡得那樣香甜，以致於沒有聽見這兩輛公路列車離開時的引擎轟鳴。起身先點燃煤氣爐，將稀飯煮起來，再洗漱和收拾東西，這樣一點都不會浪費時間。大米麥片稀飯、茶葉蛋、榨菜、麵包塗花生醬、香蕉和橘子，這是我們自駕旅行時最典型的早餐組合，兼顧了口味和營養的需要。

我們掉頭返回到位於一號公路旁的房車營地，果然這裡就是通往邦格爾邦格爾景區道路的起點，對於什麼樣的車子能夠通行，房車營地主人應該比誰都更有發言權。抱著最後一絲希望，我們踏進房車營地的辦公室。接待員是一個剽悍的中年婦女，她正拿著電話忙著說話。一對70歲左右的老夫妻在等著退房，聽說他們昨天剛剛遊覽了景區，我趕快詢問這條沙土路的路況究竟如何。老先生說他們是坐房車營地的巴士去的，昨天早上在這段53公里的

沙土路巴士開了兩個小時，接著老倆口就開始抱怨這價錢實在太貴，兩個人一天的團費就是630澳元，也不管我在一邊乾著急。老太太突然抬頭看到一臉焦急的我——「你開的什麼車？」老太太問我。「速霸陸。」我回答。「我昨天看見一輛速霸陸在景區裡的。」老太太眼睛一亮。「我覺得你可以自己開車進去，」老先生看著我認真地說，「巴士開了兩個小時，最保險的辦法，你開慢一些，三個小時總可以吧，至少能夠省下六百多塊錢啊，這路還是可以的。」那一刻，這對老夫妻在我的眼裡就比一對報喜的小天使還要可愛，這時候心中所有的疑慮已經一掃而空，邦格爾邦格爾我們終於來了！

　　雖然主意已定，聽聽房車營地主人的意見總沒有什麼壞處。等那對老夫妻辦完退房手續離去，我再次提出了那個老問題，坐在櫃檯後面那位中年婦女不容置疑地回答和旅遊資訊處公路局的一樣，只有正規的越野車可以通行，速霸陸肯定不行。我們想遊覽邦格爾邦格爾，一定得坐他們的巴士才行，而且明天已經客滿沒有空位，後天還有少數幾個位置，言下之意不趕快下手預訂的話，後天也去不成。

　　我找個藉口離開了辦公室，這時雖然還沒有試過那條沙土路，不能百分之百地確定，但內心對事情的全貌已經大致有了概念。從旅遊資訊處、公路局到房車營地，都是一榮俱榮的利益相關方，他們眾口一詞經營著自己的生意，試圖留住每一個潛在的客戶。那條沙土路一定會有些顛簸起伏，小河裡也一定有些水，但他們的生財工具巴士每天都得從那裡來回奔波，這條路肯定會得到精心的維護，路況不應該有太大的問題。如果因為道路的問題而導致巴士受損，這損失可就大了。想通事情的來龍去脈後，我們信心百倍地驅車上路。

　　駛上塵土飛揚的沙土路，這是一條典型的搓板路，一條條塄坎高低起伏，車子隨著上下左右抖動。以前在非洲衣索比亞也經歷過這樣的山路，這種路考驗車子的地方並不在於是兩輪還是四輪，而是過於破舊的車輛可能會被顛散了架。把牢方向盤，我們以30公里左右的時速前進。大約有20公里左

右的路顛得比較厲害，但這段路寬闊平
直，駕駛毫無困難。再往前路面變得平
滑，車子不再顛簸，但山勢起伏，有些
上下坡和急轉彎，蹚過兩條小水溝，第
三條小河約有3公尺寬，最深處大約40
公分的積水，腳踩油門車子輕易地一衝
而過。一個半小時的時間，我們順利走
完這53公里的沙土路，到達邦格爾邦格
爾公園管理處。

　　邦格爾邦格爾景區有兩大景點，從
公園管理處向北約20公里可以看到高大
而雄偉的紅色岩山，岩山中蜿蜒伸展著
一條大約二百多公尺長、近百公尺深的
岩縫。向南27公里則是邦格爾邦格爾的
主要景觀——虎皮條紋狀圓形山丘群。
這時先去哪一個方向就有講究了，這牽
涉到旅行觀景的一個基本常識，許多自
然景觀只有在特定的時間點才能看到其
真正動人心魄的奇景，而邦格爾邦格爾
就是這樣一個對遊覽時間有著嚴格講究
的景點，北部的岩縫頂端只有在正午才
能呈現出火紅的色彩，而南部的山群只
有在早晨才能欣賞到最動人的景象。旅
行團的組織者為了安排行程的方便，他
們一般會在早晨帶遊客到南部群山，但
正午趕到北面就有困難了，所以在大部

火紅的一線天

分的景點資訊網站上，遊覽邦格爾邦格爾景區的最佳時間被有意無意地不被提及，於是許多沒有認真做功課的遊客常常就錯過了最佳時機而不知，在網上一篇華人環遊澳洲的遊記裡，作者就因為不知道這一點，在下午遊覽了北部岩縫，最後輕描淡寫地說那就是中國人說的一線天而已，殊不知中國沒有一條一線天可以呈現那樣燦爛的紅色。

我們的最佳遊覽方案無疑就是先往北，第二天一早去南部群山，當夜的住宿則越往南邊越佳。邦格爾邦格爾景區每天上午一過九點，氣溫就直逼攝氏30度，中午時分更是高達35度左右。只有住在南邊才可以更充分的時間欣賞美妙的晨景和利用清晨的涼爽天氣徒步，而不是浪費時間在驅車向南趕路。整個邦格爾邦格爾景區沒有旅館，只有三個野營地，北邊一個，南邊兩個。想不到的是，景區管理處一口咬定南邊的兩個宿營地已經客滿，只有北邊的一個營地還有空位。在沒有選擇的情況之下，也只有交錢預訂位於北邊的宿營地。

中午時分我們到達北部景區，這時氣溫已達35度。我們在景區涼棚下吃完早晨準備好的蓋飯午餐，戴上墨鏡遮陽帽直奔主要景點艾吉德納峽（Echidna Chasm），「Echidna」是地名，「Chasm」的意思則是地面上深深的裂縫。迎著熱浪，高一腳低一腳踩著滿地碎石走近高聳的岩山。一路上，蔚藍的天空、紅色的岩石和綠色的棕櫚樹構成一道獨特的景觀。巨大的石體中央裂開一道大約兩公尺寬的裂縫，走進裂縫，涼風習習，暑氣頓消。眼光隨著堅硬的石壁往上看，只有一條線狀的藍天高懸，這的確是中國人稱之為「一線天」的景觀，但這裡岩山之雄偉、石壁之高聳、裂縫之狹隘實屬舉世罕見。更令人為之驚嘆的是，石縫頂端在正午的陽光照耀下，呈現出一種燦爛通透的紅色。我們一步步向石縫的深處走去，隨著石縫頂端形狀的變化，那通紅的岩體時而如煉鋼爐中奔流的鐵水，時而又像太上老君煉丹爐中噴湧而出的神火。抬頭仰視上方，你彷彿能夠感受到那炙熱逼人的能量、那變幻莫測的動感。如同一團火焰，卻分明是冰冷的石頭；如同一片火海，翻滾的

卻是綿延的峭壁；如同一個幻境，但它卻真實存在。石縫曲折向前，好幾次以為到頭了，誰知柳暗花明又一村，拐一下還能走下去，兩百多公尺長的石縫，我們在裡面上下觀望徘徊了大半個小時，大自然的神通奇觀令人如癡如醉。下午一點多鐘我們戀戀不捨離開的時候，石縫頂端那神奇的色彩已經消失得無影無蹤。也就是在這個時候，身著制服的導遊帶著成群的遊客來了。看著我們擦肩而過的人群，內心不免浮起一道憐憫的漣漪，僅僅晚了1個小時，他們就永遠和這罕世美景失之交臂。

離開了石縫，我們去了不遠處位於一個小山頭名為奧斯曼（Osmand）的瞭望臺，那裡可以欣賞周邊180度的曠野風景。然後去了4.4公里來回的小棕櫚樹峽谷步道，說是步道，其實是在大大小小的亂石中時而翻越、時而穿行，兩人走得一身大汗，風景確實一般，沒有真正動人之處，和那道石縫完全不可相提並論。

下午四點鐘光景，我們往回來到僅僅距離公園管理處一公里的康卡拉那伊（Kungkalanayi）觀景臺，這又是一個位於小山頭的觀景臺，是邦格爾邦格爾景區最佳的日落觀景臺。這時太陽依然高懸天際，我們是到達停車場的第一輛車子，兩人通力合作，30分鐘時間，香噴噴的大米飯和捲心菜、蘑菇、香腸已經出鍋，吃飽喝足收拾完碗筷，一輛接一輛車子陸續抵達，寂靜無聲的停車場頓時熱鬧了起來。

走上山頭的觀景臺，身後的太陽已經西斜，邦格爾邦格爾岩山在平原拔地而起，就像一條巨龍橫在前方，整個山體被夕陽映照得血紅血紅，兩隻黑鷹展翅翱翔在藍天和紅土之間廣闊的空間……，眼前的景色令人肅然起敬，廣袤，荒涼，壯麗，雄偉……。和世界上所有　流的自然景觀　樣，這時窮盡人類一切詞彙，也難以傳其神；最昂貴的相機，也難以摹其形。

太陽一下山，天空立刻變得昏暗，氣溫也隨之明顯下降。回到停車場，坐回自己的汽車，回想今天在景區遇到的稀稀落落的遊客，實在不相信公園管理處關於宿營地客滿的說法。我們發動汽車，不是駛向位於北邊四公里處

的宿營地，而是徑直朝位於南邊12公里處那個所謂已經客滿的宿營地而去。在那裡過夜，我們明天至少可以早半個小時到達南部主要景點。

　　如果說進入景區的道路還有些顛簸起伏，景區內的道路則平坦順暢，任何車輛都可以暢通無阻。但是，沙土路被炎熱的太陽暴曬一天，汽車駛過揚起更大的灰塵，加上蒼茫的夜色很快降臨，就是開了車頭大燈能見度依然很差，只能小心翼翼的以30公里時速慢慢行駛，期間有一群牛在車前橫過馬路，幾隻袋鼠在遠處一閃而過。到達宿營地時天已經完全黑了，好在營地裡有數輛越野車搭著高大的涼棚，開著發電機點著的大燈在準備晚餐，使得整個營地一覽無餘。果不其然，碩大的宿營地一大半都空著。這是在樹林之中清理出來的營地，一個個供遊客停車搭帳篷的長方形平地整齊地排列著，每個位置都清楚地標明了號碼，之間還儘量保留了不少的大樹和灌木叢，使整

▎巨大的教堂峽谷

個營地充滿了野趣。大約四個營地位置共用一個廁所，這是在澳洲各地國家公園裡最常見的那種，小小的鐵皮單間，裡面有一個坐便器，下面是巨大的化糞池。在難以建造汙水處理站的荒郊野外，這是最經濟環保的辦法。這裡還有自來水龍頭，提供未經處理的地下水，這樣至少洗漱擦身方便許多。營地中央有許多公用的木桌條凳。這地方太炎熱乾燥，以至於幾乎沒有蒼蠅、蚊子和飛蟲，我們點亮自帶的野營燈，燒水沖上一杯熱茶，在桌旁坐下看書、寫日記完全沒有干擾，真是完美的一天。

經過一夜香甜的睡眠，早晨七點不到我們已經精神抖擻驅車上路，直奔18公里外邦格爾邦格爾的主要景觀──虎皮條紋狀圓形山丘群與皮卡寧尼溪（Piccaninny Creek）。車子開出10公里左右，就有零星的虎皮條紋狀圓形山丘映入眼簾，這些圓形山丘全被水平狀的一條條黑和黃的色帶交替環繞，堪稱世界奇觀。根據科學家考察研究發現，這些黑色條狀帶是地衣和藻類被太陽曬乾之後呈現的顏色，鮮豔的橘黃色條狀帶則是因為沙岩中滲出的水中富含鐵質，和空氣接觸後形成的氧化物覆蓋在岩石表面而成，這個說法解釋了山體上兩種不同顏色的形成機制，但並沒有說清為什麼這兩種色帶會交替出現。

雖然奇景震撼人心，但我們並沒有停車，而是直驅位於道路終端的停車場，因為那兒才是奇景高潮的所在地。到達停車場發現至少已經有五至六輛車比我們到得還要早，前方好幾十座虎皮條紋狀圓形山丘連成一片，巍巍壯觀，宛如外星夢幻世界。我們停穩車子，先去兩公里外的皮卡寧尼溪觀景臺。這時陽光柔和、涼風習習，正是徒步的好時候。一對矯健的年輕人背著容量約40公升的大背包和我們同行了　段路，他們規劃了一個兩天的行程，隨身攜帶著帳篷睡袋和兩天所需的食物和水。由於這裡地處偏僻、環境嚴酷，他們還得事先在公園管理處登記，同時租用衛星電話以備不時之需。想想他們會有大半天的時間在三十多度高溫的環境下徒步，真是羨慕年輕人的青春活力。

　　在觀景臺居高臨下俯瞰無邊平原上成群的條紋狀圓形山丘群，景色之奇舉世無雙，那一刻已然是語言無法表達的意境，繚繞於胸中的感受就是驚嘆，驚嘆，再驚嘆！接著再去教堂峽谷（Cathedral Gorge），這一路上穿行在虎皮條紋狀圓形山丘群之間，這時才真正明白，為什麼邦格爾邦格爾的南部景區最好在早晨來看，因為一天之中只有這個時段，圓形山丘上的橘黃色條狀帶會在陽光照射下呈現出通透的紅色質感，美不勝收。步道的終點是坐落在山體內部的一個巨大圓形大殿，高大雄偉、形狀優美，故被賦予教堂的美譽。那時岩石大殿中只有我們兩個人，空曠浩大，肅靜神祕的氣氛籠罩著整個大殿。在那裡，你彷彿可以觸摸到大地雄渾的脈搏，感受到歲月滄桑的真諦；我們心情激動，忍不住一起高聲長嘯，聲音在大殿中來回激盪，引來回聲陣陣。那一刻我們似乎和自然神靈心氣相通，和岩山大地融為一體，這種神奇的感受只有親臨其境才能真正體會，這就是旅行最神奇的魅力之所在。

　　上午九點鐘左右，我們已經在返程的步道上，迎面而來的是成群結隊的旅行團遊客們，為邦格爾邦格爾的美景感動，他們滿臉洋溢著興奮之情，邊走邊發出聲聲讚嘆。這時，炙熱的陽光毫不留情地直灑而下，虎皮條紋狀圓形山丘上的紅色質感已經所剩無幾，酷暑高溫再次籠罩著邦格爾邦格爾廣袤的大地，大自然暫時收起了她嫵媚動人的一面。對我們來說，這是離開的時候了。發動引擎，打開空調，掉頭駛離景區。雖然只有短短兩天不到的時候，邦格爾邦格爾讓我們留下難以磨滅的記憶，這種記憶筆墨難以描繪，照片無法重現，但她已經深深地印在腦海之中，並將隨著時間的延續而越加深刻，伴隨我們終生，直到永遠。

Chapter
18
澳洲中部旅行紀實

鮮紅通透的烏魯魯巨岩

　　六月底的清晨六點半，澳洲中部寬廣荒蕪的原野還沉浸在寒氣逼人的黑暗之中，只有靠近紅色中心的公路上有著成串的車燈閃爍，汽車發動機的轟鳴聲打破了寂靜的荒原。我們和那些心急的旅遊者們一樣，摸黑上路就為了趕上東方日出的第一縷陽光。

　　位於澳洲中心位置，坐落著世界上最大的一塊單體岩石，高348公尺，底邊圓周為9.3公里。這塊巨石除了地面所見的部分，還深入地下達六公里之多。土著人稱之為他們的起源之地，一切存在的根——烏魯魯。烏魯魯過去被稱作「艾爾斯岩」（Ayers Rock），著名的「1985年回歸」之後，管理權已交回原住民手裡，現在原住民同意和政府共同管理烏魯魯－卡塔丘塔國家公園（Uluru-Kata Tjuta National Park）。根據當地的傳統宗教哲學，祖先利加是創造烏魯魯、卡塔丘塔及周邊世界的大神，祂通過樹木、岩石、洞穴和水潭留下印記。原住民相信祖先們的靈魂和精神仍徘徊在這塊巨石周圍，守護並指引祂們的後代。

　　當我們在觀景臺站定時，雖然太陽還在地平線之下尚未升起，天空已經放亮。前方無比廣袤的原始荒原上，憑空伏著一座渾然一體的異物，你不會想到它是山體或是石頭，反而會以為是一頭沉睡的動物，就像一隻龐大無比的深褐色巨獸趴在那兒的，從天空俯瞰，它的前部伸出的如獸鼻人耳，中部至尾部是三個橫伸出來的峰脈，恰似巨獸的腿柱。在它的周圍土地生長著一些低矮枯黃的雜草，沒有一棵高大的樹木，連灌木叢也是乾硬低伏的，猶如甘心襯托這塊中央地表上奇峰突起的神石。

　　隨著太陽從東邊緩緩升起，巨石的顏色從褐色變成咖啡色，從咖啡色再變成暗紅色。當金黃色的陽光灑上巨石，剎那間，巨石呈現出語言難以描繪的、帶著半透明質感的紅色，巨大的視覺衝擊力令你忘卻一切。一望無涯的平坦大地上，就只有一座巨大的神物突兀地聳立在眼前，彷彿被烈火煅燒過後剛剛出爐的巨岩，呈純粹的緋紅色。神石的質感極強，骨肉一體，似乎無一雜質，神聖高貴、傲視天下。猶如億萬年前天地初生時最關鍵的一塊補天

遺物，又好像是地球中心跳動著的心臟突然顯形靈動於眼前。在這一刻，你不但會深刻感受到遠古靈魂和精神的強大力量，你還將真正體會到，為什麼烏魯魯不僅僅是一個被珍愛的標誌，它還是一個有靈性的偉大的自然世界。大地精靈，千古一脈，神明鬼魄，融於一體。六萬年土著之魂，盡在其中矣！

　　太陽漸漸地繼續攀升，巨石被照射得越來越明亮。但是，不知在哪一刻，巨石散發出的那種半透明的質感不見了，伴隨這種質感而來的神聖力量也在頃刻之間消失得無影無蹤。我們彷彿突然被一種不可知的力量帶入奇異夢境，但還沒來得及細細品味，卻又立刻回落人間。帶著意猶未盡的情緒，我們踏上了環繞烏魯魯巨石一周的步道。

　　走在平坦的沙土步道，再看近在咫尺的巨石，又是一種完全不同的感受。隨著方向、角度的不同，巨石時而成半圓形，時而成橢圓形，有時卻又近似長方形。四周布滿大大小小的岩洞，成為當年土著人的天然居所。這塊巨石不但給原住民提供精神支援、洞穴生存，還可以貯水。巨大的沙岩，可將每年僅300毫米的雨量涵至地底。順著步道走進巨岩深處，可見到一池永不乾涸的水塘，讓烏魯魯成為荒漠中的生命之源。繞石一圈11公里，途中最讓人印象深刻的是一個巨大的岩石平面上，布滿了大小形狀各不相同的岩洞，遠遠望去彷彿是遠古居民刻下的書法傑作，或者是宇宙來客留下的天書神蹟。

　　距離烏魯魯約50公里的廣闊荒原上還有著一處神奇的地方，那就是卡塔丘塔那36個拔地而起的圓石丘。1872年探險家吉爾斯（Ernest Giles, 1835-1879）曾經把這些圓丘形容為「緊靠在一起的粉紅色草墩」。從遠處看，最高的圓丘奧爾加山（Mount Olga，也稱「卡塔丘塔」[Kata Tjuta]）並不雄偉。然而事實上，它高達560公尺，幾乎是艾菲爾鐵塔的兩倍，比烏魯魯高近200公尺，是烏魯魯－卡塔丘塔國家公園的最高峰。卡塔丘塔的中心地區有一條峽谷，兩旁是紅色崖壁，谷中常年勁風呼嘯，故被稱為「風谷」。卡塔丘塔的圓丘與烏魯魯巨石不同，它們不是整塊沙岩，而是由巨礫和卵石混合，由一種暗紅色水泥樣物質將這些不同性質的石塊黏合成一個整體，大自然的鬼

▎巨岩上的崖洞猶如天書

斧神工令人嘆為觀止。

　　第三天早晨，我們驅車直奔三百多公里外的帝王谷（Kings Canyon）。人稱澳大利亞是地球上最平坦、最乾旱的大陸。駕駛著時速110公里的汽車，沿著筆直向前的平坦公里呼嘯前行，一路看去，隨你放眼欲窮千里目，向東，向西，向南，向北，都是無邊無際的戈壁荒原。方圓數千公里的範圍，沒有

一座真正的高山，沒有一條成形的大河，只有一望無際的紅土沙丘。除了袋鼠躥過公路、烏鴉的不祥亂叫和啄食死屍、鷲鷹斜掠過天空、野狗大搖大擺地在路旁覓食、野馬懶洋洋地啃著草、野駱駝傻乎乎地漠視著我們，剩下的就是永無盡頭的荒漠、枯黃的野草和低矮的灌木，已經死亡或者頑強支撐著的半死的樹。

　　離開烏魯魯不到一個小時車程，坐在副駕駛位置的我突然發現右前方的荒原裡聳立著一座規模宏大的土紅色平頂高丘，啊！今天鬼打牆了，怎麼又回到了烏魯魯，這是當時的第一個自動思維反應。立刻高呼：「快看，快看右前方，我們又開回烏魯魯了。」同車另外三個人的第一反應就是我在胡說八道，但他們立刻驚訝地張大了自己的嘴巴，當他們親眼看到那突然拔地而起的龐然大物。在澳洲生活了那麼多年，書報、雜誌、電臺、電視說起烏魯魯，那就是澳洲中部唯一凸起的高地，加上文人墨客的渲染誇張，記憶裡早就被打上了極深刻的烙印——烏魯魯是澳洲中部唯一的高地，以至於我們不能相信自己的眼睛，居然還有這樣一塊明顯比烏魯魯還要龐大的巨無霸默默地臥伏在旁。好在我們是生活在有著網際網路的世界，周老師上網一查——原來這塊高地是康納山（Mount Conner），這塊馬蹄形的殘丘有五公里長、四公里寬、300公尺高，比烏魯魯要大上好幾倍，科學家們認為它成形的時間比烏魯魯要悠久得多。知道了緣由，大家不由得暗暗地在內心為康納山叫屈，雖然小弟烏魯魯神靈通天，但也不至於就將大哥康納山抹殺得不留一絲痕跡吧。康納山距離主路有二十多公里，又是坐落在私人牧場之內，所以我們只在遠處拍照留念，然後便繼續前行。

　　當晚，我們就寢在帝王谷附近的帳篷裡，這裡沒有網路Wi-Fi、沒有電視、沒有沙發，就連椅子也沒有一把。入夜後，遊客聚攏在篝火旁聊天消磨時光，熊熊的火光映紅了這些來自不同地方，有著不同背景、年齡、性別和職業，而且素昧平生的陌生人的臉龐，也溫暖了大家的心。這時候，「四海一家」不是一句空話，而是大家的共同心聲。人類的歷史，90%以上的時間

段是在篝火旁度過的，也許這就是為什麼我們都對篝火有著天然的親切感。

澳洲中部的帝王谷是我走過的第四個帝王谷，第一個是埃及埋葬古代法老的帝王谷，第二個是美國加州東部巨杉國家公園（Sequoia National Park）隔壁的帝王谷國家公園，第三個是伊朗波斯波利斯（Persepolis）附近葬有四個波斯王的帝王谷。不知道世界上一共有多少帝王谷，但相信這些應該是最有料的四個了。澳洲的帝王谷沒有任何聲名顯赫的墓葬，屬於純天然的自然保護區，紅色的沙岩在平坦的荒原上拔地而起近300公尺，形成一公里多長的浩瀚峽谷，是澳洲最深邃、最陡峭且最雄偉的峽谷。

我們選擇了繞行整個峽谷兩邊的環形步道，總長約6.5公里。這條步道開始就是一段兩百多公尺連續向上攀登的石階，當你微微出汗的時候極目遠眺，一望無際的荒漠已在自己腳下。雖說帝王谷和烏魯魯一樣也是沙岩構成，但帝王谷的沙岩質地明顯比烏魯魯來得堅硬，加上峽谷邊緣如刀削斧劈上下垂直近百公尺，看上去巍峨聳立、氣勢磅礡。尤其是當我們走到峽谷邊緣俯視前方：壯觀的峽谷綿延向前，遠方一片蒼茫；風勢很大，掀動著衣襟潑啦啦直響；一隻鷹以高速俯衝進入峽谷，突然改變方向，振翅拔高飛向遠方⋯⋯。面對帝王谷令人肅然起敬的景觀，任何人都可以感受到大自然深不可測的威力。這種力量時時給人以啟迪，給人以警示，給人以告誡。但是，這種力量也常常被狂妄的人類所漠視，以致釀成許多不可挽回的悲劇。

帝王谷和任何世界一流的自然景觀一樣，沒有任何人可以用筆墨真實描寫它們的雄渾壯闊，任何最現代化的攝影、攝像設備也不可能完全再現那氣象萬千的現場感受。如同一團熊熊燃燒的火焰，卻分明是冰冷堅硬的岩石；好比一片浩瀚的怒海，翻滾的卻是綿延的峭壁；似乎是一個虛幻的夢境，但它卻是真實的存在。無論我們賦予它多少讚詞、多少頌歌，或者完全熟視無睹、置若罔聞，其實於它絲毫沒有關係，它已經存在了千萬年之久，並將直到永遠⋯⋯。

四天的時間，我們將特種部隊長途突襲定點清除的作戰原則用到了旅行

帝王谷

遠眺康納山

之中，只不過我們突襲的是世界一流的景點，清除的是人生必到目錄上的大專案。從雪梨到烏魯魯，來回飛行4,332公里，驅車自駕近1,200公里，徒步行進36公里。從豪華都市到蒼茫原野，從現代生活到遠古場景，穿梭往返對比強烈。我們圓滿地觀賞了澳洲中心最具盛名的三大景點，還意外地發現了這個地區占地面積最為龐大、卻又沒沒無聞的巨無霸石山 ─康納山。再次印證了那句老話：「You never never know if you never never go.（你永遠不會知道，如果你永遠不去。）」

Chapter
19
難忘過境經歷

從廢墟阿尼眺望亞美尼亞

（一）舊金山入境

當年第一次去美國，坐臺灣的中華航空從舊金山入境。和許多嶄新的亞洲航站相比，鐵灰色的舊金山國際航站顯得暗淡破落。

飛機上下來的乘客很快在海關的窗前排起了三列長隊，幾乎是清一色的華人。一個腰間掛著手槍警棍的白人警察，身高體胖，警服被撐得鼓鼓囊囊的，完全沒有了應有的線條感。這個比周圍絕大部分華人高出半個頭的警察，滿臉橫肉，自我感覺非常地良好，一邊指手劃腳，一邊不停地高聲吆喝著：「Come here, this way!（來這兒，這兒！）」、「Move, move faster!（動作快！）」

站在低眉順眼默默無聲的華人行列之中，看著那個趾高氣昂、不可一世的警察，很難想像自己已經到達了當今世界最偉大的國家---美國，倒是讓人感覺自己是不是犯了什麼事被逮捕，正在排隊走進監獄。

旁邊佇列中有一個穿紅色毛衣的年輕姑娘，入境的文件中不知缺了什麼，海關窗口裡的官員抬頭朝外面揮了揮手，那個警察三步併作兩步，馬上就衝了過去。他伸出那蒲扇大的手，就像老鷹抓小雞那樣，一下子將那個比他矮了一個半頭的嬌小姑娘給拉到了一邊，口中還罵罵咧咧說個不停。

海關官員對我們遞上去的澳洲護照沒有任何疑問，一邊問著：「Holiday?」沒等回答，「啪」的一聲已經把入境章給蓋上了。離開海關窗口，還沒有走上幾步，一個不知從哪裡冒出來的黑人女警察把我們給攔下了。

「What is the purpose you come to America?（你們來美國幹什麼？）」她凶巴巴地問道。這句話如果從那個大個子男警察來說，自然會有一種法律的威嚴。但是，在這個矮矮胖胖的女警察口中問出來，卻有著一股說不清道不明的滑稽味道。

「Holiday.（度假。）」我強忍住笑的衝動，認真地回答。

「Show me the money.（給我看你的錢。）」那女警察斬釘截鐵般地喝道。

想不到這句在好萊塢黑幫電影中常常聽到的臺詞，居然在我踏進美國的第一天，就如晴天霹靂般地在耳邊響起，提醒我的確沒有走錯地方，真的是來到了貨真價實的金錢帝國。

在西方國家，錢是屬於最隱私的話題。在公共場合，叫一個陌生人出示自己的錢，這無疑是最粗魯的冒犯。如果這是一家從巴黎飛來的客機，走下來的是一群金髮碧眼的洋人，我敢保證這個女警察一定不會有膽對法國人說：「Show me the money.」

但是，眼下面對這些如狼似虎的美國警察，想想每一本旅行書上一定有的告誡：「無論到哪裡，千萬不可與執法者發生爭執。」也只能用「識時務者為俊傑」這句老話來安慰一下自己。「There are 2 credit cards, is that OK?（這是兩張信用卡，可以嗎？）」我忍氣吞聲地從口袋裡摸出兩張信用卡，其中一張還是一家美國銀行發的Visa卡。那女警察低頭仔細看了看這兩張信用卡的有效日期。「OK.」她揮了揮手，讓我們離開。

離開入境大廳時，回頭看了一眼。那個紅衣姑娘手裡拿著一疊紙張，還在結結巴巴地和那個大個子警察分辯著什麼。女警察已經在盤問一對老年夫婦，大概也得查查他們口袋裡有沒有錢。

一個國家的尊嚴、一個民族是不是真正站起來了，在許多國家的邊境口岸可以看得清清楚楚，這可是一個容不得半點虛假的地方。如果那對老年夫婦不用信用卡，我不知道他們如何可以讓那個黑人女警察相信自己有錢在美國生活。

（二）從埃及去蘇丹

　　蘇丹是非洲面積最大的國家，也是世界上最熱的地方，素有「世界火爐」之稱。由於幾十年來戰亂和饑荒的影響，蘇丹是世界上旅行者最少去的地方之一，出發前我們在網上搜索，沒有發現任何詳盡的旅行報導，就連《孤獨星球》也沒有任何有關蘇丹的專著，而只是在《非洲》這本書中有幾頁簡單的描寫。資訊的缺乏增加了旅行的難度，但也增強了我們想要去看看這個國家的欲望。大發現的黃金歲月早已過去幾百年了，但早期探險家那種冒險犯難的激情仍在我們的血液中湧動，我和許君都滿懷期待地踏上蘇丹的土地。

　　蘇丹和埃及之間的唯一內陸交通，是經由納瑟湖（Lake Nasser），沿尼羅河溯流而上的渡船。渡船每週來回一次：星期一由亞斯文（Aswan）開往瓦迪哈勒法（Wadi Halfa），星期三開回亞斯文。我們的渡船預定在下午三點啟程，因為沒能買到頭等艙位，我們只能聽從當地人的勸告，早上九點就趕到碼頭，為下午三點的船搶座位。我們九點鐘到碼頭時，已有上百人聚集在碼頭上，都帶著成堆的行李。上船後知道坐船的乘客絕大部分都是在兩國之間跑單幫的商人。

　　千噸左右的客輪約六成新，滿載可以坐600人，今天有425位乘客。船的最高一層是24個頭等艙房，每個艙房有一個上下鋪可以睡兩個人。往下一層是統艙，都是一排排的木製坐椅，也就是二等艙位。三層在水線之下被臨時改為貨艙，被用來裝貨。貨物都靠人力沿狹小的艙門搬入，幾十個搬運工人從早上一直忙到下午開船。

　　這艘客輪雖然沒有滿載，但因為第三層改為裝貨，使第二層變得擁擠不堪。我們去得早，搶到了座位，許多中午時分來的乘客就沒有座位了，於是推搡爭吵不斷。這次在船上領教了阿拉伯人的大嗓門，為了搶

座位，他們爭吵起來簡直是呼天搶地，好幾次幾乎都打起來了。就在許多人為了座位而吵得不可開交的同時，在我們旁邊的3位中年婦女卻占著6個人的座位，其中一個人還大大咧咧地躺平了睡覺，船上工作人員總有人幫她們說話，其餘乘客雖然彼此吵得很凶，對此居然沒有人說什麼，看得出來大部分的老百姓還是膽小怕事。許多沒有座位的乘客最後都跑到船上最高層的露天甲板。雖然在湖面上，但中午高懸的太陽還是把甲板曬得發燙。有經驗的乘客拉起了早已準備好的塑膠布，搭起了涼棚，但大部分人就席地坐在約攝氏40度高溫的露天談天消磨時光。

　　這是我第二次在埃及坐船了，在埃及船長的詞典裡大概是沒有「準時出

▌ 埃及與蘇丹之間唯一的渡輪

發」這個詞的，一個講英語的船員大言不慚地告誡我們，在非洲，手錶是沒有用的，勸我們應該將其收起來放入包中。約傍晚六點過後，船總算啟動，在湖面上行駛十分平穩。周圍的乘客沒有人能講英語，正在我們百無聊賴之際，一個高大英俊的蘇丹小夥子來和我們搭訕，他叫泰咪米，26歲，剛在開羅大學（Cairo University）完成機械碩士的課程。此人自信、豪爽，有些中國「高幹子弟」的影子。他說自己家住喀土穆（Khartoum，又譯「喀土木」），父親是醫生，家境富裕。還沒有女朋友，因為人人只是愛他的錢。他最嚮往西方國家，兩年前曾申請去加拿大念書被拒簽，現在的目標是在美、加、澳、英這四個國家找人結婚解決身分問題，如辦不成的話，就去沙烏地阿拉伯找工作，那兒工資高。雖然他在埃及唸書多年，但說起埃及人，他一臉的不屑，認為那些傢伙太窮，只想要錢。

我們正談得起勁，突然耳後響起標準的普通話：「中國人民好！」回頭一看，一個中等身材、橄欖色皮膚、蒙著深色頭巾、樣貌端莊的中年婦女正笑嘻嘻地看著我們，她能講幾句字正腔圓的普通話但不多，加上她少許的英語和泰咪米的幫助，我們聽懂了她的故事。她叫沙爾，蘇丹人，和也是蘇丹人的丈夫一起住在開羅，都已退休，這只是七年來第一次獨自回喀土穆看望父母。三十多年前她隨丈夫一起在北京生活了五年，當時她的丈夫在新華社工作，她的兩個兒子都出生在北京，毛澤東去世時她全家都曾去和遺體告別。說起北京和中國，她眉飛色舞，說在中國的五年是她生命最美好的時光。我和許君雖然已在國外生活多年，倒是第一次聽見一個外國人這樣深情地講起中國。我們建議她夫婦應該到中國去看看，現在的中國她一定不認識了，她說他們也有這個打算，但她丈夫的腎臟有病，已不能做這樣的長途旅行了，她希望將來有一天能和兒子再一起去北京；說到此，她的眼睛裡飽含著淚水。

夜晚，許君睡在頂層的露天甲板上，這讓我可以在椅子上躺下來睡覺，然而早晨四點就被晨禱的喇叭聲叫醒。蘇丹也是穆斯林國家，早晨還是睡不

好，索性跑上甲板看尼羅河，清晨的空氣清新涼爽，寬闊平靜的河面幾乎望不到邊。身邊的水手說船已經行駛在蘇丹水面上，渡輪全程行駛的水面在埃及境內被稱為「納瑟湖」，在蘇丹境內則為「努比亞湖」（Lake Nubia），湖面的總長度約為550公里，由1970年竣工的亞斯文大壩蓄水成形。

上午十一點，船到達蘇丹的瓦迪哈勒法，跨出船艙、走過木板、踏上蘇丹的土地——河邊是一片碎石灘，這就是非洲兩個大國之間的主要口岸。沒有碼頭，沒有任何指示牌，沒有任何房子，甚至沒有一條馬路。不是親眼目睹，我想沒有任何人會相信。

四輛卡車和客車組成的車隊來回奔跑，把乘客和行李轉運到約兩公里外由幾幢簡易平房組成的海關，除了埃及和蘇丹人之外，乘客中有一個三十多歲的日本人，他計畫藉公共交通工具穿越非洲。還有一對二十多歲的德國夫婦，合騎一輛重型摩托，也是計畫穿越非洲。加上我們兩人一共是五個異類，但還是花了約一個半小時，才完成通關手續，毫無疑問，「效率」這兩個字在這兒完全屬於外星人的概念。

瓦迪哈勒法是蘇丹的北部重鎮，只有幾十幢磚土混合的平房，但看不見一條像樣的馬路，也沒有樹木，一陣風起灰沙飛揚。許君掏出隨身帶的溫度計，溫度已到最高標度攝氏41度，鎮上最好的旅館設在土屋之中，每人收700第納爾（Dinar，約合3.1美元）過一夜，許多單人床成排地放在屋內和屋外，除此之外沒有任何傢俱。院子中和過道裡有一些陶土燒製的缸，長頸胖腹尖底，形體奇特，可是放不穩，只能靠架子站立。缸中裝的是從尼羅河挑上來的水。喝水和洗澡就都靠它了，我們自然不會去喝，但舀出一瓢又一瓢水給自己沖澡時，彷彿回到了上世紀60年代末下鄉勞動時的場景。雖然沒有自來水，電燈倒是有的；天氣很熱，蒼蠅、蚊子卻沒有看見幾個，也許是地處沙漠氣候乾燥的關係吧；這個內陸小鎮唯一的餐廳販售的卻是英式炸魚薯條。真實的世界常常和書本裡和媒體上所描繪的大相逕庭，就這樣我們無驚無險地來到了人人望而生畏的蘇丹，一股難言的滿足感迴盪在我們心間。

（三）從蘇丹去衣索比亞

　　縱貫非洲大陸之前，我們花了大半年的時間收集資料，做了詳盡的計畫。在從埃及到南非的整個行程之中，唯有從蘇丹去衣索比亞的這一段路沒有發現任何確切的旅行資料，旅行聖經《孤獨星球》上沒有相關報告，在網上也沒有發現任何其他旅行者的行程紀錄。我們只能抱著「車到山前必有路」的信念，摸著石頭過河了。

　　當時南蘇丹還沒有獨立，仍處在衝突不斷、局勢緊張的階段，蘇丹首都喀土穆到處都可以看見聯合國維和部隊人員，避開南蘇丹無疑是我們的不二選擇。我們搭乘巴士前往東部城市加達里夫（Gedaref），準備從加拉巴特（Gallabat）出境。同車一個會講英語的中年漢子非常熱情，介紹許多當地情況，下車後幫我們叫了一輛計程車去旅館，還把車錢也付了，他堅決不接受我們的錢，自豪地說：「我是蘇丹人。」我們走南闖北到處和狡猾的計程車司機鬥智鬥勇，沒有想到在全世界最窮的國家蘇丹卻有人請客坐車，這事來得太突然，當時我們都不知道說什麼好。等坐上計程車才反應過來，當夜應該請他全家吃飯。但是太晚了，他人已經走得不見了蹤影。

　　從加達里夫再往前沒有公共交通了，綜合各方面得來的資訊，第二天一早我們到城邊一個加油站，搭乘往邊境方向去的卡車，昨天幫我們叫計程車的那個漢子特地趕來看看有什麼可以幫忙的。因為星期天銀行不開門，當時我們缺少相當於25美元的蘇丹第納爾來付車費，那人聽說後二話不說就掏出現金給我們，同時堅決不肯收下我們的美元。昨天他沒收我們計程車的錢，今天怎麼能再無償地拿他的錢呢？無論如何都說不過去。這次我們堅持不接受饋贈，一定要給他美元來交換，誰知他誤認為我們是看不起他，一氣之下扭頭就走，搞得我們十分難堪。社區或者朋友之間共享食物或者金錢的傳統觀念，在非洲落後地區有著超乎我們想像的生命力，許多時候文化的差異真可

以引起一場戰爭。

等了一個多小時，來了輛載重一噸的小卡車，站在後面每人1,000第納爾，我們坐進駕駛室，每人收費2,500第納爾，但至少免除了40度的烈日直射，同時增加安全係數。付車費沒有第納爾，給美元也行，這令我們大為釋懷，強勢美元給旅行者帶來的方便真是數不勝數。

這是一輛沒有任何儀錶在運行的破車，但車身看上去還結實，轟轟作響，馬力很大。駕駛員是一個壯實的小夥子，能講一些簡單的英語，告訴我們這段路程共170公里，埃及正在援建這段公路，但他們三天打魚，兩天曬網，沒有中國人的工作效率那麼高，工程品質也頗差，還不知哪天能造好。我們的車子全程都是開在高低不平的土路上，四周是半荒漠地區，一望無際的沙漠上長著低矮的灌木叢。

小夥子全神貫注開得很是認真，破車也算爭氣，共花約三個小時，在中午時分到達加拉巴特。在那兒我們得拜訪蘇丹邊境管理的三個部門，第一個辦公室把我們護照的資料抄上一本子，然後得去十多公尺外的另一辦公室，那兒會有人再把同樣的事做一遍，直到第三幢房子才有人給護照蓋上出境章。一個國家落後，硬體的改善相對容易一些，只要有錢就行，而思維習慣和行事作風的進步才是關鍵之所在，不過實在不容易。

走過一座平平常常、人來人往的木橋，就步入了衣索比亞。這個邊境關卡的兩邊都沒有任何哨兵和警察，兩國的人民自由地走來走去，雖然周圍的一切都是貧窮、破落的模樣，但作為一個邊境口岸，倒也不失一派祥和寧靜的氣氛。

衣索比亞的海關設在一個典型的非洲圓形茅屋中，只有一個工作人員。行前我們都已預先申請了入境簽證，今天只須填上入境卡，然後蓋上入境章，兩分鐘就完事了。這是一個偏僻的過境口岸，但也不缺換匯的黃牛販子。經濟學上「有需求就會有供應」的定律，在這裡再次得到證實。我們換了些衣索比亞貨幣比爾（birr），搭乘巴士前往40公里外的舍地（Shirdi）。

　　我們無驚無險地走完這段因為缺乏資訊而始終忐忑不安的過境旅程，在這個世界最窮困和偏僻的角落，沒有遇到任何刁民、騙子、盜賊和腐敗的官員，卻感受到人與人之間的赤誠善意。也許孟子是對的，人性本善。在全球化的今天，網際網路揭開了這個世界絕大部分地方的神祕面紗，旅行變得前所未有地容易，常常在出門之前就已經對沿路的詳情瞭若指掌，而少數摸著石頭過河的旅程就變得難以忘懷且額外珍貴。

（四）莫三比克遭遇敲詐

　　當年縱貫非洲之旅，我們在南非租了一輛車自駕去莫三比克（Mozambique）。遊玩了克魯格國家公園（Kruger National Park）之後，有一條新建的高速公路直達莫三比克首都馬布多（Maputo）。莫三比克破舊的海關裡擠滿了過境的人群，人頭濟濟、哄鬧嘈雜，猶如國內改革前的菜市場。好在移民官員對遞上去的護照從不多看一眼，只管收錢和掄起粗壯的手臂啪啪地朝上面蓋章，過關的速度倒也不慢。

　　連接兩國的高速公路，從高原一路降低高度到海平面，駕車前行非常流暢，下午五點鐘，我們已抵達馬布多市郊，正在討論今天還有時間去海邊看日落時，一輛小貨車撞上了我們車子的後尾，還好那時已離開高速公路，而且是在馬路的轉彎處，大家的車速較低，但還是把車子的後保險槓撞壞了。租車公司有規定，如果發生任何車禍一定要提供警察的報告，於是我們只能留在原地等警察來。

　　撞我們的肇事者是個老實的中年黑人，也是從南非來的，他一臉負疚地和我們一起在路邊等著。約一個多小時後，一下子來了兩輛車和五個警察，

他們極其認真地拉線圈地，然後又是拍照，又是不厭其煩地詢問。感覺這些警察好萊塢電影看得太多，活生生地擺出一副處理凶殺現場的架勢。警察們忙了近半個小時，最後還要叫我們和那個黑人一起開車跟他們回警察局。此類簡單的車禍如發生在發達國家裡，雙方只要互留姓名、地址，其餘都交給保險公司處理，警察都不會到場。

看到莫三比克的警察們這樣興師動眾、小題大做，在去警局的路不免有些擔心，因為《孤獨星球》中提過，這兒的警察收入很低，所以他們會抓住一切機會「創收」。到了警察局，他們查看我們的護照、駕駛證，一件件不厭其煩地記錄在案，轉眼之間又一個多小時過去了，想到明天就是星期六，要是今天他們不出報告的話，事情就要拖到下星期一了，如此可是會影響整個行程的計畫。正當我開始用國語詢問旅伴許君是不是該花些錢來儘快了結這件事時，主事的警察說事件處理完畢，那個黑人該負全責，保險公司如有任何疑問可以隨時打電話詢問。他同時遞給我們一張紙，上面寫有警局電話號碼和事件檔案號碼並蓋有公章。當時雖然覺得希望不大，我還是堅持要求警方能給個書面報告，他們推託幾下之後拿出一張事先印好的、格式固定的表格叫肇事者填上，上面個人資料齊全、事故責任明確，最後蓋上大紅公章。一件似乎沒完沒了的公案，居然峰迴路轉，一下子就萬事大吉了。

就是這樣一件五分鐘就能解決的事，我們這麼多人一齊耗了三個多小時，回想全過程，這些警察還真沒有任何索賄的意思，他們始終和顏悅色、細緻耐心地忙著，這就是典型的文化差異。在警局百無聊賴的等待期間，不免想起一百多年前洋人在滿清衙門辦事的境遇，一時不免有種時光錯亂的恍惚。

馬布多的馬路上稀稀拉拉的沒有幾盞路燈，我們在黑暗中找到旅館已經是晚上九點鐘了，當我在旅館前臺辦好入住手續，拿好房間鑰匙回車取行李時，三個穿警察制服的黑人正圍著旅伴許君，指責他在開車來旅館的途中穿過一條不允許對穿的馬路。許君說他們已出示證件和警徽，並已把許君護照

和駕駛證收了去。在不明底細的情況下，我只能低聲下氣地問這些警察該怎麼辦。領頭的警察是個二十多歲的年輕人，中等身材，講了一口流利的英語，兩隻眼睛在灰暗的路燈下閃爍著毫不掩飾的狡詐和霸道，他一口咬定我們嚴重地違反交通規則，要帶回警局處理，罰款300萬元（約合115美元），但可以私了，只要100萬元就可以了。

在非洲已經旅行了兩個多月，從來也沒看見過有誰認真地遵守交通規則，難道這莫三比克就不一樣了？這不是典型的敲竹槓嗎？當時需要立刻決斷，看是要破財擋災還是據理力爭。為了保險起見，必須先瞭解一下當地的具體情況，我讓許君以軟磨功夫應付他們，自己立刻跑回旅館詢問前臺的工作人員我們該怎麼辦，當班人員說別給他們錢！穿錯馬路就是去警察局，也不見得會罰什麼款，這幫人就是要詐錢。

我心中有了底，立刻跑出旅館，只見許君以一敵三毫不示弱，而且已把護照拿回，但駕駛證仍握在為首的那個警察手中。我假裝討價還價靠近那傢伙，趁其不備一下子搶回了駕駛證，隨即理直氣壯地告訴他：「你們這是無中生有敲竹槓，我們一分錢也不會給！」他看我突然變了臉，立刻猜到一定是旅館的工作人員講了什麼話，這傢伙跑進旅館用當地話破口大罵。我雖聽不懂他罵什麼，但看得出來那工作人員還是怕他們的。眼看給幫忙的人添了麻煩，想起進城時看見路旁中國建築公司的巨幅看板，我急中生智告訴這個領頭的警察，剛剛給本地的中國朋友打了電話，他們在這兒承建大型工程，和你們政府關係密切。朋友已說了，別擔心，再大的事一個電話就可擺平的。你們這幾個警察要是不怕麻煩就儘管鬧下去，到時候可能被罰款的就該是你們自己了。這套典型的中國人說法在西方國家一定行不通，但在非洲絕對行之有效，聽我這麼一通忽悠，這三個人居然馬上偃旗息鼓，立刻溜得蹤影全無。

在世界各地旅行，遇到的絕大部分人都心懷善意、熱情友好。但是，時不時也會遇到這樣一些欺矇詐騙之徒，欺詐旅行者的錢財不僅給他們帶來經

濟上的好處，還能讓他們享受到智力上的優越感，所以那些嘗到過甜頭的人
總是躍躍欲試。對這些雞鳴狗盜之輩你必須審時度勢，在可能的情況下，立
刻從氣勢上壓倒他，不然他們得寸進尺會搞得你很不舒服，和他們鬥智鬥勇
常常也是旅途上的一大另類樂趣。

▌ 馬布多中央車站

（五）世界頂級扒手親歷記

　　我們的中美洲之行，花了三個月時間，從墨西哥出發，沿陸路穿越狹長的中美洲地峽，最後在南美洲的厄瓜多結束行程。途徑的大部分國家貧富極端懸殊、犯罪率高企，委內瑞拉、瓜地馬拉、宏都拉斯和薩爾瓦多更是名列世界最危險的10個國家之內，這是一條極富挑戰性的旅行路線。同行的朋友是一個背包新手，行前我規定了幾項紀律，其中有一條就是不可以在公共場合顯示任何貴重的物品。這個朋友是一個絕頂聰明的人，什麼事情你只要說一遍，他就心領神會。於是我們一路探幽訪勝，遊山玩水，既無驚也無險，就如《孫子兵法》所說：「善戰者，無赫赫之功。」直到我們平平安安走過委內瑞拉這最後一個危險國家，剩下的哥倫比亞和厄瓜多都是相對安全的國家了，這時我明顯感到朋友放鬆了警惕，也許他覺得我有些言過其實，江湖實在沒有傳說中那樣險惡。

　　我旅行時有一個習慣，總喜歡在抵達一個地方之前的幾天，上《孤獨星球》的網站去看看旅行者最新的情況報告，因為任何旅行書上所介紹的內容至少是一年前的。知己知彼百戰不殆，隨時充分掌握最新的資訊，是任何一次成功旅行不可或缺的一環。在抵達哥倫比亞首都波哥大之前，我照例上網流覽，有人在一週前發布的帖子裡說：波哥大中央汽車站裡有世界頂級的扒手出沒。說老實話，我看了這條帖子沒有太注意，因為我們旅行最怕的是暴力犯罪，只要不動粗，就感覺問題不大。

　　波哥大中央汽車站是一個非常現代化的大型車站，整潔安靜的候車室具有發達國家的水準，完全不是中美洲國家車站亂哄哄、髒兮兮的樣子。我們的巴士預定於上午九點發車，但誤點了，工作人員說大約延誤兩個小時。我們在候車室的靠背椅上坐定，朋友從包裡拿出自己的蘋果筆記型電腦整理照片，在公共場所顯露貴重物品，這明顯違反了我們的旅行紀律。但是，我環

顧四周，安靜的候車室裡秩序井然，而且我們預訂的巴士是最貴的一種，不但有空調，車上還有廁所。候車室裡來來往往的乘客都是衣冠楚楚的中產階級，完全沒有任何危險的跡象，於是我也就沒有說什麼。

大約到十一點光景，透過候車室的落地玻璃窗，可以看見一輛巴士駛進月臺，這時一個身穿制服的工作人員來到我們面前，用流利的英語說：「Your bus is coming, follow me.（你們的巴士來了，隨我上車。）」這是一個中等身材約30歲的當地漢子，那張再普通不過臉給人一種樸實的印象。我們一行三人上了那輛空無一人的巴士，對號的座位在巴士中部，我們在自己的座位坐定，工作人員將我們的兩個大背包放上行李架，他接著順手將朋友的隨身小包也放了上去，然後來拿我的隨身包，那時我對他沒有絲毫懷疑，只是隨身包在任何情況下不離身，同時不允許任何人觸碰是我旅行的鐵律，果斷地攔住了他伸過來的手。「This bag never leaves me.（這個包永不離開我。）」我看著他說道。他喃喃地說按照規定應該放在上面，不過看到我堅定的眼神，他也沒有堅持。這時其他乘客開始陸續登車了，這個工作人員神態自若地和我們道別，轉身下了車。眼看著工作人員走下巴士，朋友站起身來伸手去拿行李架上的隨身包，手握到包發現分量輕了，面色頓時大變。拿下來一看，拉鍊大開，包中僅有的三樣值錢東西：筆記型電腦、數位相機和手錶均已經不翼而飛，朋友立刻縱身下車，但哪裡還看得見那人的蹤影。雖然警察很快來到現場，但接下來的只是例行公事的詢問登記而已。

多年過去，我們對這樁巴士失竊案還是耿耿於懷，常常在腦海裡復原那時的現場情景。如果是一個嘈雜混亂的所在，扒手自然有一萬種下手的機會，而現場卻是出奇地寧靜，事情從開始到結束，現場只有我們三位，沒有第四個人。這傢伙在我們兩個大男人的眼皮底下，伸手從朋友懷裡拿包放上行李架的過程絕對不會超過六秒鐘，就在這轉瞬即逝的一剎那，他不僅當著我們的面偷走了包裡的筆記型電腦和數位相機，就連躺在包底那只小小的手錶也沒有放過，這真是不可思議的鬼斧神工，說是特異功能也不為過。當時

的氣溫不冷不熱，這傢伙下身單褲，上身裡面襯衫、外面一件卡其布工作服，當著我們的面他拿了東西放在哪裡？手錶可以放在口袋裡，筆記型電腦和數位相機可裝不進口袋啊！這又是我們百思不得其解之處。

　　以前在歐洲旅行，尤其是義大利這樣的地方，路上重點防範的就是扒手。記得有個義大利朋友說過，千萬不可以露財，如果你被頂級的扒手盯上，那絕對沒有倖免的機會。許多年來，我始終沒有忘記他的話，但在波哥大汽車站遭竊之前，對他的話總是半信半疑的，相信只要自己提高警惕，又有誰能夠得手？但是，事實給我們上了無情的一課，現實社會中真有《水滸傳》裡「地賊星鼓上蚤——時遷」這樣的人。術有專攻，業有所長，通過幾千年來的實踐，人類已經將扒術這種最古老的專業發展到出神入化的境界，其技藝遠遠超出我們一般人的想像。這些人有著魔術師般的水準，那幾根會跳芭蕾的手指，可以輕鬆地在你面前探囊取物，而不會讓你有絲毫察覺。希望這個真實的故事，能夠給天下的驢友們提個醒，在路上永遠牢記「財不露白」這句老話，不然自有專業人十分分鐘鐘來給你上課，不過他們的收費可絕不便宜。

（六）印巴邊境降旗

　　從印度首都新德里（New Delhi）乘坐一夜臥鋪火車，凌晨到達錫克族（Sikh）重鎮阿姆利則（Amritsar），花了一天時間參觀富麗堂皇的金廟。第二天換乘汽車，40分鐘後，到達瓦加鎮（Wagah）。再坐三輪車到兩公里外的邊境口岸。邊境線兩側各豎起一高大旗杆，旗杆中間有一扇大鐵門。連接印巴的公路穿過鐵門，向兩邊伸展。路邊建有像體育場一般層層疊疊的看

臺。世界上最隆重、最喧嘩、最誇張、最熱鬧的降旗儀式天天在這兒舉行。

　　我已經在新德里辦好了巴基斯坦（Pakistan）簽證，過境順利。換好錢，到餐廳吃了一盤豐盛的雞肉飯，借那兒的沙發睡了一個午覺。上街買好當天赴巴基斯坦第二大城市拉合爾（Lahore）的巴士票，這時已近下午四點，開始有人來看臺入座，我趕緊找了一個視界開闊的座位坐下，靜候五點開始的降旗儀式。

　　在看臺上可以清楚看到兩道橫跨國界線的牌樓樣建築，在這兩道牌樓中間有一個大鐵門，鐵門的兩扇大門上分別鑲著兩國的國徽，分立兩側的旗杆上，巴基斯坦的新月旗和印度的三色旗在風中傲然對視著。

　　一輛輛的巴士拉來了成群的看客，其中有許多穿著校服的當地學生。還有一車看熱鬧的中國人，他們就落座於我正對面的看臺上。約4點半時，巴基斯坦這邊的看臺上已經座無虛席了。幾個身穿綠色長袍的中年人一手擎著國旗，一手揮舞著拳頭，在兩邊看臺中間的道路上來回跑動，激動地用烏爾都語（Urdu）引領看客們齊聲高喊：「巴基斯坦！金達巴（烏爾都文：زنده باد，「萬歲」之意）！」其中有一位精瘦的白鬍子老漢聲音最為洪亮，據說他已經在這兒領呼口號二十多年了。在邊境另一邊的印度一側，這時也是群情激奮，掌聲和吶喊聲匯成一片。主角還沒登場，現場的氣氛已經沸騰起來了，我覺得自己彷彿置身在足球世界盃決賽的場地之中。

　　降旗儀式在雙方嘹亮的號聲中拉開了序幕。雙方各有五名身高在185公分以上的儀仗兵，共同邁著整齊劃一的步伐走進觀眾的視野。他們穿著具有各自濃郁民族特色的亮麗軍服，雙方都是額纏布巾，頭頂直挺挺地展開扇形布冠。巴基斯坦方是黑衣服、紅額巾、紅腰帶、黑頂冠，印度方為土黃色軍服、紅黃兩色肩章和頂冠。雙方朝天翹起的半米高布冠讓人聯想到好鬥的公雞。他們列隊朝國境線走去，行進的速度越來越快，抬腿擺手的幅度越來越大，勢不可擋地直向對方國門衝去。這時，觀眾的情緒被進一步調動起來，兩邊的歡呼聲可謂「地動山搖」。

▋ 印巴邊境降旗儀式

　　在距邊界線約二十多公尺處，兩隊人馬同時「剎車」止步。雙方儀仗兵
面對面站著，彷彿等待最後的決鬥。忽然，兩隊的排頭兵一個甩頭，大吼一
聲，只見巴基斯坦的儀仗兵一個高抬腿，幾乎把腳甩過頭頂，然後使足全身
氣力將皮靴砸在地上，力量之大似有踏塌地面之勢。印度的儀仗兵也不甘示
弱，如法炮製，他們向各自的國門大踏步走過去，在邊界線旁一個大力跺
腳，一聲怒吼中穩住身形，最後兩國儀仗兵肩並肩站住陣腳。兩國觀眾的情
緒在這時候達到了高潮，兩國觀禮臺上同時發出如雷般震耳欲聾的助威吶喊
聲。再經過數回合的高踢腿、跺腳和怒吼的較量，然後各自的國門被轟然一
聲拉開。鼓樂軍號聲中，巴基斯坦和印度兩面國旗這才徐徐落下。兩國儀仗

兵分別折疊好自己的國旗，捧在手裡，列隊昂首闊步走回自己一方，至此兩國觀眾才意猶未盡地開始撤離。

　　整個降旗儀式大約有45分鐘，印度和巴基斯坦這兩個歷經三次戰爭的宿敵，將國境線上例行的降旗儀式演化成了降旗表演。他們通過服裝、手勢、面部表情、聲音和誇張的肢體動作來展示自己的實力和威嚴，希望在氣勢上壓倒對方，鼓舞自己國家的民心士氣。同樣的表演，他們始終樂此不疲，一天不落地進行了六十多年，終於成就了南亞一個著名的免費旅遊景點，吸引了來自世界各地的觀禮者。如果全世界所有互相敵對的鄰國，都能以這種方式來發洩自己的情緒、平息自己的不滿，則百姓何其幸哉。

（七）阿巴邊境索賄

　　在世界各地旅行，最令人期待、使人興奮的無非就是過境踏入一個新的國家。跨過一條人為的國境線，你將面對的可能是完全不同的人種、語言、文化、習俗、氣候和地形地貌。總之，在兩個國家交界之處，常常充滿了未知的神祕，國家權力的威嚴和文化衝突的戲劇性張力。

　　阿根廷首都布宜諾斯艾利斯距離巴拉圭（Paraguay）首都亞松森（Asunción）1,036公里，有直達班車可以坐。下午五點發車的巴士，是世界上最豪華的巴士：可以放平靠背的真皮座椅、每人眼前的自用電視、三道菜加上香檳和紅白葡萄酒的晚餐、殷勤的服務人員，一切和飛機上的頭等艙完全沒有兩樣。

　　按照行車時刻表，巴士應該在第二天上午九點半抵達巴拉圭首都亞松森。但是，沿途的農民們抗議政府的農業政策，在公路上設置了層層路障。

我們的巴士走走停停，第二天下午五點光景才開到兩國邊境。

走出冷氣開得很足的車廂，一股潮溼的熱空氣撲面而來，眼前是一個不大的城鎮。破舊的平房、覓食的雞鴨、奔跑喧囂的孩子們，與南美洲的邊遠小鎮沒有任何區別。這兒沒有帶槍的邊防軍人，就連警察的蹤影也看不到一個。只有兩塊約一個人高的不顯眼界碑，告訴我們來到了國境線。

阿根廷的出境處辦理出境手續非常快捷，翻開護照蓋章走人。大家再到大約相隔20公尺的巴拉圭海關窗口排隊。所謂巴拉圭海關，也只是一幢簡陋的茅草屋頂的平房。裡面看不到任何電腦，只有一臺12英寸的電視在播放著鬧哄哄的歌舞劇，旁邊閒坐著三至四個人。一個五短身材、穿著白布短袖襯衫的印第安漢子，坐在一張桌面油膩發黑的寫字臺後面，啪啦啪啦地給護照上蓋入境章。那粗壯黝黑的手臂上下飛舞，遠看就像賣肉的屠夫一般。這傢伙看似漫不經心，實際效率很高，很快就把我們一車人的入境章給蓋完了。出乎意料的是，他留下了四本護照沒有蓋章，哇啦哇啦嚷嚷著西班牙話，將那四本護照給退了回來。其中兩本是我們的澳洲護照，還有兩本是一對中年洋人夫婦的瑞典護照。

那兩個瑞典人會講西班牙話，他們立刻上前去和那人理論。看著我們還有些莫名其妙的神情，巴士上坐在我們後面的一個婦女告訴我們，那個巴拉圭海關官員在說，我們必須先到巴拉圭駐阿根廷大使館取得簽證才能入境。

這就奇怪了，根據我們行前的調查澳洲護照是可以直接在巴拉圭入境口岸購買簽證的，而且我們在布宜諾斯艾利斯巴士總站買票時還特地再次確認了這一點。聽了我們的陳述，那個會英語的同車婦女自告奮勇拿了我們的護照上前去同那位官員交涉，但她很快就退回來了，告訴我們那官員堅持我們必須返回布宜諾斯艾利斯辦理簽證。

那對瑞典夫婦也一臉沮喪地退了出來，他們和我們的境遇完全相同，「照理」可以直接入境，但眼下縣官不如現管，我們是「秀才遇到兵，有理說不清」。想到要返回約900公里外的布宜諾斯艾利斯去辦簽證，浪費大量的

時間、金錢，當時我們內心充滿了彷徨、挫折和無助。

　　約二十來個同車來的乘客在周圍用同情和好奇的眼光看著我們，他們都認為我們走不了了，那位好心的婦女問我們要不要幫忙把行李卸下車。這時那對瑞典夫婦竊竊私語了幾句，他們再次返回了海關小屋，沒過多久他們一臉輕鬆地走了出來。那個男的給我做了一個OK的手勢，他輕輕地告訴我：「50歐元，給那傢伙50歐元小費就OK了。」

　　現金行賄，看來這是唯一的出路了。今天就是香港廉政公署主任在場也得掏錢，我一邊安慰自己一邊從褲子的暗袋裡摸出一張50美元的鈔票，心裡還有些擔心不知道這50美元能不能讓那個傢伙滿意。

　　正要抬步走回海關，看見我們的司機正站在巴士車頭望著我，這是一個二十多歲的白人小夥子，他穿著有黃色肩章的白色制服，筆挺的黑色西褲，特別地帥氣。我靈機一動，抱著死馬當活馬醫的心態，上前和他打了個招呼，果然有戲，他能講不錯的英語。我將我們在巴拉圭海關遭遇的困難和他講了一遍。這個司機常年來往於兩國之間，必然對巴拉圭人索賄的伎倆有所瞭解，所以我特地強調了他們巴士公司明確告訴我澳洲護照可以落地簽入境巴拉圭的情況，聲明這個問題他一定得解決，不然我們是不會離開這輛車的。他那對明亮的藍眼睛看了我一會，二話不說接過兩本護照就直奔海關小屋。在我們忐忑不安的目光下，那個小夥子很快就跑回來了：「沒有問題，你們快去辦簽證吧。」他順手遞回我們兩本護照。

　　在海關小屋裡，還是那個蠻橫無理的官員。我不知道司機和他說了什麼，這次他彷彿是第一次看到我們，輕描淡寫、若無其事地收了簽證費，寫了收據，蓋了入境章，沒有一句詢問，沒有一點遲疑，甚至沒有一絲憤怒的神情。我們自然也就像以前什麼事都沒有發生過一樣，說聲謝謝便拿回護照，立刻轉身離開，摸摸口袋中那張沒有付出去的50美元，內心一陣輕鬆，彷彿是撿到了這張鈔票。

　　巴士很快就奔駛在巴拉圭的土地上了，海關小屋的那一幕還在腦中盤

旋。在世界各國旅行，難免會遇到希望通過索賄掙點外快的警察或者官員。其實他們的內心知道自己做的事情是不可告人，也見不得陽光的，所以欺軟怕硬是他們共同的特點。一般來說，有理有節地據理力爭常常可以讓他們知難而退。當然在時間緊迫，或者環境險惡的情況之下，果斷的破財擋災就是最好的選擇了。

（八）東方列車遭疑

　　我們東歐之旅，從土耳其的伊斯坦堡（Istanbul）出發，乘坐國際列車前往保加利亞（Bulgaria）首都索菲亞（Sofia）。這趟預定傍晚十點出發的列車，首站就是索菲亞，之後是羅馬尼亞（Romania）首都布加勒斯特（Bucharest），匈牙利首都布達佩斯（Budapest），終點站則為捷克（Czech）首都布拉格（Prague）。

　　我們九點多就來到車站，列車已經停靠在黑乎乎的月臺上。所謂的國際列車一共只有四節車廂，分別註明了目的地索菲亞、布加勒斯特、布達佩斯和布拉格，一節車廂去一個國家。

　　我們走進沒有驗票口的車站，穿過空無一人的月臺，跨進車門洞開、沒有列車員的車廂。在昏暗的列車走廊燈下，找到了自己的包廂，這是一個有著四個臥鋪床位，相當於中國軟臥的包廂。我們將背包放在枕邊，在自己的鋪位上舒舒服服地躺了下來。在伊斯坦堡奔波了整整三天，疲憊的身軀很快就迷迷糊糊地沉入夢鄉，在隱約之中，感覺到第三個乘客在列車晃動出發之前進入到了包廂之中，他沒有驚動我們，很快地安睡在了他自己的鋪位上。

　　凌晨五點光景，列車到達保加利亞邊境。一個面無表情、身材粗壯的中

年男警察敲開了我們包廂的門，一雙厚實的大手很快地收去了我們的兩本澳洲護照，一對棕色的眼睛對我們警惕地上下掃視一番。這時我們才看見了包廂內的另一個乘客，是個滿臉絡腮鬍子、典型的中東人模樣。出乎意料的是他也伸手遞上了一本深藍色封面的澳洲護照。男警察在接過第三本澳洲護照的同時，用他那毫不掩飾的充滿了狐疑的眼光再次掃視了我們一遍，一言不發地回頭離開了我們的包廂。雖然他沒有說任何話語，但他僵硬的肢體動作已經將他的內心暴露無遺。在這個包廂裡，居然有著兩個中國人和一個中東人都拿著澳洲護照，這裡面必然有鬼！

　　我們還沒有來得及自我介紹，拿走我們護照的大塊頭警察已經回來了，還帶回了一個塊頭更大的男警察和一個年輕美貌的女警察。女警長長的栗色頭髮從警帽下飄落到肩部，合身的警服將她苗條的身材襯托得淋漓盡致。雖然三個人中她的年紀最輕，但從兩個大塊頭警察對她那低眉順眼的恭敬模樣，不難看出這兒她說了算。

　　「你們去哪兒？」女警察的第一個問題是問我們的，她講著一口流利的英語。

　　「索菲亞。」

　　「住哪個旅館？」

　　「不知道。我們沒有預訂任何旅館，還得現找。」

　　「那你呢？」女警察的目光移向了我們身後的中東人。

　　「也是索菲亞，但不過夜。我已經預訂了今天下午飛西班牙巴塞隆納的機票。」中東人的英語一點也不含糊。

　　「你為什麼不直接從伊斯坦堡飛過去？」女警察美麗的棕色大眼睛緊緊盯著中東人，她的疑慮明顯加深了。其實也難怪他們，在這樣昏暗的列車燈光下，看到這樣三個一臉疲憊的亞洲人擠在一個包廂裡，居然每人拿著一本嶄新的澳洲護照。說是到索菲亞，卻沒有人預訂旅館。大概誰都會起疑心了吧，21世紀的東方列車不太聽到謀殺案了，但偷渡客還是不少。

「因為從索菲亞飛過去便宜許多。」中東人答道。

「你的職業是什麼？」女警察緊接著追問。

「心理醫生，我在伊斯坦堡大學和市立醫院都有工作。」中東人胸有成竹地回答。

「除了護照，你們三個人還有什麼可以證明自己的澳洲身分？」這時候女警察的口氣已經有些軟化，但她還需要更多的證據來解除已經產生的疑慮。

看到那個中東人掏出了和我們一樣的新南威爾斯州的駕駛證，加上我那澳洲銀行發行的白金Visa卡，三個警察的眼光終於變得略微柔和。但是，他們還是將我們不同證件上的姓名反覆對比，最後下車去他們的辦公室研究了半個多小時，才將蓋了入境章的護照送了回來。

一場虛驚之後，「G day, man.」那個中東人用略帶澳洲口音的英語和我們打招呼。原來他叫雅各，住在伊斯坦堡的土耳其人，曾在雪梨居住了八年，在雪梨大學完成學士和研究生的心理學學業，同時取得了澳洲國籍。但是，他那典型的中東人相貌很難取得澳洲白人的信任，尤其是在充滿了個人隱私的心理學領域。在「911恐怖襲擊」之後，很難想像一個盎格魯－撒克遜白人會在一個滿臉絡腮鬍子的中東人面前傾訴自己的私生活。所以他最後還是只得回國發展。

天空已經放亮，列車飛快地奔駛在保加利亞平坦的大地上。包廂裡我們三人邊聊邊吃著自己帶的早餐。

「保加利亞2007年已經加入歐盟，成了歐盟東面的門戶，難怪他們查得那樣認真。」雅各解釋說，「真正讓人氣憤不平的是種族和宗教的歧視。我們土耳其1987年就正式申請加入歐盟，保加利亞1995年才提出申請。無論國民生產總值還是個人收入，國家發展速度還是地域的重要性，保加利亞沒有一項指標比得上我們，但在保加利亞加入歐盟三年之後，土耳其加入歐盟的前景依然一片迷茫。」

　　雅各那憤憤不平的神情，讓我想起自己當年創業，遇到那些堅決不和亞裔做生意的白人種族主義者時的心情。「不要抱怨這個不平等的世界了，老雅您拿著澳洲護照可以免簽證隨時隨地進入歐盟，而您那七千四百萬土耳其同胞就沒有這種權利。」我故作輕鬆地侃調道，雅各和我妻子都笑了。我們的國粹阿Q精神讓土耳其人雅各在餘下的旅程中真正地輕鬆愉快起來。

（九）從內陸去高加索

　　我們穿越土耳其，從內陸去高加索，首先到達位於土耳其東北部的卡爾斯（Kars），千年前這裡曾是亞美尼亞的首都，諾貝爾文學獎獲得者——作家帕慕克（Orhan Pamuk, 1952-）在小說《雪》（*Kar*, 2002）中曾這樣描寫這座城市：這是一座「由整齊的街道、大塊的路石、共和國時期種的棗樹和梧桐樹構成的憂傷城市」。

　　在卡爾斯雇車向北50公里，就是大名鼎鼎的亞美尼亞舊都廢墟阿尼（Ani）。西元961年，亞美尼亞將首都從卡爾斯遷來此處，在近百年的時間裡，絲綢之路從這裡經過，帶來了數不清的財富和人口，此間一時豪華無比，甚至可以和拜占庭（Byzantium）首都君士坦丁堡（Constantinople）媲美。然而，經過11世紀的拜占庭軍團和13世紀的蒙古鐵蹄先後兩次踐踏，以及其間地震、饑荒和絲略改道，阿尼終被遺棄，這個燈紅酒綠的都市最後變成一片傾塌敗落的廢墟。卡爾斯地區每年有60天降雪，100天積雪期，冬天氣溫降到攝氏零下40度。六月中在許多地方已是初夏，這兒還是春天，滿地的野花盛開，處處五彩繽紛，和廢墟裡的斷垣殘壁形成鮮明的對比，彷彿一個不真實的魔幻電影場景，令人感慨萬千。

　　站在廢墟的遺址旁，遙望不遠處的峽谷和斷橋，峽谷中的阿帕薩伊河（Arpaçay）中激流湧動，河的那一邊就是高加索國家亞美尼亞，但咫尺如天涯，亞美尼亞可望而不可及，這是一道關閉了不知多少年的國界線。土耳其和亞美尼亞這兩個國家有著說不盡的血海深仇，尤其是上世紀初的大屠殺，一百多萬鮮活生命的損失，是所有亞美尼亞人內心永遠的痛。

　　土耳其和亞美尼亞兩國的世仇，使得我們只剩下一個選擇——先去喬治亞，但具體如何走法，當時網上並沒有相關的攻略，旅行聖經《孤獨星球》上聊聊幾語說有巴士，但也未詳加說明。回到卡爾斯長途汽車站，土耳其內陸沒有人懂英語，我們出示地圖，加上書寫和肢體語言，和車站工作人員比劃了好久，終於確認從阿爾達漢（Ardahan）有巴士直達喬治亞首都提比里斯（Tbilisi），每天上午十點半發車，下午四點半到達。卡爾斯上午八點有巴士前往阿爾達漢，需耗費一個半小時。

　　第二天巴士八點準時出發，一路上乘客隨叫隨停，不時有人上下車。婦女擁有座位的特權，但凡女士上車，總有男士自動讓座，在土耳其的內陸偏遠地區有著如此尊重婦女的風俗，非常令人意外。沿途成片的草原碧綠碧綠，遠處的大山和近處的草原構成一幅漂亮的山水畫作，想不到此地內陸山區絲毫沒有缺水的跡象，處處水草豐盛。

　　花了近兩個小時，巴士駛進阿爾達漢汽車站，沿牆停著十多輛小型巴士，另一面是一家挨著一家的小商店，許多男人圍坐著一小圈一小圈地在抽菸、喝茶。土耳其人還是很熱心的，看到我們兩個外國人，他們呼的一下就圍攏上來。這裡自然是沒有一個人懂英語的，掏出地圖花了好大的勁，好像讓他們明白了我們要去喬治亞，他們十分興奮，似乎因為搞清了我們的意圖而很有成就感。他們立刻叫來了一輛計程車，口口聲聲讓我們去「Posof」[1]，計程車司機拉開了車門，也連聲說著：「Posof, OK.」「Posof, OK.」不知道

---

[1] 編者按：應是指位於土耳其阿爾達漢管轄下的「波索夫區」。

「Posof」是什麼意思，但直覺告訴我們，這「Posof」和去提比里斯的直達巴士沒有關係，也許是兩國邊界關卡，那可不是我們該去的地方。

正在我們有話說不清、進退兩難的時候，一輛藍白兩色的警車開進了汽車站，一個年輕的警官從車裡探出了頭，「Can I help you？」這句字正腔圓的英語落在我們的耳中，就像天使口中發出的天籟之音般美妙動聽。但是，這個懂英語的警官居然沒有聽說過有這樣一班國際長途巴士，這讓我們頓時擔心起來，難道昨天在卡爾斯汽車站得到的資訊不靠譜？警官掏出手機，一個接一個打起電話來，打到第三個電話，他拿出紙和筆，寫下一行字和「10：30」這幾個數字，我看不懂他寫的土耳其文字，但「10：30」這幾個數字讓我安心許多，這班巴士必然存在的。

做好事做到底，警官讓我們坐進他的警車，將我們直接送到了約兩公里開外的汽車站。就在我們離開時，發現那成群的漢子和他們叫來的計程車已經蹤影全無，我問警官「Posof」是什麼意思，他也不知道。警官說國境關卡叫「Türkgözü」，離開此地還有90公里，坐計程車去好像不是一個好主意；而我們要去的車站也不叫「Posof」，於是「Posof」成了我們這次旅途中一個永遠的謎。

長途汽車站的人看見來了警官，立刻畢恭畢敬地奉上紅茶。我們兩人跟在後面狐假虎威，也喝上了新泡的紅茶。警官幫我們買好約合30美元一張的車票，喝著紅茶和我們聊了一會兒，他有親戚在美國，自己曾去美國念過幾年書，所以能講一口流利的英語。我們也是好運氣，居然能夠遇到他，讓事情得以順利解決。不然我們怎樣能夠順利找到這個位於市郊的車站，還真的不好說。

巴士延誤了一個多小時，到中午11點40分滿載發車。車子很快駛入崇山峻嶺之中，盤旋在彎彎曲曲的山路上，路旁的山頂可見未化的積雪，景色十分壯觀。巴士經停沿途的每一個大小村鎮，到達國境線時，車上除了我們只剩下三個乘客。土耳其出境、喬治亞入境都十分簡捷方便，完全沒有麻煩。

　　過了邊界換了一輛巴士，車上只剩下四個人：一位司機，一位中年女乘客，還有我們兩人。從兩國邊界到提比里斯，巴士不再停站上客，除了在經過的飯店停下吃飯，三個半小時一口氣開到了山城第比利斯。

　　從土耳其經內陸去喬治亞，一條很少旅行者走的路線。這一路穿越在綿延的群山之中，有著波瀾壯闊的風景，還可以順路遊覽亞美尼亞舊都廢墟，實在不容錯過。土耳其的鐵路公路交通十分便捷，基礎建設非常出色，就是在最偏僻的山區，都有一流的柏油馬路。我們當時遇到最大的困難是語言不通，土耳其內陸幾乎沒有人會講英語，現在人人手機上都有即時翻譯功能，語言的障礙已經不復存在，相信會有越來越多的旅行者走上這條美不勝收的路線。

釀旅人52　PE0199

 我行故我在
一位旅行者的見聞思考錄

作　　者	翁維民
責任編輯	石書豪、劉芮瑜
圖文排版	莊皓云、黃莉珊
封面設計	王嵩賀

出版策劃	釀出版
製作發行	秀威資訊科技股份有限公司
	114 台北市內湖區瑞光路76巷65號1樓
	電話：+886-2-2796-3638　傳真：+886-2-2796-1377
	服務信箱：service@showwe.com.tw
	http://www.showwe.com.tw
郵政劃撥	19563868　戶名：秀威資訊科技股份有限公司
展售門市	國家書店【松江門市】
	104 台北市中山區松江路209號1樓
	電話：+886-2-2518-0207　傳真：+886-2-2518-0778
網路訂購	秀威網路書店：https://store.showwe.tw
	國家網路書店：https://www.govbooks.com.tw
法律顧問	毛國樑　律師
總 經 銷	聯合發行股份有限公司
	231新北市新店區寶橋路235巷6弄6號4F
	電話：+886-2-2917-8022　傳真：+886-2-2915-6275

出版日期	2024年8月　BOD一版
定　　價	650元

國家圖書館出版品預行編目

我行故我在：一位旅行者的見聞思考錄 / 翁維民著.
-- 一版. -- 臺北市：釀出版,
2024.08
　面；　公分. -- (釀旅人；52)
BOD版
ISBN 978-986-445-905-6(平裝)

1.CST: 遊記 2.CST: 旅遊文學 3.CST: 世界地理

719　　　　　　　　　　　　　　　112021509